让思想流动起来

论世衡史
- 丛书 -

近代中国的乡谊与政治

唐仕春 著

四川人民出版社

图书在版编目（CIP）数据

近代中国的乡谊与政治 / 唐仕春著. —成都：四川人民出版社，2020.4（2021.6重印）
ISBN 978-7-220-11847-0

Ⅰ.①近… Ⅱ.①唐… Ⅲ.①政治制度史—研究—中国—近代 Ⅳ.①D693.2

中国版本图书馆CIP数据核字（2020）第063170号

JINDAI ZHONGGUO DE XIANGYI YU ZHENGZHI
近代中国的乡谊与政治
唐仕春　著

出版人	黄立新
策划统筹	封龙
责任编辑	李沁阳　冯珺
封面设计	周伟伟
版式设计	戴雨虹
责任校对	林泉
责任印制	周奇
出版发行	四川人民出版社（成都市槐树街2号）
网址	http://www.scpph.com
E-mail	scrmcbs@sina.com
新浪微博	@四川人民出版社
微信公众号	四川人民出版社
发行部业务电话	（028）86259624　86259453
防盗版举报电话	（028）86259624
照排	四川最近文化传播有限公司
印刷	成都东江印务有限公司
成品尺寸	145mm×210mm
印张	11.375
字数	270千
版次	2020年4月第1版
印次	2021年6月第2次印刷
书号	ISBN 978-7-220-11847-0
定价	79.00元

■版权所有·侵权必究
本书若出现质量问题，请与我社发行部联系更换
电话：（028）86259453

序

李长莉

  同乡关系是中国人自古及今一直看重的一种人际关系，特别是那些离开家乡到外地闯荡的人，同乡关系往往是他们在异地他乡立足谋生、寻求帮助和感情慰藉的主要渠道和纽带。在不同时代和社会条件下，同乡关系的表现形式及功能有所不同。特别是在近代以来社会变动及转型时期，同乡关系及其组织形式，往往或隐或显地参与社会变动并发挥作用，因此这是我们考察近代社会变动时不应忽视的一个重要因素。

  会馆，是明清直至近代长期存在并兴盛一时的一种同乡兼同业的民间组织，在近代社会政治和经济活动中，往往可以看到它的身影，所以是历史学者一直关注的一个课题。二十年前唐仕春考入近代史所跟我读硕士研究生，他到北京市档案馆查阅资料，看到不少有关北京会馆的档案，萌生了对这一问题进行研究的想法。我们经过讨论，觉得由会馆考察同乡关系的实际运作是个值得研究的课题，便确定了以此作为他硕士学位论文题目。他最后完成了论文并通过答辩、获得学位，这个课题也成为他走上学术研究道路的第一个台阶。迄今二十年间，他虽然研究专题有所变动，如研究近代基层司法等问题，但他始终没有放弃对会馆同乡关系问题的探索和思考。现在他把这一延续二十年的研究成果集结成书，作为对这一问题探索的一个阶段性总结，可喜可贺。由于我与他因这项研究而结下师生缘，故而他在书稿完成后，询我为序。实则我对会馆问题没有下过专门研究的功夫，只能就阅读书稿所引发的一些思考提出来以为呼应。

会馆的兴起，源于跨地域从事商贸行业活动的同乡人，在异地他乡为了互相保护及互相帮助，设立互助性设施，名之为会馆或公所。一般为商人或行业设立的同乡会馆，大多由当地经商或客居的同乡人员集资建造馆舍，作为聚会议事、年节祭祀、联络乡谊、提供互助的设施，有的也为来往暂住的同乡商旅、士绅学子等提供食宿服务。这种商人同乡会馆，往往设立在同乡商帮的主要商路或交通要道的城镇，且随着该商帮商务活动的兴衰而存废。我们今天在全国各地城镇，还可以看到不少明清以来留存下来的会馆旧迹，诸如山陕会馆、四川会馆、广东会馆、安徽会馆之类，由于这些地域商帮较为发达，商路通达各地，故在各地最为多见。这类商人同乡会馆的功能，主要是为同乡商人的商务和生活服务，他们在这里交流商务行业信息，介绍生意用工机会，商议行业保护措施，解决内部商事纠纷，以及年节祭祀聚会、传达家乡信息、接待家乡人员，等等。这是在中国重农轻商传统下，既没有社会地位、缺乏官府保护，在异地他乡又缺乏社会资源的外来商人们，依靠故乡的地缘乡谊而自保互助的民间组织。

本书的主题是研究会馆等同乡组织与政治的关系,所以上述这类比较单纯的商人会馆的商务活动不是其关注重点,其所聚焦的是与政治关系比较密切的会馆及这方面的活动与运作,这一视角确乎是以往会馆的研究者所较少关注的。

同乡会馆除了上述这类比较单纯的商人会馆之外,在一些较大的省城直至京城,若来自某地域客居的同乡仕宦较多,他们也往往参与会馆事务,有的与商人合作,有的就是由仕宦主导而建。特别是在明清都城北京,由于朝廷衙署聚集,官吏员职众多,加之地方官员考职、任官、谋差以及举子会试,等等,各类人员或客居、或流动,围绕官场仕途,俨然也成为一种"行业"。这些来自各地会集京城寻求仕途上进的仕宦人员,也往往需要借助同乡关系以求得帮助与关照。本书所述北京会馆即多属此类,由书中可见这些仕宦人等是如何通过会馆,利用乡谊关系,用担保、请托等方式寻求同乡的帮助或与官府打交道,这些活动有些是依制度规则合法进行,有些则是按约定俗成的做法或暗中利益交换而操作。总之,会馆所承载的同乡关系,是仕宦人员求得在仕途生存与发展所依赖的一种重要社会资源,而且得到"行业"内从制度到习俗的认可。由北京会馆与官场人员的这些关系及其运作,我们可窥见血缘地缘的家族乡里关系,如何延伸、渗透到政府官僚中枢系统,反映了政治制度与家族乡里制度的连接与互渗。

到了近代,城市发展,商贸兴旺,新兴商人阶层兴起,加之轮船、铁路使交通更便利,邮政、电报使通讯更迅捷,报刊舆论使信息交流更活跃,人们跨地域流动增多,各方面社会流动都大为增强，会馆的活动与功能也更加多元且活跃。特别是清末民国以后，政治变动剧烈，各种政治力量争斗不已，同乡会馆及其聚集的商人或仕宦势力也往往成为各种政治势力争夺的重要社会资源。本书所述的一些政治势力争斗中，各派政治力量与外地同乡会馆的联系与互动，争取其支持以及这些会馆的反应，都可看到会馆这一民间组织与政治变动的深层联系，其中又往往纠结着与各派政治力量之间复杂交织的关系。

　　从本书所述的这些会馆、同乡会等同乡组织与明清至民国政治的关系中，我们可以看到，从政治的中心，无论是京城的官场，还是政治势力的中心，与山川远隔的家乡，通过会馆这个纽带织成的同乡网络，形成血脉相连、经络交织的人际关系网，成为影响中国近代政治变动的一种无形而强固的力量。于此，我们对同乡关系在中国人际关系和社会运作中的作用，以及中国人所称之"家国"的情感，有了更深切的体认。同乡关系，确乎是影响中国人、中国社会的一个重要人际关系。

　　上述只是由阅读这本书的实证研究所引发的一些非实证的遐想，提出聊供参考，谨以为序。

2019年5月27日于京北书斋

目 录

绪 论 ··· 001
    第一节　研究综述 ··· 001
    第二节　基本概念 ··· 037

第一章　乡谊流动的启动 ·· 041
    第一节　桑梓与利益：乡谊流动中的权衡 ··············· 041
    第二节　满足需要与服务社会：乡谊流动的动机 ······ 065
    第三节　交通与通讯：乡谊流动的物质条件 ············ 073
    第四节　舆论：乡谊流动的重要武器 ······················ 079

第二章　近代中国乡谊流动的扩展与分化 ······················· 088
    第一节　乡谊流动的扩展 ······································· 088
    第二节　乡谊流动的分化 ······································· 127
    第三节　乡谊流动的分歧 ······································· 135

第三章　乡谊流动与制度建构 ·· 164
    第一节　出仕、保证与同乡：明清同乡京官印结 ····· 164

第二节　会馆禀请与衙门给示 ………………………… 208
　　第三节　政府对会馆的管理、改造与接收 …………… 240

第四章　乡谊流动与政治的互动 ……………………………… 300
　　第一节　乡谊流动对政治的顺应与挑战 ……………… 300
　　第二节　乡谊流动与租界当局的协作与冲突 ………… 316
　　第三节　政府对乡谊流动的响应及限度 ……………… 332

结　论 …………………………………………………………… 340

参考文献要目 …………………………………………………… 346
　　一、资料部分 …………………………………………… 346
　　二、研究文献 …………………………………………… 351

后　记 …………………………………………………………… 363

绪　论

第一节　研究综述

重视人际关系是中国社会的突出特点，利用同乡关系等渠道解决社会生活诸问题，这是中国人的一种社会生活方式，它不仅盛行于古代社会，即便在今天也依然大行其道。围绕会馆等同乡群体进行的请托与受托，促使同乡资源在同乡网络上流动便是乡谊流动。[①]近代中国，在中西碰撞下，中国的社会生活方式和治国方式都发生了改变，乡谊流动越来越多地介入政治。近代的乡谊流动反映了中国传统社会生活方式的近代转型，亦体现了治国方式随着中国社会变迁而做出的调适。从乡谊流动与政治的互动正可观察到近代历史的律动。

---

① 本书中的乡谊流动仅指以会馆等同乡群体为中心的乡谊流动，暂不涉及其他类型的乡谊流动。

乡谊流动最基本的载体是会馆等同乡群体构建的网络。明清时期，同乡群体中最为重要的团体是会馆、公所。会馆是旅居外地城镇的同籍贯或同行业的人所设立的组织，一般建有馆所，供同乡同行集会寄寓之用。它主要有同乡会馆、同业会馆和移民会馆等类型。① 会馆既是一种社会组织，又指社会组织建立的馆所，本书所谓会馆侧重其社会组织属性。已有研究显示，中国的会馆最早兴起于明永乐年间。会馆在明清两代一直在旅外人员的生活中占据着重要地位。到了清末民国时期，由于社会的大变动，会馆又有新的发展，出现了兴盛局面。清末，在一些地方开始成立同乡会，有的同乡会与会馆合而为一，有的同乡会与会馆并存。中华人民共和国成立后，同乡会被取缔，随着社会主义改造运动的进行，会馆财产被政府接收，其历史终告一段落，前后共存在五百多年。除了会馆、公所、同乡会，印结局也是明清时期活跃于京师的重要同乡群体，民国建立后即退出历史舞台。

对乡谊流动的研究主要围绕会馆等同乡群体而展开，大体始于19世纪末20世纪初。最近一百多年里，中外学人对会馆等同乡群体的研究持续不断，相关论著不断问世，研究成果的数量惊人，而且其中不乏对这个同乡组织的精彩解读。现在以"会馆""同乡"为主题词或关键词在中国知网可检索到数千篇期刊文章。已经有学者对会馆等同乡群体史的主要研究成果进行了较为详细的概括，为了便于较少接触会馆史的读者了解本书的学术脉络和基础，在此仍

---

① 会馆、同乡会、同乡组织、同乡群体、行会、地缘网络这些名词及其具体指代物既存在差别，又有共性。本书主要关注他们的共性——"同乡"，再加上已经有不少学者论述了它们的差异，因此，行文中不再特别区分会馆、同乡会、同乡组织、同乡群体、行会、地缘网络等，而常常在"同乡"这个意义上用会馆、同乡群体、同乡组织等概念。

对相关成果作一些介绍，以勾勒出会馆等同乡群体的粗略历史面貌和既有研究的主要内容。①会馆等同乡群体的研究最初比较关注会馆与行会，会馆与商业、商人的关系。20世纪40年代，已经出现了从社会史视角研究会馆的专著，如1943年窦季良出版了《同乡组织之研究》。②20世纪90年代，中国大陆学者受现代化视角的影响，在传统与现代化的脉络中观察会馆，讨论会馆与商会、同乡会的关系。一部分学者通过会馆讨论国家与社会、市民社会、公共领域、国家政权建设等问题。21世纪之后，会馆的建筑文化，公共空间特性被越来越多的研究者关注。对会馆等同乡群体的研究大体围绕人与建筑这两个方面展开。本书侧重点在人，而非建筑，在此先对会馆建筑的研究略作介绍，之后重点介绍会馆等同乡群体的研究。

一、对会馆建筑的介绍与研究

会馆史研究初期，对会馆建筑本身进行探讨并没有成为学者们的研究重心。近些年随着物质文化研究热潮的兴起，这种状况有了很大改观，从建筑技术、艺术、文化、公共空间等方面研究会馆建筑的论著开始增多。郭广岚、宋良曦的《西秦会馆》从建筑、棚、

---

① 王日根所著《乡土之链——明清会馆与社会变迁》一书分析总结了1995年之前会馆史的研究成果（天津：天津人民出版社，1996年）。1993年至2000年的会馆史综述见冯筱才《中国大陆最近之会馆史研究》一文（《中国近代史研究通讯》第30期，台北："中研院"近代史研究所，2000年9月）。郭绪印在《老上海的同乡团体》中论及前人研究成果（上海：文汇出版社，2003年）。朱英主编《中国近代同业公会与当代行业协会》第一章《中国同业公会研究的回顾与分析》较多涉及会馆史研究成果（北京：中国人民大学出版社，2004年）。诸多相关博士、硕士论文也对此有所梳理。
② 为省文，书中涉及的各位研究者均直呼其名，而不加"先生"等尊称。

石雕等方面，勾画出了自贡盐产业发展中的会馆百态。①骆平安、李芳菊、王洪瑞的《商业会馆建筑装饰艺术研究》讨论了明清商业会馆的建筑设计及装饰艺术。②赵世学的《传统会馆建筑形态比较研究——以重庆湖广会馆与河南山陕会馆为例》和《传统会馆雕刻艺术研究——以山陕会馆为例》从现存会馆中木、石、砖、彩等装饰的人文内涵角度，考析了会馆装饰作品的内容及所体现的中华传统文化内涵。③中国建筑艺术全集编辑委员会编的《中国建筑艺术全集·会馆建筑·祠堂建筑》④，冯骥才主编的《古风——中国古代建筑艺术：老会馆》⑤，介绍了全国各地具有代表性的会馆建筑之艺术成就。社旗县文化局等编撰的《社旗山陕会馆》，《中国古代建筑·社旗山陕会馆》和李芳菊的《走马飞舟赊旗镇》以社旗（古赊店）山陕会馆建筑格局为引线，展现了社旗山陕会馆建筑群内精美的雕刻、绘画、楹联等建筑艺术精品。⑥除此之外，介绍、

---

① 郭广岚、宋良曦：《西秦会馆》，重庆：重庆出版社，2006年。
② 骆平安、李芳菊、王洪瑞：《商业会馆建筑装饰艺术研究》，开封：河南大学出版社，2011年。
③ 赵世学：《传统会馆建筑形态比较研究——以重庆湖广会馆与河南山陕会馆为例》，长春：吉林人民出版社，2014年。赵世学：《传统会馆雕刻艺术研究——以山陕会馆为例》，长春：吉林人民出版社，2014年。
④ 中国建筑艺术全集编辑委员会编，巫纪光等主编，柳肃等摄影：《中国建筑艺术全集·会馆建筑·祠堂建筑》，北京：中国建筑工业出版社，2003年。
⑤ 冯骥才主编，王贵祥册主编，王贵祥、贺从容著文，卞志武等摄影：《古风——中国古代建筑艺术：老会馆》，北京：人民美术出版社，2003年。
⑥ 社旗县文化局编著：《社旗山陕会馆》，北京：文物出版社，1988年。河南省古代建筑保护研究所、社旗县文化局编著：《社旗山陕会馆》，北京：文物出版社，1999年。河南省古代建筑保护研究所、社旗县文化局：《中国古代建筑·社旗山陕会馆》，北京：文物出版社，2010年。李芳菊：《走马飞舟赊旗镇》，郑州：郑州大学出版社，2007年。

分析各地的会馆建筑还有不少论著。①

会馆建筑作为公共空间,其间的祭祀、演戏和其他集会活动也受到关注。如王日根的《论明清文化的世俗化》《论明清时期的商业发展与文化发展》《论明清会馆神灵文化》,李刚、曹宇明的《明清工商会馆神灵崇拜多样化与世俗性透析——以山陕会馆为例》等论述了会馆中的文化活动。②王东杰考察了四川会馆的崇祀对象,认为,被视作移民原乡认同的"乡神",往往被赋予超地域性,使其能够容纳新认同。③

二、对会馆等同乡群体的研究

对会馆等同乡群体的研究大体可以分为三大类。

第一类是介绍、分析会馆等同乡群体的结构与功能,澄清相关史实。

大量论著对同乡组织本身的沿革、种类、经费、组织、事业等内容进行介绍。这不仅涉及中国大陆很多地方的会馆,而且诸如新加坡、马来西亚等地的华人会馆也被关注。综论性如陈清义

---

① 姜晓萍:《明清商人会馆建筑的特色与文化意蕴》,《北方论丛》1998年第1期。孙红梅、邓学青:《河南明清时期会馆及其建筑特征》,《中原文物》2007年第5期。
② 王日根:《论明清文化的世俗化》,《社会科学辑刊》1993年第3期。王日根:《论明清时期的商业发展与文化发展》,《厦门大学学报(哲学社会科学版)》1993年第1期。王日根:《论明清会馆神灵文化》,《社会科学辑刊》1994年第4期。李刚、曹宇明:《明清工商会馆神灵崇拜多样化与世俗性透析——以山陕会馆为例》,《西安文理学院学报(社会科学版)》2011年第1期。[日]田仲一成:《清代会馆戏剧考——其组织·功能·变迁》,《文化艺术研究》2012年第3期。
③ 王东杰:《"乡神"的建构与重构:方志所见清代四川地区移民会馆崇祀中的地域认同》,《历史研究》2008年第2期。

的《中国会馆》①,周均美主编的《中国会馆志》②,王熹、杨帆的《会馆》等③。关于北京同乡组织的论著和资料集有胡春焕、白鹤群的《北京的会馆》④,汤锦程的《北京的会馆》⑤,白继增的《北京宣南会馆拾遗》⑥,叶宗宝的《同乡、赈灾与权势网络:旅平河南赈灾会研究》等⑦。关于上海同乡组织的论著和资料集有郭绪印的《老上海潮州商帮》⑧,郭绪印著《老上海的同乡团体》⑨,宋钻友的《同乡组织与上海都市生活的适应》⑩,于珍的《近代上海同乡组织与移民教育》⑪,潘君祥著《上海会馆史研究论丛》⑫,薛理勇的《老上海会馆公所》等⑬。北京、上海等地有较多同乡组织,其相关研究成果也较多。山西、陕西在外地的同乡组织较多,所以山陕会馆之类的研究成果也较多。如陈清义、刘宜萍所编《聊城山陕会馆》⑭,韩顺发的《关帝神工:开封山陕

---

① 陈清义:《中国会馆》,香港:华夏文化出版社,1999年。
② 周均美:《中国会馆志》,北京:方志出版社,2002年。
③ 王熹、杨帆:《会馆》,北京:北京出版社,2006年。王日根:《明清民间社会的秩序》,长沙:岳麓书社,2003年。王日根主编:《中国老会馆的故事》,济南:山东画报出版社,2014年。
④ 胡春焕、白鹤群:《北京的会馆》,北京:中国经济出版社,1994年。
⑤ 汤锦程:《北京的会馆》,北京:中国轻工业出版社,1994年。
⑥ 白继增:《北京宣南会馆拾遗》,北京:中国档案出版社,2011年。
⑦ 叶宗宝:《同乡、赈灾与权势网络:旅平河南赈灾会研究》,北京:中国社会科学出版社,2014年。
⑧ 郭绪印:《老上海潮州商帮》,香港:香港艺苑出版社,2001年。
⑨ 郭绪印:《老上海的同乡团体》,上海:文汇出版社,2003年。
⑩ 宋钻友:《同乡组织与上海都市生活的适应》,上海:上海辞书出版社,2009年。
⑪ 于珍:《近代上海同乡组织与移民教育》,北京:社会科学文献出版社,2009年。
⑫ 潘君祥:《上海会馆史研究论丛》第1辑,上海:上海社会科学院出版社,2011年。
⑬ 薛理勇:《老上海会馆公所》,上海:上海书店出版社,2015年。
⑭ 陈清义、刘宜萍编:《聊城山陕会馆》,香港:华夏文化出版社,2003年。

甘会馆》①，山西省政协《晋商史料全览》编辑委员会所编《晋商史料全览·会馆卷》②，张明亮主编的《晋商会馆》③，姚洪峰、杨蔚青的《洛阳山陕会馆保护与修复图说》④，刘成虎、韩芸所编《会馆浮沉》等⑤。四川移民组织很多，相关研究有王雪梅、彭若木的《四川会馆》⑥，赵逵的《"湖广填四川"：移民通道上的会馆研究》⑦，重庆湖广会馆管理处编的《重庆会馆志》等⑧。其他地方的会馆论著有周昭京的《潮州会馆史话》⑨，刘正刚的《广东会馆论稿》⑩，梁连起主编的《保定会馆志》⑪，卞伯泽的《会泽文化之旅：会馆文化》⑫，唐凌、侯宜杰等著《广西商业会馆研究》等⑬。周宗贤著《血浓于水的会馆》⑭，陈云栋著《台湾的客

---

① 韩顺发：《关帝神工：开封山陕甘会馆》，开封：河南大学出版社，2003年。
② 山西省政协《晋商史料全览》编辑委员会编：《晋商史料全览·会馆卷》，太原：山西人民出版社，2007年。
③ 张明亮主编：《晋商会馆》，太原：山西教育出版社，2009年。
④ 姚洪峰、杨蔚青：《洛阳山陕会馆保护与修复图说》，北京：文物出版社，2009年。
⑤ 刘成虎、韩芸编：《会馆浮沉》，太原：山西教育出版社，2014年。
⑥ 王雪梅、彭若木：《四川会馆》，成都：巴蜀书社，2009年。
⑦ 赵逵：《"湖广填四川"：移民通道上的会馆研究》，南京：东南大学出版社，2012年。
⑧ 重庆湖广会馆管理处编：《重庆会馆志》，武汉：长江出版社，2014年。
⑨ 周昭京：《潮州会馆史话》，上海：上海古籍出版社，1995年。
⑩ 刘正刚：《广东会馆论稿》，上海：上海古籍出版社，2006年。
⑪ 梁连起主编：《保定会馆志》，保定：河北大学出版社，2009年。
⑫ 卞伯泽：《会泽文化之旅：会馆文化》（上、下），昆明：云南人民出版社，2011年。
⑬ 唐凌、侯宜杰等：《广西商业会馆研究》，桂林：广西师范大学出版社，2012年。
⑭ 周宗贤：《血浓于水的会馆》，台北：台湾"行政院"文化建设委员会，1985年。

家人》,石锦著《近代中国社会研究》①,北京市台湾同胞联谊会编著的《台湾会馆与同乡会》②,对台湾地区的会馆进行了研究。

同乡组织的论著数量庞大,最近一二十年出版势头尤其迅猛。这些论著良莠不齐,有的提供了相关资料,有的考订了相关史实,也有的粗制滥造。在研究的地域范围方面,学者们逐渐从北京、上海、苏州等商业较为发达的城市,转到关注其他普通城镇以及边疆城镇的会馆等同乡群体。

第二类是在经济史框架下的会馆等同乡群体研究。

对会馆等同乡群体的研究最初大多在经济史的框架中进行。从行会史、资本主义萌芽史、现代化史等视角下分析会馆的形成与分布、性质和功能,并讨论会馆与行、行会、公所、商帮、近代同业公会、商会的关系。以上研究路径是近三十多年中国大陆学者对会馆等同乡群体研究的主要取向。

首先,会馆的性质。

19世纪后期开始兴起关于会馆的研究。当时出版了玛高温著《中国的行会》,马士著《中国行会考》,日本东亚同文会编《中国经济全书·会馆及公所》,湖南人编《湖南商事习惯报告书·会馆》等论著。③这些论著通常把中国的会馆比附于西方基尔特,比较关注其中的商业行会,并认为会馆公所的市场垄断权力十分强

---

① 陈云栋:《台湾的客家人》,台北:台原出版社,1978年。石锦:《近代中国社会研究》,台北:李敖出版社,1990年。
② 北京市台湾同胞联谊会编著:《台湾会馆与同乡会》,北京:北京大学出版社,2012年。
③ 玛高温:《中国的行会》,《亚洲文会杂志》,1886年。马士:《中国行会考》。日本东亚同文会编:《中国经济全书·会馆及公所》。湖南人编:《湖南商事习惯报告书·会馆》等书,转引自彭泽益:《中国工商行会史料集》,北京:中华书局,1995年。

大。玛高温著《中国的行会》，1886年发表于上海出版的《亚洲文会杂志》，是西文著作中有关中国行会历史问题的著名文献。该书指出，"会馆，最初多建于大都市里，是官员们为在同乡中实现互助互卫之目的而设立的。后来，商人们以此为楷模，也建立起自己的行会"。《中国的行会》虽然更多关注商业行会，但显然，该书已经注意到会馆至少有同乡性质的官员会馆和商人行会。之后一百多年里，学者不断地争论会馆的性质到底是同乡的会馆还是商人的行会，其实《中国的行会》对此已经有所提示。

关于会馆的性质、起源，每个学者关注点不同，往往各执一端。

1922年，日本学者和田清依据日本东亚同文会调查资料及其他中国文献资料①，对中国的会馆公所进行研究，他发表了《关于会馆公所的起源》一文，他认为会馆、公所的起源可追溯至唐宋的"行"，是商人经济组织。②1927年，日本加藤繁发表《唐宋时代的商人组织——行》一文，提出与和田清相似的观点，认为作为会馆先驱的行在唐宋时代已经存在。③

1925年，郑鸿笙的《中国工商行业公会及会馆、公所制度概论》，论证了工商行业公会、会馆、公所的差异，并指出会馆同时具有财产团体和公益团体的双重性质。④

---

① 清末民初，日本东亚同文会组织各期学生徒步在中国开展社会经济调查，并将调查记录汇编成《中国别省全志》和《中国经济全省》等资料，其中就涉及晚清中国各省会馆的调查记录。
② ［日］和田清：《会馆公所の起源に就いて》，《史学杂志》1922年第33卷第10期。
③ ［日］加藤繁：《唐宋时代の商人组合"行"》，《白鸟博士还历纪念东洋史论丛》，1927年。［日］加藤繁：《中国经济史考证》，吴杰译，北京：商务印书馆，1959年。
④ 郑鸿笙：《中国工商行业工会及会馆、公所制度概论》，《国文周报》1925年第2卷第19期。

1928年，大谷孝太郎撰文《上海的同乡团体及同业团体》，指出近代上海商人团体的发展，时间越靠后其乡土结合越凝固，这种乡土结合实际上是在分割市场，阻碍了资本的聚集。①

根岸佶的视野集中在工商性质的会馆，但是他对会馆又做了一般性的全面研究。1932年，根岸佶发表了《中国的行会》，对中国会馆与政府权力之间的关系进行了探讨，认为政府将部分管理经济的权力让渡给商人。根岸佶实地考察了上海等地的工商行业会馆，1951年出版了《上海的行会》。②

1934年，全汉昇的《中国行会制度史》出版。他在该书中论及明清时期的行会制度时，用的章节标题为"会馆"，而且内容也全是关于会馆的，诸如会馆的沿革、产生原因，客帮与会馆，会馆的内部运作、事业活动等。③

1935年，加藤繁发表《论唐宋时代的商人组织"行"并及清代的会馆》。他认为欧美学者将中国会馆视为西方的基尔特，"但是相当于基尔特的却是行"，"所谓会馆是明代嘉靖、隆庆以后，集中在北京的各省官吏、士子等按照他们乡籍的差别而设置的憩息燕集场所，似乎北京以及各省的商人会馆也是模仿这种性质的……商人会馆的产生，难以说是本地的行发展壮大的必然的结果，而显然是因为和其他都市的通商关系密切起来，其他地方的商人定居下来

---

① ［日］大谷孝太郎：《上海的同乡团体及同业团体》，《中国研究》1929年第19期。
② ［日］根岸佶：《中国ギルドの研究》，东京：斯文书院，1932年；［日］根岸佶：《上海のギルド》，东京：日本评论社，1951年。
③ 全汉昇：《中国行会制度史》，上海：新生命书局，1934年。

的人有所增加,也就是商业更加发展的缘故"。①1942年,他又发表《清代北京的商人会馆》,并指出:"会馆,大体上可以区分为一般同乡人的会馆和商人的会馆。"②

早期中外学者对会馆的研究主要围绕商人会馆、会馆与基尔特(行会)的关系而展开,19世纪20、30年代已有学者论证了会馆与基尔特之间的差异,他们注意到了会馆等同乡群体,但不是研究的重点所在。

20世纪40年代之后,日本学者继续发表了不少关于中国会馆、行会的论著。仁井田陞对会馆的研究成果集中在《中国的社会和行会》一书中,他指出应将中国的基尔特组织与西方行会组织作比较研究,为深层次把握中国会馆的特质,应先理解中国社会的内部构造,从而将会馆研究向社会史方向拓展,这是日本学界在会馆问题研究方面的重大突破。③今堀诚二是研究会馆成果颇多的日本学者,发表了《行会史》《中国商工行会的素描——以内蒙古农村机构向行会过渡为中心》《河东盐业同业公会的研究》《中国行会商人的构造》《近代开封的商业公会——崩溃过程中的封建社会形势》《中国的自耕农基尔特的构造——小商品生产阶段的历史作用》等论著,集中探讨了工商业行会、会馆在城市

---

① [日]加藤繁:《论唐宋时代的商业组织"行"并及清代的会馆》,《中国经济史考证》第1卷,吴杰译,北京:商务印书馆,1962年。原文发表于昭和10年(1935年)4月《史学》第14卷第1期。
② [日]加藤繁:《清代北京的商人会馆》,《中国经济史考证》第3卷,吴杰译,北京:商务印书馆,1962年。
③ [日]仁井田陞:《中国の社会とギルド》,东京:岩波书店,1951年。

社会经济发展中的重要作用。①横山英著《中国商工业劳动者的发展和作用》②、幼方直吉著《帮、同乡会、同业公会和他们的转化》③、泽崎坚造著《北京市商会的同乡性》④、宫崎市定著《明清时代的苏州和轻工业的发展》⑤、白山反正著《中国行会和它的独占政策》⑥、增井经夫的《会馆录数种》等,也讨论了中国的行会、会馆⑦。

1949年之后,特别是20世纪70年代末开始,中国学者对会馆、行会重新展开研究。李华的《明清以来北京的工商业行会》⑧,洪焕椿的《论明清苏州地区会馆的性质和作用——苏州工商业碑刻资料剖析之一》等,把会馆研究集中在了工商会馆这一类型上⑨。

---

① [日]今堀诚二:《行会史》,《现代中国辞典》,1950年。[日]今堀诚二:《中国商工行会的素描——以内蒙古农村机构向行会过渡为中心》,《史学研究纪念论丛》,1950年。[日]今堀诚二:《河东盐业同业公会的研究》,《史学杂志》第55卷第9、10期,第56卷第1期。[日]今堀诚二:《中国行会商人的构造》,《近代中国的社会与经济》,1951年。[日]今堀诚二:《近代开封的商业公会——崩溃过程中的封建社会形势》,《东洋的社会》,1948年。[日]今堀诚二:《中国的自耕农基尔特的构造——小商品生产阶段的历史作用》,《社会经济史学》第18卷第1、2期。
② [日]横山英:《中国商工业劳动者的发展和作用》,《历史学研究》1952年第160号。
③ [日]幼方直吉:《帮、同乡会、同业公会和他们的转化》,《近代中国的社会与经济》,1951年。
④ [日]泽崎坚造:《北京市商会的同乡性》,《经济论丛》1941年第52卷第5期。
⑤ [日]宫崎市定:《明清时代的苏州和轻工业的发展》,《东方学》1951年第2辑。
⑥ [日]白山反正:《中国行会和它的独占政策》,《北海道学艺大学〈学艺〉》1951年第2卷第2期。
⑦ [日]增井经夫:《会馆录数种》,《东亚问题》终刊号,1944年。
⑧ 李华:《明清以来北京的工商业行会》,《历史研究》1978年第4期。贺海:《北京的工商业会馆》,《学习与研究》1981年第5期。
⑨ 洪焕椿:《论明清苏州地区会馆的性质和作用——苏州工商业碑刻资料剖析之一》,《中国史研究》1980年第2期。

1982年，吕作燮撰文《明清时期的会馆并非工商业行会》，指出中国会馆并非工商业行会，且早期会馆与工商业毫无关系。北京、上海、苏州、汉口等地会馆资料显示，会馆多为地域性质同乡组织或行帮组织。之后，他又相继发表了《明清时期苏州的会馆和公所》和《南京会馆小志》两文，进一步指出会馆是地域观念的组织，其成员有官员、工商业者、农民等各色人；公所是同业组织，成员仅为工商业者。①吕作燮的观点在学界引起较大反响，掀起了学界关于会馆概念、性质界定的激烈争鸣。1982年，胡如雷出版了《中国封建社会形态》一书，他在该书中写道："明清之际，我国才真正形成了类似西方行会的工商业组织，或称会馆、或称公所、或称行或称帮。"他认为会馆、公所是工商业组织。②汪士信的《明清商人会馆》认为，会馆就是工商业行会组织。③吴慧的《会馆、公所、行会：清代商人组织演变述要》也讨论了会馆、公所与行会的关系。④

日本学者川胜守发表了《明清时代的北京、苏州、上海之广东会馆》一文，他认为商人会馆是对士大夫会馆的一种模仿，分析了明清社会变革中商与士的关系；他运用会馆的地域分布强弱来分析地域性商帮在某地实力的强弱。⑤寺田隆信在《关于北京歙县会

---

① 吕作燮：《明清时期的会馆并非工商业行会》，《中国史研究》1982年第2期。吕作燮：《明清时期苏州的会馆和公所》，《中国经济史研究》1984年第2期。吕作燮：《南京会馆小志》，《南京史志》1984年第5期。
② 胡如雷：《中国封建社会形态研究》，北京：生活·读书·新知三联书店，1979年，第271页。
③ 汪士信：《明清商人会馆》，《平准学刊》1986年第3期。
④ 吴慧：《会馆、公所、行会：清代商人组织演变述要》，《中国经济史研究》1999年第3期。
⑤ 叶显恩主编：《清代区域经济史研究》，北京：中华书局，1992年。

馆》一文中指出，北京的歙县会馆主要为服务于科举而建，但是会馆发展中商人资本发挥了重要作用，将会馆问题与科举、商业资本问题联系起来，其研究视野进一步扩大。①邹怡认为，明代后期，歙县会馆及义庄由商人集资创建和维护，服务同乡士商，但清代中期以后，会馆资金转而依赖力图步入政界的商人，甚至获得盐务部门的资助，与之相应，会馆的服务对象也缩小为科举考生和官员。义庄虽然保持了民捐民用，但其内部管理和对外交涉均需政府力量的介入。歙县会馆的发展表明，传统中国的国家与社会并非如西方般呈现为对立制约，在行政主导的政治传统中，两者表现为垂直粘连、交叉利用，国家对社会进行分类控制。②

20世纪80年代，国内外学者仍在持续关注中国工商性质的会馆，但研究路径已经拓展。由于国内学者对会馆研究差不多是重新起步，一些学者对20世纪80年代之前的会馆学术史并不熟悉，之前已经有学者探讨会馆与行会、基尔特之间的同异。一些外国学者转向探讨会馆与社会经济发展关系时，此时部分中国学者还在集中讨论会馆与行会、基尔特的异同。此时，会馆研究的地域范围仍然集中在北京、上海、苏州、广州等工商业发达的城市。

其次，会馆与公所的关系。

一般认为，会馆、公所是传统社会组织，一些研究者往往将其视为结构和功能迥异的两类社会组织：会馆为同籍移民的同乡组织，公所则为同业的行会组织。不过，范金民认为，对会馆与

---

① ［日］寺田隆信：《关于北京歙县会馆》，《中国社会经济史研究》1991年第1期。
② 邹怡：《善欲何为：明清时期北京歙县会馆研究（1560—1834）》，《史林》2015年第5期。

公所的关系不能一概而论,应区别对待,"会馆和公所都有地域性和行业性两类","会馆与公所不但在侧重点上有所不同,而且在产生时间上也有较为明显的先后"。①王日根认为,"会馆与公所在很多场合往往不易区分,倘若真要说出二者的区别,其主要点当在于:会馆往往较多地讲究仪貌,公所则更多地注重实效……公所往往是中小商人谋求发展的处所,会馆则往往是大商人跻身仕途或攀附仕途的根据地。而中小商人则既可栖身公所,又可寄居会馆"。②

徐鼎新在《旧上海工商会馆、公所、同业公会的历史考察》中认为,上海的同乡会馆与行业公所之间有着密切联系,同乡会馆表现出同行业组合的特点,同时同业公所中又包括若干地域商帮。他指出,到20世纪初,会馆、公所等传统组织,少数演化为纯同乡团体,而大多数改组为同业公会。③高洪兴认为,清末民初,近代上海的同乡会馆、公所逐步向同乡会馆转化,而那些完全按行业组合的会馆、公所则由于其封建行会性成为社会发展的障碍而逐渐趋于没落,最终于20世纪20年代后期被同业公会所取代。他指出,同乡会兴起后,会馆、公所逐渐变成只为死者服务的慈善组织,而同乡会则相应变成为生者服务的组织,体现了两类同乡组织功能分工的不同。④王笛在《清代重庆移民社会与社会发展》一文中指出,重庆的会馆、公所和同业行会也体现了同乡与同业双重组合的结构

---

① 范金民:《清代江南会馆公所的功能性质》,《清史研究》1999年第2期。
② 王日根:《中国会馆史》,上海:东方出版中心,2007年,第68—69页。
③ 徐鼎新:《旧上海工商会馆、公所、同业公会的历史考察》,《上海研究论丛》第5辑,上海:上海社会科学院出版社,1990年。
④ 高洪兴:《近代上海的同乡组织》,《上海研究论丛》第5辑,上海:上海社会科学院出版社,1990年。

特征。会馆不仅是同籍移民举办各种社会活动的场所,也对城市政治、宗教、社会的发展起到重要作用,它几乎参与了涉及城市管理和建设的各项事务。①彭泽益认为,"会馆公所名虽说不同,实则性质无异"②。

上述观点,均有资料可以证明其合理性,但又难以涵盖所有会馆、公所的关系,因此要客观辩证看待。正如严昌洪指出的:"不应以会馆或公所的名称来区分这类社会组织的性质,应该按各个组织的组建动机、人员构成、活动内容来确定其性质,是同乡会还是行会,是商人组织还是手工业组织,或者兼而有之。"③

最后,会馆与商会、同业公会的关系。

20世纪20、30年代,学者们已经注意分析会馆与商会之间的关系。80年代之后,一些学者将研究重点集中在会馆与商会、行会、同业公会的互动关系上。如宋钻友的《从会馆、公所到同业公会的制度变迁——兼论政府与同业组织现代化的关系》④,彭南生的《近代中国行会到同业公会的制度变迁历程及其方式》⑤,黄福才、李永乐的《论清末商会与行会并存的原因》⑥,韩晓莉的《新

---

① 王笛:《清代重庆移民社会与社会发展》,天津社会科学院主办:《城市史研究》第5辑,上海:上海社会科学出版社,1993年。
② 彭泽益:《中国工商行会研究的几个问题》,《中国工商行会史料集》上册,第15页。
③ 严昌洪:《中国近代社会风俗史》,杭州:浙江人民出版社,1993年。
④ 宋钻友:《从会馆、公所到同业公会的制度变迁——兼论政府与同业组织现代化的关系》,《档案与史学》2001年第3期。
⑤ 彭南生:《近代中国行会到同业公会的制度变迁历程及其方式》,《华中师范大学学报(人文社会科学版)》2004年第3期。
⑥ 黄福才、李永乐:《论清末商会与行会并存的原因》,《中国社会经济史研究》1999年第3期。

旧之间：近代山西的商会与行会》①，分析了不同时期不同地域间会馆的演变历程。

一些学者强调会馆与商会的区别，而否定了他们之间的联系。朱英认为，会馆与商会是明显不同的两种商人社团。不少会馆、公所是旧有的商人组织或以商人为主的组织，商会是新式的商人组织。即使商会成立之后，会馆、公所还与之长期并存，从经济史视角观察到的会馆、公所往往被看作行会，会馆、公所的其他内涵则被忽略。最初，一些研究者认为，商会的根本宗旨、基本职能、组织结构和总体特征都与行会截然相异，近代商会的产生，是对传统行会的一种历史否定。当然，他们在强调商会与传统行会的本质区别的同时也注意到二者还是存在一些联系。②丁长清认为，会馆与商会是两种不同的组织，"商会与会馆不同，已不是以地缘为纽带组成的某地区、某帮商人组织，而是各帮商人的全国性组织"③。

90年代以来的一些研究者注意到了会馆、公所组织自身的近代化过程。80年代至90年代初期，邱澎生等已经开始讨论会馆与商会的联系。邱澎生认为，会馆与商会在组织经费来源、管理方式等方面有相似之处，且商会成立之后与会馆联系密切；商会相比较会馆而言，其规章制度具有全国统一性和结构完整性，成员组成具有

---

① 韩晓莉：《新旧之间：近代山西的商会与行会》，《山西大学学报（哲学社会科学版）》2005年第1期。
② 马敏、朱英：《浅谈晚清苏州商会与行会的区别及其联系》，《中国经济史研究》1988年第3期。马敏、朱英：《传统与现代的二重变奏：晚清苏州商会个案研究》。
③ 丁长清：《试析商人会馆、公所与商会的联系和区别》，《近代史研究》1996年第5期。

跨行业性。[1]虞和平等人认为，商会之所以能容纳行会，是因为行会具有一些近代化或者进步的特点，因而才能和现代的或者旨在发展资本主义的商会兼容。虞和平指出，公所等行会组织具有与商会相类似的协调、管理、商事仲裁等功能，它们之间有着被包涵与包涵、互相依赖的联系。因此，虞和平反对一方的兴起必然以另一方的衰落为前提的看法。[2]王日根甚至认为，工商性会馆与商会有一些共同的职能，会馆组织是一种有效的社会整合组织，而商会却先天孱弱，在许多地方不如会馆那样具有凝聚力。[3]他还指出，会馆、商会都是社会变迁中社会组织建设的反映，"其中势必有一些不同，但绝不是泾渭分明，毫无传承共通之处的"[4]。范金民指出，会馆与商会是发展与进一步发展的关系，商会成立之后并没有取代会馆，而是通过会馆来发挥自身作用。[5]王翔在有关苏州云锦公所的研究表明，在商会的影响下，公所会馆在选举、日常管理等方面的民主特色有所增强，组织结构也开始发生变化。[6]付海晏等考察苏州商事公断处理案后指出，民初商会、公所、会馆等商人团体之间的团体认同要远胜于所谓的新旧对立。[7]

---

[1] 邱澎生：《十八、十九世纪苏州城的新兴工商业团体》，台北：台湾大学出版委员会，1990年。
[2] 虞和平：《鸦片战争后通商口岸行会的近代化》，《历史研究》1991年6期。虞和平：《商会与中国早期现代化》，上海：上海人民出版社，1993年。
[3] 王日根：《近代工商性会馆的作用及其与商会的关系》，《厦门大学学报（哲学社会科学版）》1997年第4期。
[4] 王日根：《中国会馆史》，上海：东方出版中心，2007年，第82页。
[5] 范金民：《明清江南商业的发展》，南京：南京大学出版社，1998年，第273、275页。
[6] 王翔：《从云锦公所到铁机公会》，《近代史研究》2001年第3期。
[7] 付海晏、李国涛：《团体认同——民初商人组织与纠纷的解决》，《城市史研究》第22辑，上海：上海社会科学院出版社，2004年。

除了上述比较集中的几个领域，还有一些论著也不再局限于就会馆论会馆，而更多地将会馆等同乡群体置于社会经济发展进程中，联系地、动态地、全面地考察会馆等同乡群体与社会经济变迁的关系。相关论文不胜枚举，如刘正刚致力于四川移民会馆的研究①，许檀透过会馆剖析清代河南商业城镇的商业发展状况②，宋伦等研究了山陕会馆③，蓝勇在《明清时期云贵汉族移民的时间和地理特征》一文中，对云南省的江西、四川、湖广、广东、福建、秦晋、江南和贵州会馆分布数量做了统计，认为清代云南共有151所移民会馆④。薄井由在《清末以来会馆的地理分布——以东亚同文书院调查资料为依据》一文中，以东亚同文书院调查资料为依据分析了20世纪初至30年代中国各地会馆的地理分布。⑤罗群在《从会馆、行帮到商会——近代云南商人组织的发展与嬗变》一文中，指出近

---

① 刘正刚：《清代四川的广东移民会馆》，《清史研究》1991年第4期。刘正刚：《试论清代四川南华宫的社会活动》，《暨南学报》1997年第4期。刘正刚：《清代四川的广东移民经济活动》，《中国社会经济史研究》1992年第4期。
② 许檀：《清代河南朱仙镇的商业——以山陕会馆碑刻资料为中心的考察》，《中国社会科学》2000年第3期。许檀：《清代中叶洛阳的商业——以山陕会馆碑刻资料为中心的考察》，《天津师范大学学报（社会科学版）》2003年第4期。许檀：《清代河南北舞渡镇——以山陕会馆碑刻资料为中心的考察》，《清史研究》2004年第1期。许檀：《清代河南赊旗镇的商业——基于山陕会馆碑刻资料的考察》，《历史研究》2004年第2期，等。
③ 宋伦、李刚：《明清工商会馆"会底银两"资本运作方式探析——以山陕会馆为例》，《江苏社会科学》2007年第2期。李刚、宋伦：《明清工商会馆"馆市合一"模式初论——以山陕会馆为例》，《中国社会经济史研究》2004年第1期。李刚、宋伦：《论明清工商会馆在整合市场秩序中的作用——以山陕会馆为例》，《西北大学学报（哲学社会科学版）》，2002年第4期，等。
④ 蓝勇：《明清时期云贵汉族移民的时间和地理特征》，《西南师范大学学报（哲学社会科学版）》1996年第2期。
⑤ 薄井由：《清末以来会馆的地理分布——以东亚同文书院调查资料为依据》，《中国历史地理论丛》2003年第18卷第3辑。

代云南商人组织经历了会馆、行帮、商会三个发展阶段。①

传统–现代二元分析框架给会馆等同乡群体史研究带来一种新的思路和分析手段,但在研究初期往往相对忽略会馆组织本身的复杂性、区域性,忽略其与现代社会组织相联系的一面,造成研究的简约化、表面化倾向。在初期的会馆等同乡群体研究中,一些研究者倾向于把近代商会与公所、会馆等传统商人组织作为两种对立的组织来看待,认为前者是对后者的历史否定与突破,商会所表现的近代法人社团性质与公所、会馆等所体现的观念是截然不同的。后来一些研究成果对此予以修正,认为商会与公所、会馆等存在相互依赖和相互影响的功能,公所、会馆等自身也处在"近代化"过程中,而且往往被纳入商会组织系统之中,构成商会的组织基础。二者之间并非水火不容、截然对立的关系,而是存在相当的"继承性"。

第三类是社会史、文化史视野下的会馆等同乡群体研究。

1945年,窦季良出版了《同乡组织之研究》,从乡土观念、组织演化、集体象征、功能分析等方面对同乡组织进行了较为全面的论述。②1966年,何炳棣的《中国会馆史论》出版,在中国的籍贯观念形成因素、北京会馆的起源、会馆的数目和地理分布、近代中国地域组织狭隘畛域观念的融消、大群意识的产生及其积极作用等方面提出了独到的见解。③20世纪80年代,罗威廉出版了《汉口:一个中国城市的商业和社会(1796—1889)》通过会馆讨论了

---

① 罗群:《从会馆、行帮到商会——近代云南商人组织的发展与嬗变》,《思想战线》2007年第6期。
② 窦季良:《同乡组织之研究》,台北:正中书局,1945年。
③ 何炳棣:《中国会馆史论》,台北:学生书局,1966年。

中国的市民社会问题与"公共领域"。①20世纪90年代后出版了顾德曼的《家乡、城市与国家——上海的地缘网络与认同（1853—1937）》，通过重建近代会馆的历史从而讨论了同乡情感的延续、同乡情感与民族主义的关系、社会与国家的关系。②王日根所著《乡土之链——明清会馆与社会变迁》着力于会馆与明清社会变迁的互动，考察会馆的社会整合、内在运作和文化内涵③；王日根的《中国会馆史》，从会馆的产生、分布、功能、演变等多视角多层次地阐释了会馆的发展历程，并从社会变迁的角度反观了会馆所具有的历史地位，指出会馆在经济、文化、道德建设等层面所发挥的作用④。有的则分析会馆等设施的空间分布从而探讨"城市生态"诸问题。⑤

在此，不准备全面描述社会史、文化史视野下会馆等同乡群体研究的成果，仅仅选取四本与本书密切相关的会馆史专著为例进行分析，从中揭示出本书在问题意识、文献等方面的脉络。

这四本专著是窦季良所著《同乡组织之研究》；何炳棣所著《中国会馆史论》；罗威廉所著《汉口：一个中国城市的商业和社会（1796—1889）》；顾德曼所著《家乡、城市与国家——上海的

---

① ［美］罗威廉著：《汉口：一个中国城市的商业和社会（1796—1889）》，江溶、鲁西奇译，北京：中国人民大学出版社，2005年。
② ［美］顾德曼：《新文化、旧风俗、同乡组织和五四运动》，《上海研究论丛》第4辑。［美］顾德曼：《家乡、城市与国家——上海的地缘网络与认同（1853—1937）》，上海：上海古籍出版社，2004年。
③ 王日根：《乡土之链——明清会馆与社会变迁》，天津：天津人民出版社，1996年，第4—21页。
④ 王日根：《中国会馆史》，上海：东方出版中心，2007年。
⑤ ［美］施坚雅：《中国封建晚期城市研究》，长春：吉林教育出版社，1989年。［美］白思奇：《地方在中央：晚期帝都内的同乡会馆、空间和权力》，秦兰珺、李新德译，北京：中国社会科学出版社，2018年。

地缘网络与认同（1853—1937）》[①]。窦季良、何炳棣、罗威廉、顾德曼等人关于会馆等同乡群体的著作，都涉及对同乡组织的不同解读。就地域范围而言，窦季良研究重庆的同乡组织、罗威廉分析汉口的行会、顾德曼讨论上海的会馆，他们三人都是研究某一个城市中的同乡组织；何炳棣则研究了全国范围内的会馆。以某个城市为范围作个案研究，或从整体出发进行研究，是两个不同的路径。何炳棣认为，日本学者虽对北京、上海、归绥等地的若干工商行会有重要的贡献，但似乎还不能圆满解答一些比较广泛的问题；窦季良的《同乡组织之研究》内容大都根据战时对重庆一市会馆之实际调查，此书未及重庆地缘性的行业公所，会馆史料也大多限于咸同以后。何炳棣钟情于宏观整体研究，对日本学者和窦季良的个案研究似有不满足之意，嫌其范围过于狭窄。虽然如此，以上诸位学者对会馆无论作整体研究，还是从个案出发，其成果都堪称经典。

首先，问题意识。

会馆等同乡群体的内涵丰富，学者们抓住其不同侧面，根据不同的学术动机和材料构建了自己的问题意识。

窦季良所著《同乡组织之研究》1943年在重庆出版，属于社会行政丛书的民众组训类。为完成民众组训的政治任务，窦季良面临的问题首先是确定旧有组织是否有存在的必要。当时，中国固有的社会组织，大部分还是普遍的维持存在，窦季良认为这是因为实际的需要、人的支持和礼俗的认可。对它们的评估是"蕴藏着无限的

[①] 《同乡组织之研究》中的同乡组织主要是同乡会馆和同乡会；《汉口：一个中国城市的商业和社会（1796—1889）》中的行会多涉及同乡会馆；《家乡、城市与国家——上海的地缘网络与认同（1853—1937）》中的地缘网络以同乡会馆、同乡会为中心。

力量，具有发展的可能性"，"有若干例证使我们感于这种固有的社会组织的力量较之新的社会组织实在是有过之而无不及"。他对旧有组织的生命力和作用有相当乐观的看法。

作者从事这个研究便要为同乡组织今后的发展方针提供建议，即"应以固有的乡土观念为起点，而深化其社区观念与国家观念；应以固有伦理精神为基础，而由人治趋向法治；应以固有的乡土的消极的组织功能，引习其对于社区的和国家的积极的功能，而走向现代化的程途上"①。在窦季良看来，引导旧有社会组织适应现代生活，至少要完成两个转变，无论是同乡组织的观念还是功能，都要朝社区和国家的方向发展。

《同乡组织之研究》注意到同乡组织是一个小群体。窦季良要为训导小群体提供建议，眼光自然落在群与群间、小群与大群间。处理好群与群间的关系有利于构建和谐的社区。解决好小群与大群间的关系有利于建立统一、团结的国家。因此，同乡组织朝社区和国家的方向转化成为《同乡组织之研究》的主题。

《同乡组织之研究》刊行20多年后，何炳棣出版了《中国会馆史论》。何炳棣写《中国会馆史论》的动机之一在于不满日本等国的学者对中国会馆的一些看法。

20世纪初叶，中国传统政治与文化穷极待变、变而未通的时候，一般学人研究中国社会经济制度时，很自然的受了当时政制行将解体的影响。他们所注重的是中国传统社会经济制度中的消极保守性；他们最有兴趣的是解释中国传统社会经济制度如何阻碍、延缓中国社会经济制度的近代化。因此他们往往忽略这些传统制度

---

① 窦季良：《同乡组织之研究》，南京：正中书局，1946年，序言。

长期以来积极推动中国社会经济进步的历史作用。20世纪20年代开始，日本学者和田清、加藤繁、仁井田陞、根岸佶、今堀诚二就对中国会馆和工商行会问题提出讨论。日本学者研究的主要对象是中国业缘性的工商行会，因行会而牵涉地缘组织的会馆。他们往往采取近代观点来看待它，认为这种高度的血缘性和地缘性在传统中国社会造成了零散分割的局面，加强了小群的观念，削弱了大群的意识，因而延展了中国社会的"近代化"。何炳棣认为，从历史的观点来看，血缘组织如家族制度，地缘组织如会馆制度，都是应传统社会某些阶段中实际的需要而产生，曾具有积极的社会与经济功能。他指出，地缘组织表面上虽反映了强烈的地域观念，但无时不与同一地方的其他地缘、业缘组织接触、发生关系，谋求共存共荣。几百年中同一地区各种地缘、业缘组织经常接触的结果，也未尝不有助于窄狭畛域观念的融消和大群意识的产生。因此，何炳棣写《中国会馆史论》的目的之一就是提出实际例证，以论证明、清两代的会馆制度，在中国社会逐渐"近代化"的过程中，实曾具有积极的推动作用。

由于此前的学者认为中国人强烈的地域观念造成零散分割、狭窄的畛域观念，使地缘组织封闭，阻碍中国走向近代。这促使何炳棣讨论中国的地缘组织是否有积极作用，中国人的畛域观念能否消融，小群意识能否转化等问题。

在《中国会馆史论》出版将近20年的时候，罗威廉推出了《汉口：一个中国城市的商业和社会（1796—1889）》一书。

《汉口：一个中国城市的商业和社会（1796—1889）》的问题意识缘于和韦伯等学者的对话。韦伯认为，欧洲社会已经成功地走过了行为与组织准则从"传统"向"理性"过渡的道路，而中国却不曾走过。他指出，中国城市在这方面失败的主要原因是中国城市本身的自然性。在中国，从未形成真正的"城市"，因为形成"城市"必不可少的先决条件"城市共同体"从未存在过。韦伯从两个方面分析了中国不能产生"城市共同体"的原因。一方面，行政管理功能在城市里占据首要地位，使城市的政治自治未能得到发展。另一方面，强烈的同乡观念使旅居者对城市没有认同，妨碍了城市阶级的发展，排他性组织阻碍了城市共同体的产生。

罗威廉认为，出自韦伯笔下的中国城市并不是一种历史事实，而更主要的是一种与他所认识的欧洲城市发展相对应的理想类型。正是由于认识到韦伯式思想存在着一些概念性问题，并随着越来越多地发现韦伯有关中国城市的细节假设存在着很多具体错误，一些历史学家与社会学家如斯波义信、施坚雅、伊懋可开始新的探索。他们强调："后中世纪时期城市持续的历史发展，中国城市广阔的地理和人文背景，城市在中国社会中发挥的经济作用超过政治作用。"①

罗威廉沿着施坚雅等人开创的道路继续前进，他选择汉口为个案进行细致研究，试图证明在一个中华帝国晚期第一等级的城市里，存在着重要的社会力量，并力图尽可能全面展示这些力量与城市核心功能之间相互影响的面貌。他分析的这个"重要的社会力量"就是行会。罗威廉看到的会馆，是城市中的团体。由于对韦伯等人这些论断强烈不满意，《汉口：一个中国城市的商业和社会（1796—1889）》力图从会馆里发现理性城市社团的性质，也希望

---

① ［美］罗威廉：《汉口：一个中国城市的商业和社会（1796—1889）》，江溶、鲁西奇译，北京：中国人民大学出版社，2005年，第11页。

从会馆在城市的活动中看到"社区自治"。

《汉口:一个中国城市的商业和社会(1796—1889)》出版时,顾德曼开始了城市地缘网络的探索之旅。《家乡、城市与国家——上海的地缘网络与认同(1853—1937)》一书问世,距离《汉口:一个中国城市的商业和社会(1796—1889)》的出版差不多有10年。

顾德曼反思了前辈的研究路向,试图另起炉灶。《家乡、城市与国家——上海的地缘网络与认同(1853—1937)》关注的焦点是社会的而非经济的,由封建主义向资本主义的经济发展模式(韦伯的或其他人的)作者并不十分关心。① 顾德曼的反思沿着两个方向前进。

一是,质疑现代性,质疑传统与现代截然两分,思考传统的延续。顾德曼在中文版自序中论及其学术兴趣点:"尽管我也认识到晚清时期同乡会的功能,但使我特别感兴趣的是同乡组织在20世纪的持续和演变。对于这些所谓'传统'组织的活动力及他们在现代社会转化的理解,使我对历史学家们关于'传统'和'现代性'所经常做出的预设进行反思。"② 顾德曼找到了一个传统的同乡组织来作为反思对象。采用现代化视角研究中国近代史,往往认为中国走向现代化的过程就意味着传统观念和活动的萎缩。如果说,"恰恰是在精确地使用、套用'传统'和'近代性'概念的过程中,无论对传统还是对现代的理解都失其本意了"③,那么,一个历史

---

① [美]顾德曼:《家乡、城市与国家——上海的地缘网络与认同(1853—1937)》,上海:上海古籍出版社,2004年,第25页。
② 同上书,中文版自序。
③ 同上书,第25页。

悠久的同乡网络,面对汹涌而来的现代化浪潮,其命运如何,它会被淹没还是持续发展?同乡认同会被一个新的"近代"认同替代吗?如果不是被替代,同乡组织和同乡观念具体是如何延续的呢?这便成了《家乡、城市与国家——上海的地缘网络与认同(1853—1937)》细致描绘的主题之一。

二是,质疑同乡组织的城市认同,探讨地缘网络与民族主义形成的关系。同乡组织与城市,同乡组织与国家的关系,被窦季良等人所关注。罗威廉发挥了窦季良所提出的同乡观念向社区观念转化的看法,指出了旅居者的汉口认同。顾德曼对罗威廉的主张有所质疑,她认为在上海的同乡组织那里,城市认同可能不如国家民族认同那么重要。她要探讨的是,看似与民族主义矛盾的家乡认同,它会妨碍民族主义的兴起吗?同乡网络在中国民族主义形成和发展过程中扮演了什么样的角色?

会馆最根本的是其地域性,同时会馆在学者们眼中又横看成岭侧成峰。由地域性引申出来小群、畛域观念、地域网络、家乡认同;地域性常常与社区、城市、国家、民族主义相对应。因此,通过会馆观察到的是地域中国,不同角度看到的是地域中国五彩斑斓的侧面。学者们研究会馆等同乡群体时各怀目的,或直接为政治服务,或寻找中国发展的内在动力,或为了理解中国的传统和中国近代民族主义的兴起。如何把他们的这些大关怀与具体的会馆等同乡群体结合起来呢?他们从会馆等同乡群体的不同侧面出发,抓住会馆等同乡群体那些与自己心中关怀的问题密切相关的特质,确立了论述的主题,如乡土观念与社区观念、国家观念;畛域观念与大群意识;同乡组织与城市自治;家乡认同与民族主义等。这样一来,宏观问题有了具体个案的支撑,根基更为牢固;具体个案也与宏观问题挂上了钩，其普遍意义得以凸现。

其次，基础史料。

实地调查资料是《同乡组织之研究》所使用材料的特色之处。其主要文献分为三个部分，一是实地访问所得口述材料；二是有关参考文献；三是回收问卷表格所得资料。其中两个部分材料都与实地调查有关。战时环境，一定程度上限制了到图书馆等机构广泛收集资料，实地调查不失为收集会馆等同乡组织资料的好途径。实地调查资料生动、原始，窦季良利用在重庆的机会对会馆实地调查，并运用人类学、社会学的方法解读这些材料，对同乡组织在重庆这个社区的变迁历程作了清晰描述，开启了之后学者研究的新方向。实地调查资料也有局限，且不说被访问者个人的偏见影响材料的可靠性，它在时间上就会受到较多限制。一个人所能记忆的主要是他在会馆经历的事，而会馆中同乡流动性大，人员不时更换，被访问者提供的记忆材料只能较好反映当下和此前一段时间的事，对较长时间的事就显得力不从心。好在重庆的会馆主要是移民会馆，移民逐渐在地化了，不少材料即使口耳相传，可靠性也会较高一些。

何炳棣对地方志进行过几次梳理，形成了几套资料，会馆资料即为其中一个副产品。《中国会馆史论》主体资料是地方志。何炳棣曾论及收集这些资料之艰辛："因为文献资料极端零散，大多数方志皆忽略会馆公所，这项近乎机械的工作，费力虽多，收效则甚为有限。因为文献记载多阙，本书所能列举大小各地的会馆当然不会详尽，与实际数目相差必远。但这有限的收获已经代表十余年来作者为研究明清土地、作物、人口、移民而遍翻北美所藏中国地方志的附带结果之一。"

何炳棣利用这些资料勾勒出了会馆在全国的分布情况，达到

"详列大小城市会馆之名,以为今后中外学人更进一步较全面研究的参考"之目的。何炳棣的学术眼光极高,在他眼里会馆虽不是第一流的研究题目,但他研究会馆绝不仅仅止步于为今后中外学人更进一步较全面研究做参考。《中国会馆史论》的主题还在于讨论地缘观念的作用及其变化。此主题不是地方志中的材料所能充分支撑。所以何炳棣又使用了碑刻资料,以及前人所使用实地调查材料,包括窦季良和日本学者在重庆和归绥等地调查资料。

顾德曼指出了《汉口:一个中国城市的商业和社会(1796—1889)》所用材料的局限:"和杜黎、徐鼎新的观点一样,罗威廉关于汉口同乡和行业团体的'非地方主义化'和本土的理性化进程,是建立在形式主义的团体类型基础上的。这种对团体名称和正式结构的注重,很可能背离事实。"顾德曼的批评可能针对罗威廉使用诸如《夏口县志》《汉口竹枝词》等资料,好在《汉口:一个中国城市的商业和社会(1796—1889)》还用了其他文献,最终能使一些分析深入下去。比如罗威廉参阅了汉阳县8个家族和邻县5个家族的族谱研究武汉移民迁居方式。《汉口:一个中国城市的商业和社会(1796—1889)》多处利用会馆志,如1806年安徽会馆所编《汉口紫阳书院志略》,1896年所编《汉口山陕会馆志》等。另外还利用了《申报》《总理衙门档案》等资料。《汉口:一个中国城市的商业和社会(1796—1889)》在资料的种类上较之《同乡组织之研究》和《中国会馆史论》等更丰富多彩。

《家乡、城市与国家——上海的地缘网络与认同(1853—1937)》的资料既容易获取,同时还有助于深入分析一些问题。上海市档案馆收藏有各省在上海会馆的大量资料,如《广肇公所议事簿》《潮州会馆议案备查》和《四明公所文稿底》等会馆内部档案,其内容丰富、有连续性,时间跨度长。这些都是令众多研究者初见而狂喜不已的资料。《家乡、城市与国家——上海的地缘网络与认同(1853—1937)》要为所谓"传统"思想和组织所拥有的活力及其现代转化提供经验性证明,为同乡概念在现代民族主义形成中的作用提供证据。她写这话时一定非常自信,因为她已经翻阅了上海市档案馆所藏会馆档案。比如她关心的传统组织的延续问题,只要翻看一下这些资料,就可以知道,上海的同乡情感和团体在民国时期依然十分重要而顽强。同时,现代化意味着同乡观念和会馆活动萎缩的论调马上破灭。

随着时间的推移,获取资料的机缘发生着变化,像窦季良那样实地调查获取丰富的会馆访谈资料,今天已经不易得;何炳棣所利用的资料,战时的窦季良未必能有此良机;何炳棣作为中国人只能在北美苦翻地方志;美国人顾德曼却能在上海收集到大量中文档案资料。不同的机缘,获取的资料也不同,关键在于创造机缘,把握机缘,解读资料。窦季良运用有限的调查资料对一个社区中同乡组织的变迁做了精细分析。何炳棣利用大量的地方志勾勒出了全国的会馆地理分布图景。顾德曼则得益于大量会馆内部文献,将同乡观念和社会组织对城市生活、社会秩序,对城市乃至国家认同的影响揭示得淋漓尽致。他们解读文献时把握了其特征,把这些文献摆放在一个合适的论题下,充分地发挥了其潜在的能量,解决了一些自己所关心的问题。

一个多世纪以来,会馆等同乡群体资料不断被发掘出来。

日本学者很早就开始调查中国的会馆,并研究出了一些资料。比较有分量的是东京大学东洋文化研究所陆续出版的《北京工商ギルド资料集》。这套资料除了收集大量的碑刻资料,还包括了编者们的实地访谈以及与文献资料相对照所做的考证与解释，反映了他们对北京工商会馆的总体认识，这套资料的编辑出版也深刻地影响了其后日本的中国会馆史研究，参加这个班子的和田清、加藤繁、根岸信、仁井田陞、今堀诚二等分别结合自己的专长展开了对中国会馆史的研究。①

20世纪50年代之后，大陆一些学者搜集出版了一批经济史方面的资料，李文治的《中国近代农业史资料》，彭泽益的《中国近代手工业史资料》等包括部分会馆资料。②20世纪50年代开始，大陆学者开始整理出版会馆碑刻资料，如江苏省博物馆编的《江苏省明清以来碑刻资料选集》③，李华的《明清以来北京工商会馆碑刻选编》④，苏州历史博物馆等合编的《明清苏州工商业碑刻集》⑤，上海博物馆编的《上海碑刻资料选集》⑥，广东社科院历史研究所中国古代史研究室等编纂的《明清佛山碑刻文献经济资料》⑦，彭泽益编的《清代工商行业碑文集萃》⑧，王国平编的《明清以来苏

---

① ［日］仁井田陞等：《北京工商ギルド資料集》第1—6辑，东京：东京大学东洋文化研究所，1975—1989年。似已出第7辑，本人尚未见及。
② 李文治：《中国近代农业史资料》，北京：生活·读书·新知三联书店，1957年。彭泽益：《中国近代手工业史资料》，北京：中华书局，1962年。
③ 江苏省博物馆编：《江苏省明清以来碑刻资料选集》，北京：生活·读书·新知三联书店，1959年。
④ 李华：《明清以来北京工商会馆碑刻选编》，北京：文物出版社，1980年。
⑤ 苏州历史博物馆等合编：《明清苏州工商业碑刻集》，南京：江苏人民出版社，1981年。
⑥ 上海博物馆编：《上海碑刻资料选集》，上海：上海人民出版社，1981年。
⑦ 广东社科院历史研究所中国古代史研究室等编纂：《明清佛山碑刻文献经济资料》，广州：广东人民出版社，1987年。
⑧ 彭泽益：《清代工商行业碑文集萃》，郑州：中州古籍出版社，1997年。

州社会史碑刻集》等。①这些碑刻集对北京、江苏、上海等地区会馆的碑刻资料进行了汇编,是研究各地区会馆的珍贵史料。

北京档案馆编的《北京会馆档案史料》1997年出版,辑录了在北京地区建立的300多个会馆的情况,包括会馆的兴建、管理、财产等各个方面。②北京市对外文化交流协会,北京市宣武区地方志编纂委员会编的《北京湖广会馆志稿》③,李金龙、孙兴亚主编的《北京会馆资料集成》④,白继增、白杰的《北京会馆基础信息研究》⑤,王灿炽纂、北京市宣武区档案馆编的《北京安徽会馆志稿》⑥,袁德宣编纂的《湖南会馆史料九种》⑦,周向华、张翔点校的《北平泾县会馆录汇辑》⑧,宁波市政府文史委员会所编《〈申报〉宁波旅沪同乡社团史料》⑨,李缄的《社会变迁、城乡流动与组织转型:宁波旅沪同乡会会刊文论选》等整理、重刊了不少会馆资料⑩。

---

① 王国平:《明清以来苏州社会史碑刻集》,苏州:苏州大学出版社,1998年。
② 北京档案馆编:《北京会馆档案史料》,北京:北京出版社,1997年。
③ 北京市对外文化交流协会、北京市宣武区地方志编纂委员会编:《北京湖广会馆志稿》,北京:北京燕山出版社,1994年。
④ 李金龙、孙兴亚主编:《北京会馆资料集成》,北京:学苑出版社,2007年。
⑤ 白继增、白杰:《北京会馆基础信息研究》,北京:中国商业出版社,2014年。
⑥ 王灿炽纂,北京市宣武区档案馆编:《北京安徽会馆志稿》,北京:北京燕山出版社,2001年。
⑦ 袁德宣编纂:《湖南会馆史料九种》,长沙:岳麓书社,2012年。
⑧ 周向华、张翔点校:《北平泾县会馆录汇辑》,芜湖:安徽师范大学出版社,2014年。
⑨ 宁波市政府文史委员会编:《〈申报〉宁波旅沪同乡社团史料》,宁波:宁波出版社,2009年。
⑩ 李缄:《社会变迁、城乡流动与组织转型:宁波旅沪同乡会会刊文论选》,上海:上海大学出版社,2016年。

2013年，王日根、薛鹏志主编的《中国会馆志资料集成》于厦门大学出版社出版，该书辑录了大量散见于各地的碑刻资料、图书馆所存文献、私人会馆志等，系统展现了会馆在不同时期的设立过程、兴衰变化、运行机制、管理方案等。①

关于会馆等同乡群体的研究成果不少建立在会馆碑刻、地方志、会馆志等资料基础之上，近代会馆等同乡群体的资料还大量存在于近代的期刊报纸、档案之中，如果发掘报纸、档案等资料，必将推动会馆等同乡群体研究的进一步展开。北京市档案馆所藏有关在京会馆等同乡群体的档案史料数量较多，上海市档案馆也收藏有各省在沪会馆等同乡群体的大量档案。北京市档案馆所藏部分会馆、同乡会档案还可以通过网络阅读下载。当时报刊如上海的《申报》等所载有关会馆等同乡群体的史料也不少。值得注意的是，现在电子资源十分丰富，上海的《申报》已经能够全文检索，涉及会馆和同乡会的资料各有数万条之多。明清的《会典》《实录》等资料已有电子版，从中也能检索到有关会馆等同乡群体的资料上千条。

会馆等同乡群体档案中的议案、议事录与碑刻等资料相比有不同的意蕴和论证效果。碑刻等资料主要记载会馆等同乡群体沿革、会馆大事；议案、议事录等资料记录的则为会馆等同乡群体日常事务，以此为基础研究会馆等同乡群体史更能够见其常态。碑刻等资料有寄托某种理想或者蕴含一定的"事后规范"的企图，所记载的事并不一定是会馆等同乡群体所从事的"实务"②，重"虚"的一

---

① 王日根、薛鹏志：《中国会馆志资料集成》，厦门：厦门大学出版社，2013年。
② 冯筱才：《中国大陆最近之会馆史研究》，《中国近代史研究通讯》第30期，台北："中研院"近代史研究所，2006年，第107页。

面；会馆等同乡群体议案、议事录记录的主要是一些具体事务，重"实"的一面，透过它们更能明了会馆等同乡群体的实际运作。碑刻等资料记载的是会馆等同乡群体已有结果的事功，档案等资料则展示了各种成功或者未成功事务的过程与结果。碑刻等资料反映的是会馆等同乡群体本身的事务，从中可见会馆等同乡群体主动在做什么，而少见人们主动借助会馆等同乡群体为自己做了什么；档案等资料记载有会馆等同乡群体与外部的往来信函电报，能展现同乡网络中各个主体如何参与乡谊流动。本书的基本史料以北京和上海档案馆的会馆等同乡群体档案为主，辅之以会馆碑刻、地方志、会馆志和报刊等资料。郭绪印及其弟子、顾德曼、唐仕春、王日根、刘正刚、唐力行等学者都曾利用会馆等同乡群体档案进行研究。刘正刚对上海和北京的档案都有所利用，但并没有大规模利用。郭绪印和顾德曼关注上海。郭绪印对史料的发掘用功颇勤，其专著《老上海的同乡团体》具有重要的史料价值。顾德曼的书也是建立在非常扎实的史料基础上，为后来的研究者提供不少线索。本书结合北京、上海等地资料，不仅可以全面分析同乡资源在网络里的流动情况，而且对北京和上海这两个中心进行比较，有助于发现前人不曾注意的一些面向。

总之，会馆等同乡群体的研究不仅积累了一定的资料，而且研究面广，已经达到相当的深度，对会馆等同乡群体本身的形成与分布、性质和功能等有一定认识，以会馆等同乡群体为载体研究经济、文化和社会的变迁也取得了一些成果。这为后来的研究奠定了一定的基础并提供诸多启发。当然，会馆等同乡群体研究仍有提升的空间，本书拟从以下几个方面拓展对乡谊流动与政治的探讨。

首先,把研究视角从会馆等同乡群体转向同乡网络。会馆是同乡网络的基点,与会馆相联系的有个人、团体与官府。沟通官府、个人、团体的过程中形成了以会馆为基点的一个个同乡网络。视角从会馆等同乡群体转向同乡网络导致考察对象的变化,不再仅仅分析某个同乡群体内部的结构、功能与事功,与之相联系的个人、团体与官府都可以作为同乡网络的一个部分而予以探讨。与就某个同乡群体谈同乡群体不同的是,本书将特别关注会馆等同乡群体的社会文化网络,包括会馆等同乡群体与所在地、会馆等同乡群体与家乡、各地会馆等同乡群体之间、会馆等同乡群体与非同乡之间建立的网络。通过分析会馆等同乡群体的社会文化网络,进而探讨乡谊流动与政治的关系。观察的焦点从某个同乡群体内部转移到外部,既探究同乡网络各个组成部分之间的双边关系,又将同乡网络作为一个整体予以分析,并在整体的同乡网络中反观各个组成部分之间的关系以及一个个具体的同乡群体。由此试图提升观察会馆等同乡群体的视域,展示其层次感和丰富度。

不少论著都是以旅居地作为论述的重点,其中《家乡、城市与国家——上海的地缘网络与认同(1853—1937)》对会馆在家乡和城际的活动也有一些分析,但不是该书的重点。本书当然会继续注意会馆等同乡群体在旅居地的活动,但在地域范围上有所扩展,涉及的地域还包括家乡、城际和全国,而且专门分析了同乡资源在家乡、城际和全国性事件中的流动。由于近代的同乡网络中,北京和上海是两个最主要枢纽。因此,本书主要围绕北京、上海的乡谊流动进行分析。

其次,以会馆为基点的同乡网络可以静态观察,本书更愿意关注"活"的同乡网络。有的同乡网络因为乡谊流动才建立,没有乡谊流动就没有同乡网络。有的同乡网络即便建立，如果同乡网络上没有乡谊流动，这样的同乡网络虽然存在但已经了无生机。乡谊流动使同乡网络"活"起来，同乡网络不再是想象的共同体。同乡资源在以会馆等为基点的网络里不停地流转，它的一个重要指向是政治。通过乡谊流动，会馆等同乡群体卷入到政治之中，政治也进入同乡网络。政治本身由各种活动组成，制度由一系列活动所创制，而创制出来的制度亦反作用于一系列活动从而产生效果。本书着眼于乡谊流动与政治动态的一面，希冀通过双方的活动让尘封的历史动起来。

讨论乡谊流动与政治的互动，势必涉及会馆等同乡群体与政府的关系，这在《汉口：一个中国城市的商业和社会（1796—1889）》《家乡、城市与国家——上海的地缘网络与认同（1853—1937）》中也是讨论的重点，但不是全部。本书仅仅抽离出会馆等同乡群体与政府有关的那些活动进行分析，而不过多讨论会馆等同乡群体所从事的许多其他活动，并且侧重点发生变化，从乡土观念与国家意识、城市认同、民族认同的关系转向讨论乡谊流动在不同网络里对制度的创制与运作、对政治活动发生的顺应与抗争，政治对乡谊流动的包容与限制。

最后，本书讨论的问题是中国社会生活方式与政治的关系。乡谊流动是中国社会生活方式，它在中国政治生活中是个敏感的存在。治国过程对乡谊流动既刻意防范，甚至贬抑，事实上又默许其或隐或现起作用。乡谊流动在何种情况下，如何"名正言顺""正大光明"地出现在政治之中？进而中国社会生活方式和政治生活怎样纠缠在一起的？为此，本书通过众多具体案例研究了乡谊流动在制度的形成与运作过程中，在治国的各种活动中如何起作用？这种互动、联动在近代发生了什么变化？这些变动缘何发生？这些转变究竟反映何种历史变迁？

第二节　基本概念

本书虽名为"近代中国的乡谊与政治"，但仍有同乡京官印结等部分内容前溯及明清。"乡谊"与"政治"的含义均可延展，本书无力也并不准备全面研究乡谊流动与政治，仅选取了其中一些专题予以讨论，"留白"待以后有机会再作探讨。

本书使用了"请托与受托"等概念，在此稍加说明。请托与受托是中国社会常见的现象，很早以前人们就注意到了请托与受托。[①]近代，人们不仅有请托与受托行为，而且也常用到"请

---

① 关于请托，《汉书·何武传》中说："欲除吏，先为科例以除请托。"《后汉书·明帝纪》诏："今选举不实，邪妄未去，权门请托，残吏放事，百姓愁苦，情无告诉。"请托有"私相嘱托"之意。参见《辞源》（合订本），北京：商务印书馆，1988年，1995年第6次印刷，第1577页。受托指受人委托，接受托付。《汉书》（99上）之《王莽传》道："受孺子之托，任天下之寄。"唐柳宗元《柳先生集》（十）《唐故岭南经略副使御史马君墓志》记载有："（司徒佑）曰：'愿以老母为累。'受托，奉视优崇，至忘其子之去。"参见《辞源》（合订本），第245页。雍正认为："直隶去京城甚近，汉军中亲戚友朋，散处直隶州县，且伊等庄田地土，亦多分隶其地，保无请托牵制，徇私报怨之弊乎？"（清世宗实录（一）卷四二，第15页。转见魏秀梅：《清代之回避制度》，台北："中研院"近代史研究所，1992年，第10页）嘉道年间，梁壬绍说："余屡次入都，皆寓京官宅内，亲见诸公窘状，领俸米时，百计请托，出房租日，多方贷质。"（梁壬绍：《两般秋雨庵随笔》，上海：上海古籍出版社，1982年，第60页）

托""托人""托"等词。①古人和近人眼里的请托主要指请别人办事,以私事相托,它常有拉关系、走后门的意味。台湾学者黄光国等把"请托者""接受请托"和"拒绝请托"等作为术语运用于学术研究,通过分析请托者的行为和资源支配者在权衡得失后决定是否接受请托的心理历程,他建立了人情与面子的理论模式。②黄光国等只是从资源利用的角度使用请托与受托,没有赋予该词以任何褒贬。

本书是从资源流动、资源利用的意义上使用请托与受托。请托指人们就某事请求托付于会馆等同乡群体,或者会馆等同乡群体就某事请求托付于其他团体、政府及其官员的行为,发出这一行为的主体被称为请托者;受托指接受请求和托付的行为,做出这一行为的主体被称为受托者。黄光国等认为,请托者与受托者的关系可以

---

① 戊戌变法时期,户部候补主事聂兴圻称:"枢府为天下根本,根本正则天下自无不正。向来京员禄入不足赡给身家,况在枢府之勤劳,苛不足给,无怪其有暗中收受。有收受即有请托,请托行,外之督抚,怀瞻徇之私,内之各部臣,即有难言之隐。以情面为人才,凭八行为进退。用舍不公,国事即因之而废。"(《戊戌变法档案史料》,第72—73页,七月二十八日户部代奏)这里所称"枢府"即是军机处,"八行"是指推荐信,即"条子"。1914年3月26日《旅京粤同乡痛论贻害之文电》称:"今之借口弛禁者曰:'公家可得年饷数百万也。'不知年饷仅数百万,而贿托之私礼若干,日支之陋规若干,综其数,岁不下千余万!"这些旅京粤同乡对社会的观察不可谓不深,认为弛禁过程中肯定会有"贿托之私礼若干"由此看来,在他们的眼中,"贿托"之事是普遍存在的。《申报》1914年3月26日《旅京粤同乡痛论贻害之文电》,见刘志琴主编,罗检秋著:《近代中国社会文化变迁录》第3卷,杭州:浙江人民出版社,1998年,第158页。近代人们眼里的请托也有"私相嘱托"之意。
② 黄光国:《中国人的权力游戏》,高雄:巨流图书公司,1988年。

分成三类：情感性关系，工具性关系和混合性关系。①会馆等同乡群体为中心的请托与受托多为混合性关系，其中还有少量的工具性关系，前者是本书考察的重点。

把会馆等同乡群体纳入请托与受托的框架进行考察，可以探讨以会馆等同乡群体本身为视点难以注意到的一些内容。以会馆等同乡群体本身为视点我们观察到的是：会馆主动服务于同乡，同乡则被动地接受会馆的帮助。研究者能够注意到会馆等同乡群体的主动性及其请托者的被动性，而不能够看到会馆等同乡群体被动的一面及其请托者主动的一面。研究者瞩目于会馆等同乡群体，只看到会馆等同乡群体做了某事，而很少分析请托者、请托内容，对请托与受托的效果分析也不全面，比如那些没有成功的请托通常不在探讨的范围之内。这无疑限制了研究的视角和范围，容易片面地理解历史。研究在具体社会文化环境中人们如何请托于会馆等同乡群体，而会馆等同乡群体受托后又怎样满足人们的需要，可以对人们利用同乡资源时的主动性有所了解：以往研究会馆等同乡群体为人们做了什么，现在则要探讨人们利用会馆等同乡群体满足了哪些需要。把请托者、请托的内容，请托与受托的效果等纳入分析的范围之中，更清楚地看到围绕会馆等同乡群体的请托与受托之动态过程，能够进一步拓宽会馆等同乡群体史研究的视野，从而复现一幅完整

---

① 情感性关系指维系双方关系的主要是情感方面的因素，它通常存在于家庭、密友之间；工具性关系主要指双方是一种物质利益关系，如店员与顾客，公共汽车司机与乘客，双方都以和对方交往作为达到自身目标的手段；混合性关系介于情感性关系和工具性关系之间，维持双方关系的既有情感因素，又有物质利益因素，既不是完全的情感因素，又不是完全的物质性因素，一般包括亲戚、邻居、师生、同学、同事、同乡等关系。三种关系可以互相转换和渗透，其间的差别主要在于不同关系中工具性成分和情感性成分所占的比例不同而已。

的利用同乡资源的历史画面。

每次乡谊流动牵动的是同乡网络的某些部分，而且同乡网络存在多结点、多主体，启动乡谊流动的主体在不断变化。乡谊流动有双方互动，也有多方联动。所以，本书也特别注意那些以会馆等同乡群体为请托者的请托与受托，以及政府对会馆等同乡群体的依赖和限制。

第一章　乡谊流动的启动

没有桑梓之情，就没有同乡网络，乡谊流动亦不复存在。桑梓之情是乡谊流动的前提，但乡谊流动中不仅仅只有桑梓之情，其间时常掺杂了利益权衡。为了摆脱困境或者服务社会，请托者发起请托，从而启动乡谊流动。乡谊流动深受时代变迁之限制，近代交通与通讯设施改善，舆论环境的新动向等因素都引起乡谊流动的新变化。

第一节　桑梓与利益：乡谊流动中的权衡

一、乡谊流动中的"桑梓之情"

维系乡谊流动的一个最基本纽带便是"桑梓之情"。桑梓之情根植于乡土观念（同乡观念）。①窦季良认为乡土观念是"支持

---

① 同乡观念与乡土观念主要内涵相同，本书求同存异，在不同的语境中使用这两个词而不作进一步区分。

同乡组织的一种精神力量，它是孕育于自然环境，根源于乡土社会关系，陶冶于乡土文化，渐成于乡土政治地域的历史传统，而被乡土以外的事物所激荡成功的一种内在反应"①。何炳棣则从"有关儒家'孝'的礼俗和法律"，"有关官籍限制的行政法"，"科举制度"三个方面论述了籍贯观念的形成。②籍贯观念是乡土观念的一个重要的方面，这三个因素也是促使中国形成浓厚乡土观念的重要原因。这两种说法各有侧重，前者说明了中国乡土观念的普遍存在，后者从中国的特殊历史出发，说明了在中国籍贯观念何以如此之浓，正是这些普遍的和特殊的因素促使乡土观念深深地扎根于中国人心中，桑梓之情格外浓烈。除此之外，明清京师使用同乡京官印结、各地会馆禀请与衙门给示，以及乡谊流动与治国的各种互动活动都塑造了同乡观念，强化了"桑梓之情"（详后）。

问题是，1905年科举制度已经废除；民国建立后官员任免的籍贯限制基本放开，中央政府任命官员没有了"本籍接壤回避"之类的律令，河工、盐务人员的籍贯限制，因血缘及特殊人事关系而牵连到籍贯限制的亲族回避、师生回避、拣选人员回避、回避调补种种规定基本从制度上被废除，许多地方官员开始由本地人担任；民国以后，清朝及以前要求官员回籍奔丧，在籍守制27个月的法律也被废除。有关儒家"孝"的礼俗和法律在民国时期，尤其从新文化运动开始，受到严重冲击。形成浓厚籍贯观念的特殊历史条件似乎发生了变化，那么，这种浓厚的籍贯观念是否会随之而淡化，乃至消失呢？

---

① 窦季良：《同乡组织之研究》，南京：正中书局，1943年，第1页。
② 何炳棣：《中国会馆史论》，南京：中华书局，2017年，第1页。

近代产生乡土观念的社会土壤依然存在，观念意识的独立性决定了乡土观念的发展趋向。首先，直到民国时期，中国社会基本上还是以传统社会为主体，一个微小的城市社会和庞大的乡土社会的组合。经济结构、社会生活都具有很强的地域性，这种地域性是乡土观念存在的土壤。其次，一种观念、一种社会意识和社会心理的形成需要长期的积累。同样，它的消失也不会是一年两年、十年二十年的事，虽然一些作为地籍观念形成的重要条件不存在了，但是历史的惯性使浓厚的乡土观念还会延续很长的一段时间。

随着近代新型社团如职业团体和兴趣团体的出现，桑梓之情是否会被职业和兴趣等纽带所取代呢？近代以来，就职业团体而言，既存的公所、会馆等旧式组织，是商会、同业公会等新式社团的历史起点和基础。不仅商会的一般会员和主要领导成员大都来自各个行帮，而且它开展各项活动，也必须获得公所、会馆各行帮人力及财力的支持，否则就会成为没有根基的空中楼阁。既然新式社团与会馆等组织的成员和领导有相当大的重合，那么差不多是同样的一群人所构成的所谓的新旧组织通常有许多相似之处。在旧有的组织里，同乡纽带存在，在以兴趣和职业等纽带相标榜的社团里，旧有的纽带仍然存在。社会中虽然出现了新式社团，但人们身上旧有的因素还占据主导地位，旧有的桑梓之情在他们的心灵中占据的恐怕还不是一个次要的、无足轻重的位置。

不仅如此，这一时期社会变迁还产生了一些促使同乡观念加强的因素。晚清以来，随着各省财政、军事体系的形成，由君主集权和行省制度所构成的政治结构趋于松懈；随着各省矿业和铁路公司的兴办，各省经济的独立发展倾向增强；权利意识和地方自治思潮影响加强，人口的流动有了更多的自由，人们的视野进一步拓宽，以上因素促使形成一种立足于地域经济文化认同和自身利益的新的同乡意识。加之这一时期经济政治社会的急剧变动，使远在异地的同乡们有了加强团结互助需要，团体观念也得以发展，民国以来以省为中心的同乡整合与内聚意识增强。①

会馆等同乡群体多因桑梓之情而建立，其运作的目的和宗旨最重要的一点便是联乡谊。近代以来，乡谊流动背后仍有浓厚的桑梓之情在推动，很多情形下还明确提及桑梓之情。

桑梓之情在同乡群体抉择是否发起乡谊流动中起重要的作用。1915年，袁世凯称帝，护国战争爆发，龙济光与张鸣歧等率师镇压各地义军。3月26日，上海广肇公所董事温钦甫等提议致电龙济光勿酿兵端。此时陈炯明以讨逆共和军总司令名义发布讨袁檄文，广东各地讨袁军纷纷起事。广西陆荣廷宣布独立。龙济光请援，袁世凯派驻上海的第十师卢永祥部南下援助。4月，上海潮州会馆得知招商局同华局船装货赴厦门汕头各处，并有装兵之事。该会馆"为保护货件，维持桑梓起见"开会公决，拟请泉漳会馆的代表与潮州会馆会同前往该局"劝息弗装"，以免危险。②上海广肇公所获悉招商局将运北兵赴粤，立即开会磋商，认为必须制止北兵南下，除由旅沪粤籍招商局股东及公所分函招商局，请勿派船装运北兵赴粤外，还公推唐绍仪、温钦甫两人为代表，"往招商局代达舆情，请即止运"。广肇公所还认为北兵南下，是蔡乃煌所请派，"以粤人而祸粤，尤为忍心害理"，要求龙济光杀蔡乃煌。③广肇公所的

---

① 王续添：《民国时期的地方心理观念论析》，《史学月刊》1999年第4期。
② 《致泉漳会馆函》，上海市档案馆藏，《潮州会馆往来函件（1916—1921）》，Q118-9-4。
③ 《广东军阀大事记》，《广东文史资料》第43辑，第53页。

活动得到招商局的支持，答复将拒运北兵赴粤。在各方力量的压力下，龙济光被迫发布通电宣布独立，改称都督。4月24日，龙济光杀蔡乃煌。

1919年3月，广东粮食救济会请求同乡列先生广劝捐输，慨助巨款时称"素仰列先生关怀桑梓夙著，仁声临于旧乡，向多义举"①，如此类似的话语几乎成了每一封请托会馆等同乡群体的信函电报的必备用语。它正反映一种潜意识，即在请托者的心底里存在这种看法：桑梓之情的确能够打动旅外同乡。1920年8月23日，上海潮州会馆举行大会讨论了陈炯明的电报。陈炯明不仅用"不忍桑梓沦陷"来解释自己的军事行动动机，而且以"热心桑梓"来打动同乡捐款："广西游勇盘踞我粤，久欲吞灭广东，炯明不忍桑梓沦陷，蓄志救粤……特电请贵会馆诸君热心桑梓，解囊相助。"②广东各界和平维持会以"诸乡先生桑梓为怀，爱乡爱国必有同情"来请托潮州会馆诸乡先生解决孙中山与陈炯明之争。③

会馆等同乡群体常常因为事关桑梓而积极推动乡谊流动。1912年，香港广东同乡致函上海广肇公所称，广东省乡市镇盗贼极多，抢劫频仍。广肇公所同人"批阅之下，关心桑梓"，1月8日开会讨论，公议，"发电致问陈都督"。④1912年5月5日，上海广肇公所举行会议，面对"旅蜀同乡被难欲归不得，再三乞援"，公议，"桑梓情关，原难漠视"，由同人捐1000元，先由温钦甫电请成

---

① 北京市档案馆藏，《会馆档案》，J19-1-275。
② 《1920年8月23日大会》，上海市档案馆藏，《潮州会馆议案备查（1916年）》，Q118-9-6。
③ 上海市档案馆藏，《潮州会馆往来电报（1921年）》，Q118-9-7。
④ 《元月初八日》，上海市档案馆藏，《广肇公所议事部（1912年）》，Q118-12-109。

都"张都督确查粤人留寓愿归人数"①。1916年,广东各界呼吁罢斥龙济光。6月27日,上海广肇公所致函上海潮州会馆,请其共同电大总统黎元洪。广肇公所邀请的理由是"贵会馆诸公谊关桑梓"②。6月28日,上海潮州会馆复广肇公所函称:"上黎大总统电稿一纸,当即分交同人阅视,佥以事关全粤大局安危所系,无不赞同。承嘱列名遵开于后。"③由于事关家乡,上海潮州会馆积极响应广肇公所的邀请。1919年广东电话电车事件中,在京的广东会馆同乡认为"事关桑梓,祸福宁忍"④?于是纷纷为此出谋划策。1921年8月14日,上海广肇公所举行会议就广东盗匪猖獗进行讨论,公议,"事关桑梓治安,应代电陈总司令兼省长迅饬营县协力捕拿"⑤。1923年10月5日,上海潮州会馆举行会议。由于潮汕军队任意勒索,会馆负责人提出议案称:"事关桑梓安危,我旅沪同乡应如何对付?"会议议决,"再电汕指挥部,请各军长官约束军队,以维治安而肃军纪"⑥。诸多的事件都显示了一个因果逻辑,会馆等同乡群体考虑到事关桑梓而采取积极应对措施。

桑梓之情有时成为处理纠纷的原则。广东人任桂林的女儿嫁蒙迪光,被妇姑凌辱毙命。经公堂判决饬令莫氏缴洋100元交上海广

---

① 《5月5日第11期会议》,上海市档案馆藏,《广肇公所议事部(1912年)》,Q118-12-109。
② 《补录广肇公所第一函》,上海市档案馆藏,《潮州会馆往来函件(1916—1921年)》,Q118-9-4。
③ 《复广肇公所函》,上海市档案馆藏,《潮州会馆往来函件(1916—1921年)》,Q118-9-4。
④ 北京市档案馆藏,《会馆档案》,J19-1-276。
⑤ 《8月14日第32期会议》,上海市档案馆藏,《广肇公所议案部(1921年)》,Q118-12-103。
⑥ 《1923年10月5日第6次》,上海市档案馆藏,《潮州会馆议案备查(1922年—1923年)》,Q118-9-14。

肇公所代雇僧道超度。任桂林认为,"死者名节被污,死由不白,照公堂判决,非所甘愿。祈将公堂判缴之原洋一百元,如数退还,俾照法律上诉"。1914年8月16日广肇公所召开会议指出,"为息事宁人起见,两造谊关桑梓,情属葭莩,讼则终凶,总以和平了结为是"。经双方各举代表磋议,广肇公所做出处理方案,由被告将公堂原判之100元仍雇僧道超度外,另令莫氏缴洋500元,充作粤东水灾赈款,以为任女资冥福。原告任桂林也同意此处方案。①从该事件可以看到,广肇公所调处纠纷的一个原则是谊关桑梓,不走诉讼途径而和平了结。

更有甚者,有的乡谊流动参与者认为,依"桑梓之情"为同乡办事是旅外同乡的职责,并以此向会馆等同乡群体施加压力。1914年7月,广州湾全体华民寄函给北京广东会馆,就法国在湾内收人身税并勒令华民领取来往护照,勒交照费等横征暴敛之事向会馆求助,希望会馆出面挽救危局,该函称,"诸公爱国热诚,以天下为己任,况广州湾情关桑梓,断无坐视而不救之理"②。言下之意,在外同乡在道义上应该对桑梓负责,如果不愿意为桑梓尽心尽力,于情于理都说不通。

乡谊流动之后,各方意识到桑梓之情在其中的积极作用,称颂不已。1918年,潮州发生大地震,在收到上海潮州会馆捐助的5000元后,汕头郭若雨致函潮州会馆称:"总以实心办事,款不虚费,民受实惠为宗旨,并无负诸君乐善为怀,情关桑梓之美

---

① 《8月16日第29期会议》,上海市档案馆藏,《广肇公所议事部(1914年)》,Q118-12-112。
② 北京市档案馆馆藏,《会馆档案》,J19-1-332。

意。"①1918年,上海潮州会馆抗议驻潮滇军强向住户索款。9月10日,潮州滇军负责人方声涛回函称:"诸君子关怀桑梓,情溢言表。"②滇军索饷一事暂停后,9月29日,上海广肇公所致函潮州会馆指出,"诸公桑梓关怀,当亦可舒廑念"③。

1921年日本小川丸运军火事件中,既能观察到同乡因桑梓之情而促使乡谊流动,又可见当事人感恩桑梓之情。1921年,孙中山当选为中华民国非常大总统。4月25日,桂系通电斥孙。6月13日,桂系三路侵粤,孙中山任陈炯明为援桂军总司令。26日,广东旅沪同乡获悉北京政府有现银75万、子弹120万发,由小川丸轮船开至吴淞,再向上海制造局取子弹100万发,运往广东,助桂攻粤。当天,上海广肇公所与粤侨商业联合会召开联席会议。主席汤节之报告称,"此举关系桑梓安危,应筹对付之法"。黄鸿钧提议,"推举代表往谒何护军使,请将该军火扣留,以免糜烂吾粤。并电责北廷,即饬该轮停止运桂"。与会同乡全体赞成上述提议,决定推派陈炳谦、汤节之等为代表,联合各社会团体,决不任其放行。④7月13日,广肇公所与粤侨商业联合会邀集上海的19个同乡团体,再次会商扣留这些军火。⑤会议决定面见淞沪护军使,要求其将这批军火留在沪上,不使运往他处。在旅沪同乡的压力下,淞沪护军使

---

① 《汕头郭若雨先生来函》,上海市档案馆藏,《潮州会馆文牍备考(1918—1919年)》,Q118-9-22。
② 《照录方总指挥复书》,上海市档案馆藏,《潮州会馆文牍备考(1918—1919年)》,Q118-9-22。
③ 《录广肇公所函》,上海市档案馆藏,《潮州会馆文牍备考(1918—1919年)》,Q118-9-22。
④ 《6月26日第25期会议》,《6月29日联席会议》,上海市档案馆藏,《广肇公所议案部(1921年)》,Q118-12-103。
⑤ 《7月13日茶会》,上海市档案馆藏,《广肇公所议案部(1921年)》,Q118-12-103。

何丰林未敢放行军火。在给北京的复电中称，各团体坚持扣留，无法起运。①小川丸运军火事件后，孙中山致函上海广肇公所、潮州会馆、粤侨商业联合会指出："此次北廷由小川丸运弹运银接济桂匪，以为屠戮粤人、用殊痛恨。诸君爱护桑梓竟能设法截留，护我是军，克敌得助于诸君者实多。"②

乡谊流动一方面本着"桑梓之情"积极应对各种问题，另一方面由于事关桑梓，很难置之不理或漠然视之，迫于压力也不得不讲"桑梓之情"。

值得注意的是，正是由于旅外同乡颇有桑梓之情，即使人们没有向会馆等同乡群体发出请托的信息，有时它也会主动关注桑梓之事。如广东沙基惨案发生后，长沙广东同乡会通过阅读报纸知道了这个消息，便立即行动，向北京的广东会馆等同乡呼吁，请"各埠同乡一致兴起，竭力援助"③。许多事例都表明，一些旅外同乡时刻关注着桑梓之事，会馆等同乡群体通过一些渠道知道同乡需要帮助，有时同乡本身尚没有请托，已经在为之号呼奔波了。

与明清相比，近代社会毕竟出现了一些新的变化，同乡观念的内涵随之发生了一定程度的变迁。

同乡观念的变化主要体现在同乡的边界发生了变化。同乡观念具有相对性，有所谓大同乡和小同乡的说法，同乡的边界根据不同的参照地域范围而存在，它的界限有一定的收缩性。在县里，同一个村的人可以称同乡；在府里，同县的人可以叫同乡；在省里，同府的人则为同乡；在省外，同省的人就是同乡。近代以来，在国

---

① 《广东军阀大事记》，《广东文史资料》第43辑，第151—152页。
② 上海市档案馆藏，《潮州会馆往来电报（1921年）》，Q118-9-7。
③ 北京市档案馆藏，《会馆档案》，J19-1-282。

内,省际交往越来越多,省意识日益强烈,同乡观念与省意识有越来越高的重合度。另外,同乡观念中掺入了职业意识,兴趣团体意识,使同乡观念有被分割的趋势。当然,同乡观念掺入到职业意识、兴趣意识中,同乡观念又有扩散的迹象(详见第二章)。

另外,同乡观念夹杂了政治立场。1925年2月,陈炯明派代表到上海,"并带无名公债票据,称粤侨商会亦有派去,现以军行在即,请众承买以助军需",上海潮州会馆三帮董事会主席黄少岩作为孙中山委任的驻沪筹饷局局长,对于陈的代表说:"以目下经商困苦,今既承嘱只得据情转达董事会,是否有济,未敢预决。"①随后致函陈炯明等,婉言谢绝了购公债之要求。②对潮州会馆而言,孙中山与陈炯明都是同乡,由于二人此时处于对立的政治立场,潮州会馆的政治立场决定了支持哪方同乡。其他如商团事件等,均可看到政治立场对同乡观念的渗透。

二、权衡同乡资源

乡谊流动中有不同的主体。乡谊流动时,政府作为主体,它所面对的主要是会馆等同乡群体,它采取行动所常常要考量的是同乡资源的分量。会馆等同乡群体作为主体,它所面对的不仅有自己的同乡、其他组织和个人,还有各级政府,同乡资源仍在其行动需要考量的范围之列。无论乡谊流动中的主体是政府还是会馆等同乡群体,他们在行动时都不得不考量同乡资源的分量。

资源指对个人和社会系统来说,可供有效利用且稀有的物质、

---

① 《上海潮州会馆议案备考》(1925年),上海市档案馆藏,Q118-9-21。
② 《2月11日第1期集议》,上海市档案馆藏,《潮州会馆议案备考(1925—1927年)》,Q118-9-21。

关系和文化等因素，具体包括财富、权力、声望、信息等。会馆等同乡群体拥有的资源不仅包括一定数量的房屋、货币、田地等物质性资源，而且还有权力、声望、信息、关系网等社会性资源。

（一）会馆等同乡群体的物质性资源

作为会馆等同乡群体的物质性资源，主要有作为主产和副产的馆舍、义园以及数目不一的货币和股票等。就北京的会馆等同乡群体而言，据记载，光绪年间尚存在的会馆有387个。[1]燕京大学学生张孝欣在1933年春的调查结果是，北京共有会馆338处，总财产2596000元。[2]燕京大学的另一个学生赵令瑜1937年通过调查认为，北平有会馆361个。[3]根据1949年民政局的调查，北京存在391个会馆，建于明代的33处，清代的341处，民国的17处，最早的是南昌会馆，建于明永乐时期，最晚的是1936年建的大冶会馆。会馆的房屋716处，共21775间，有义园98处，占地854亩。[4]

赵令瑜是在张孝欣调查的基础上进行工作的，二人调查时间间隔短，而且这一时期首都南迁，日本侵略使北平局势紧张，人们纷纷南下，北京会馆之凋敝开始于此，新建会馆数目不会很多，而且新建的也不是什么大的会馆，赵令瑜的统计多出来的23个会馆可能是张孝欣遗漏的，而不是新建的。赵令瑜也是作为学生而进行的私人统计，限于人力物力以及个人的声望，统计可能也有遗漏，与1949年民政局的统计还有30个的差额，因为最晚建的会馆是1936

---

[1] 吕作燮：《试论明清时期会馆的性质和作用》，见南京大学编：《明清资本主义萌芽问题论文集》。
[2] 张孝欣：《北平会馆调查》，燕京大学学士学位论文，1936年。
[3] 赵令瑜：《中国会馆之社会学分析》，燕京大学学士学位论文，1937年。
[4] 《北京市人民政府民政局会馆调查工作报告》（1949年），北京市档案馆编：《北京会馆档案史料》，第1066—1069页。

年建的大冶会馆,那么,这30个可能是赵令瑜没有统计进去的。据郭绪印的统计,上海有50多所地缘性会馆、公所,民国期间产生了119个同乡会,其中5个成立于辛亥革命前。① 清末民初,仅国内就有一千多个会馆,海外还有几百个中国人的会馆。②

各个省的会馆等同乡群体财产状况也有很大差别。在北京,广东省和浙江省的会馆拥有房屋间数和义园亩数较多。1953年,广东省会馆财产管理委员会调查统计的结果表明,在京有37个广东会馆,3处义园,房产分布在72处,共有房屋3172间。③ 1951年,广东省会馆财产管理委员会筹备会的报告表明,广东省会馆在京的义地有150余亩。④ 1947年各省会馆总登记表⑤显示,广东省会馆基本建于民国以前。1928年,政府南迁之后,"北平市面顿呈冷落,会馆也出现了人少房多的现象"⑥。沦陷时期会馆房屋被大量出租,日本投降后国民党统治时期,广东会馆变成了大杂院。1951年会馆的报告中说,会馆房屋都年久失修且又不断地坍塌倒坏,番禺新馆竟

---

① 郭绪印:《老上海的同乡团体》,上海:文汇出版社,2003年,第30页。
② 何炳棣认为:"至1956年为止,据侨委员会调查,海外三十国及殖民地单位之华侨,共建会馆849所,内马来亚251;新加坡74;印尼78;菲律宾70;泰国63;美国55。"(何炳棣:《中国会馆史论》,北京:中华书局,2017年,第99页)赵令瑜考察后指出:"考之典籍,则知会馆不但存在于北平和上海,而中国内地17省,120多城市都有会馆存在的,会馆的数目约有1000多个,历史也有四五百年之久。"(赵令瑜:《中国会馆之社会学分析》)
③ 《广东省会馆财产管理委员会不动产(房屋)统计表》(1953年),北京市档案馆编:《北京会馆档案史料》,第786—789页。
④ 《广东省会馆财产管理委员会筹备会组织情况报告》(1951年),北京市档案馆编:《北京会馆档案史料》,第1252页。
⑤ 《1947年各省会馆总登记表》,北京市档案馆编:《北京会馆档案史料》,第990—1017页。
⑥ 李廷发:《北京的广东会馆》,中国人民政治协商会议北京市委员会文史资料研究委员会编:《文史资料选编》第25辑,北京:北京出版社,1985年,第258页。

倒塌了十间房无力修建。顺德南馆曾被火烧毁房屋九间，也无力修补。① 因此，1953年，广东省会馆财产管理委员会调查统计数据基本上可以用来说明近代以来广东会馆财产的状况。近代以来广东会馆财产不太可能少于1953年的调查数据。1955年浙江会馆移交财产有不动产104处，计房3201间，地447亩。② 台湾和新疆会馆规模较小，其房产分别为23间和27间。③

至于各个具体会馆，其财产也大不一样。大的会馆如安徽会馆1868年初建时占地9000多平方米，由左中右三路大套院和一处花园组成，各路套院又有五个四合院，共有房屋数百间。有的会馆，特别是省馆和跨省的会馆，其集会之处规模相当大，能够容纳几百人甚至几千人。如1912年8月25日，湖广会馆召开国民党成立大会，到会五千余人；④ 1912年8月28日的报纸报道，民权协进会在太原会馆开全体大会，到会者约七百余人；⑤ 小的会馆仅有几间房，如江西吉安惜字会馆仅有九间房屋。

上海的会馆以商人为主体，动员财富的能力相当惊人。孙中山在辛亥革命时期向上海的会馆等同乡群体借款42万两。⑥ 孙中山、

---

① 《广东省会馆财产管理委员会筹备会组织情况报告》（1951年），北京市档案馆编：《北京会馆档案史料》，第1252页。
② 旧有、新收和添建共计3364.5，开除项下征用、征购和拆除共计163.5间。《浙江省会馆财产管理委员会经管各单位不动产四柱清册》（1955年），北京市档案馆编：《北京会馆档案史料》，第750页。
③ 《北京市人民政府民政局会馆调查工作报告》（1949年），北京市档案馆编：《北京会馆档案史料》，第1069页。
④ 胡春焕、白鹤群：《北京的会馆》，北京：中国经济出版社，1994年，第162页。
⑤ 《群强报》，1912年8月28日。
⑥ 该款政府多年未还，1915年仍在交涉还款。《致北京财政部禀稿》（1915年3月31日），《致中国银行函稿》（1915年4月30日），上海市档案馆藏，《潮州会馆往来函件（1914—1923年）》，Q118-9-15。

陈炯明等个人或者团体，甚至地方政府多次通过会馆等同乡群体募集资金，用于军事、救灾、慈善等。

凭借这些财产，会馆等同乡群体能够为人们提供大量的住宿和活动空间，同时可以为一些事务提供资金。

（二）会馆等同乡群体的社会性资源

会馆等同乡群体的社会性资源与其在旅居地的成员及会馆等同乡群体的管理者密切相关。

明清时期，北京的大部分会馆实行馆长制（值年制），由本籍同乡公推京官担任馆长，负责制订章程并监督实施，召集会议以决定重大馆务，对外代表会馆等同乡群体进行交涉。会馆的馆长虽说由会馆成员公推，但是被公推之人须具备一定的资格，除了年高公正以外，或是于会馆财产有相当的贡献，或是在同乡区域里有代表某一个地方的资格，或在当时有显赫的声望和头衔。清代旅京人士以官学商为主。学主要指应试举人，他们仅仅在应试期间寄寓京师。四民社会里，商为四民之末。学、商一般不太可能担任会馆的馆长。多数馆长都是由有一定官职身份的人担任。1906年，京师外城巡警总厅右厅调查了京师的254个会馆，其管理人中仅4个商人，其余管理人基本上都有官衔。广东会馆中，粤东馆管理人戴鸿慈是法部正堂，香山县馆管理人何作猷为翰林院编修，广州会馆管理人任文灿是度支部主事。

近代以来政府对会馆等同乡群体管理加强，对会馆等同乡群体的管理者做出了明确的规定。京师警察厅1915年颁布了《管理会馆规则》，该规则的第二条规定，各会馆应由旅京同乡人员，就在京同乡中"有正当职业，而乡望素孚者"，公举董事和副董事负责管理会馆。①

会馆等同乡群体在公举管理者时参考了京师警察厅的规则，如河南全省会馆在1912年规定："有左列各项资格者，得被举为职员：一、旅京日久，名望卓著者。二、服务公署者。三、有正当职业继续一年以上者。"②旅京同乡中有正当职业的人不在少数，它只是一个最基本的条件，实际能够被举为董事的同乡还有别的更高的要求。1915年，广东嘉应会馆董事副董事要由旅京同乡中"年高德劭，曾历仕途兼乡望素孚者充之"③。他们所选之人，除了年高德劭外，还有两个条件："曾历仕途"而又"乡望素孚"。这里明确指出董事副董事选自官员或者当过官的同乡。1928年，江西高安会馆要求政学商界的职员："本馆事务由高安旅平政、学两界及商户，选举职员管理之。"④1916年，还有一些会馆等同乡群体只允许官学两界同乡担任董事一职，如福建仙溪会馆只认可官学两界为其管理者："凡籍隶仙游之旅京者（指官学两界人），有公举董事及被公举为董事之权，但在校学生，只有公举董事之权。"⑤福建龙岩会馆只允许官员和学生当董事，"议本馆应推举京官或议员二位，为正副董事。如无京官议员，则以留学学生充任"⑥。一些会

---

① 《京师警察厅颁布管理会馆规则》，北京市档案馆编：《北京会馆档案史料》，第1页。
② 《京师河南全省会馆管理章程》（1912年），北京市档案馆编：《北京会馆档案史料》，第465页。
③ 《北京嘉应会馆规约》（1915年），北京市档案馆编：《北京会馆档案史料》，第580页。
④ 《高安会馆章程》（1928年），北京市档案馆编：《北京会馆档案史料》，第391页。
⑤ 《仙溪会馆规约》（1916年），北京市档案馆编：《北京会馆档案史料》，第346页。
⑥ 《龙岩会馆新约》（1916年），北京市档案馆编：《北京会馆档案史料》，第340页。

馆等同乡群体还设有名誉董事和稽查,这些职位主要由京官担任,如浙闽会馆规定:"两省同乡有现任司道厅长及首县者,均作为本会馆稽查。"①

作为政治中心的京师,在此的会馆等同乡群体以官员为其管理人是不足为奇的。民国时期,会馆等同乡群体生存的具体社会文化环境没有根本性的改变,其管理人以旅京官员为主的格局得以延续。同时,民国时期比明清时期的京师社会文化环境又发生一些变化:一方面学生、政府职员增多;另一方面,士农工商的等级格局被打乱,商人的地位经过明清以来几百年的提升,此时,已经摆脱了四民之末位置,成为社会中一种举足轻重的力量。西方社会传入的"平等"思想已提倡了几十年,特别是民国建立,"平等"至少在表面上有了法律的依据,各种社会阶层对权力的分享要求变得合理合法。因此,会馆等同乡群体对其管理人的规定有了新的变化,一是学生被摆在了重要的位置上,二是商人被纳入候选管理人范围。

1949年,北京市人民政府民政局会馆调查反映的情况是,会馆的主要负责人269人,赋闲公教人员60人,排在首位,商人48人,为其次。代理人129人中,商人47人。次要负责人669人,商人占259人。总计1067人,商人354人。②会馆的主要负责人以赋闲公教人员、商人、公务员、退休官僚、教授、教职员和学生最多;代理人最多的是商人、公务员、赋闲公教人员、教职员;次要负责人情

---

① 《重订浙闽会馆章程》(1915年),北京市档案馆编:《北京会馆档案史料》,第212页。
② 《北京市人民政府民政局会馆调查工作报告》(1949年),北京市档案馆编:《北京会馆档案史料》,第1072页。

况与代理人的成分分布基本相似。调查后得出结论："民国以后废除科举,而会馆房产即多为本地区同乡居住,不纳租金,但会馆所有权多半为反动官僚或失意军阀或伪政府高中级职员所掌握,以期借资号召联合同乡,维护其个人社会地位。"[①]反映出会馆的实际领导阶层是以同乡官员为主兼及学界、商界的同乡。

北京的会馆等同乡群体所收到的许多信件和电报上多写有"同乡京官收"之类的字样;信的称呼多写有"同乡京官鉴";报纸上也有类似"同乡京官鉴"的称呼;会馆等同乡群体发出的信函落款常常为"广东京官同人"之类。[②]可见京官与会馆关系之密切。各省还有许多著名京官与会馆关系密切,比如孙家鼐、沈家本、梁士诒等都直接参与会馆的事务。因此在北京这个政治性很强的城市,无论是会馆等同乡群体所联络的同乡,还是会馆等同乡群体的管理人,都以服务政府的居多。

梁士诒等上层京官对在京广东会馆等同乡群体的重要事务有决定性影响。在乡谊流动中不仅可以看到指名向梁士诒等同乡京官求助的信函电报,梁士诒等同乡京官也在乡谊流动中的往来信函电报上署名或者批注自己的意见,可见梁士诒等对同乡事务之关注。梁士诒1894年中进士,1903年后为袁世凯所重用。先为天津北洋编书局总办,后荐为清政府邮传部。1907年任京汉、沪宁等五铁路提调和交通银行帮理,后又改任全国铁路总局局长。从这时开始,旧交通系逐渐产生和形成。到1911年,在清政府真正管理的六条铁路路线中,五条受此系控制。1912—1915年,旧交通系势力发展到顶

[①] 《北京市人民政府民政局会馆调查工作报告》(1949年),北京市档案馆编:《北京会馆档案史料》,第1066页。
[②] 北京市档案馆藏,《会馆档案》,J19-1-259,第332页。

峰。民国初年，财政总长、交通总长、内务总长等不断为旧交通系所担任。当时，梁士诒为总统府秘书长，被称为"梁财神"，他拥有"综握机要，左右袁氏，支配群僚"的政治力量。"凡入谒项城禀商事件者，辄曰：'问梁秘书去！'"①有梁士诒等同乡京官为后盾，无疑会大大增加会馆等同乡群体的实力和面子，同时他们的意见也会在会馆等同乡群体中得到尊重。

省馆是乡谊流动的总枢纽。在北京广东省的省馆有粤东会馆和粤东新馆。粤东会馆在打磨厂179号（旧），粤东新馆没有建成时其作用尚大，当粤东新馆建成后，粤东会馆就失去了其省馆地位。粤东新馆在南横街中部，附近各省县会馆较多，便于联系、交际。加之这里地处交通要道，因此广东的要人多到粤东新馆。粤东新馆成为广东乡谊流动的枢纽。戊戌变法时"保国会"成立大会便在粤东新馆召开，1912年孙中山曾到此出席粤省旅京人士欢迎会，"旋即同叶遐菴（恭绰），梁燕孙诸公往谒十三陵，未几出都"②。因此，粤东新馆规模虽不如江苏、江西、安徽等省的一些大会馆，但他的名气却甚大。

上海会馆等同乡群体一个不同于北京会馆等同乡群体的地方是以工商界人士为主体。上海的各同乡会虽然服务的范围不限于商帮但大都以为同乡商帮服务为主要活动。③近代的工商人士以资金影响政治几乎成了潮流，不过，官员在会馆等同乡群体中仍占据举足轻重的地位。不仅清代上海的会馆有官员参与修建、管理，即使

---

① 凤冈及门弟子编：《三水梁燕孙先生年谱》（上），北京：中华书局，第187页。
② 叶恭绰：《北京岭南文物志》，1954年，第41页。
③ 郭绪印：《老上海的同乡团体》，上海：文汇出版社，2003年，第57页。

到了民国时期，许多同乡会尽可能多地推举同乡中在沪的政府官员担任负责人，有的同乡会甚至以并不在沪的政府高级官员作为名誉会长或名誉理事长。奉化旅沪同乡会以蒋介石为名誉理事长；广东旅沪同乡会以孙科为名誉会长，以吴铁城、马超俊为负责人；安徽旅沪同乡会以杨虎等为负责人；湖南同乡会以方鼎英等为负责人；广西旅沪同乡会以黄绍竑等为负责人。上海的湖社（湖州旅沪同乡会）的骨干成员为张静江、戴季陶、陈果夫、陈立夫等人，他们与国民党中央关系密切。吴国桢任上海市市长，扶植湖北会馆。[①] 从这个角度看，上海会馆等同乡群体的资源与北京会馆等同乡群体的资源有异曲同工之妙。上海在近代开埠以后，其地位日益重要，上海会馆等同乡群体的同乡资源也随之而变得丰厚。上海与北京的会馆等同乡群体常常相互呼应，其同乡资源联合而成为激荡整个中国的力量。

会馆等同乡群体充分利用了同乡社会名流的名望，信函电报署以他们的名字，会馆等同乡群体要与外界交涉时也多由他们领衔。民国时期，在京广东会馆等同乡群体遇有重大事情对外交涉时领衔的是梁士诒、梁启超、梁敦彦、麦信坚等人，上海广肇公所的领衔之人有唐绍仪、王宠惠等，上海潮州会馆的领衔之人为温钦甫等。这自然使会馆等同乡群体的身价倍增。

政界人士的权力、声望、信息，学界人士的知识，商界人士的财富以及他们各自所拥有的关系网共同构成了会馆等同乡群体资源中最为重要的部分，这部分无形的资源成为人们竞相利用的对象，也支撑着会馆等同乡群体就某些事务发挥作用。

---

① 郭绪印：《老上海的同乡团体》，上海：文汇出版社，2003年，第75页。

乡谊流动时，各级政府采取行动时常常会权衡同乡资源的分量。

会馆等同乡群体有时作为中央和地方政府的桥梁，地方和中央在某些方面要依赖于它，其地位和作用是不言而喻的，因此对会馆等同乡群体为中心的乡谊流动，中央和地方政府通常不会置之不理。方兆鳌说自己在司福建省馆事时，"维时国事草创，地方与中央多有联系，事未易决者，大之如外交财政及地方政治，小之如商贾行旅，凡吾乡人有所愿望，而必经中央准驳者，皆以余为枢毂，而地方当路，亦群就余"①。像方兆鳌这样在中央和地方政府之间左右逢源是不少同乡官员的写照。

京师会馆等同乡群体的权力、声望、关系网络等社会性资源往往由其在京的有一定地位的成员聚合而成。会馆诸人多服务于中央政府各部门，他们可以以中央政府为靠山、借中央政府的权力为己所用。实质上北京会馆等同乡群体的权威一个重要的来源即假借于中央政府。地方政府必须与中央政府打交道，在京的同乡有在中央各部门服务的职员，地方政府所要办的事情很有可能由他们经手，加之，有一些事仅仅靠家乡政府与中央政府或者外地政府打交道，往往不是很容易成功，地方政府需要经由驻京的势力如同乡京官等通过非正式的渠道才能够办妥。会馆等同乡群体可以帮助地方政府协调解决一些难题，所以当旅会馆等同乡群体向地方政府协商时，地方政府通常不得不权衡利弊。如广东地方政府采取行动时会慎重考虑广东会馆梁士诒等同乡群体的意见。1919年，广州市政公所修马路拆及学宫事件中，地方政府对梁士诒为首的在京广东会馆列位

---

① 李景铭：《闽中会馆志》卷首《方兆鳌序》。王日根：《乡土之链——明清会馆与社会变迁》，天津：天津人民出版社，1996年，第60页。

乡先生比较恭敬,称呼梁士诒为燕老。具体的协商过程中,广东地方政府官员如杨永泰、魏邦平两厅长,省长督军翟汪、莫荣新都写信给旅京或旅沪的同乡,详细解释了事情的经过,不厌其烦地解答同乡们提出的各种疑问。护国战争后陆荣廷入主广东,首将已禁之有奖义会招商承办,各方群众诘难,当时即由省库提出二十万,运动省议员通过照办有奖义会,以抵御各方。又拟谋设公民筹饷局,以开番摊。"伍秩庸、程玉堂、邹海滨等设禁赌会于北京,坚持反对,陆(荣廷)有惮不敢行"[1],"各方面再三电诘,尤以北京禁赌会为最力,一时不至实现"[2]。很明显,梁士诒等同乡的身份地位在乡谊流动的过程中有举足轻重的作用,影响了各地政府的抉择。

中央政府亦然,它对地方的控制力有限,而恰恰各省会馆等同乡群体与地方关系紧密,一些同乡群体所联络的社会名流对地方的影响力较大,中央政府有依赖会馆等同乡群体之处。京官之间互为同僚,会馆等同乡群体为中心的乡谊流动指向中央政府时,中央政府不得不考虑会馆等同乡群体所联络的同乡们,尤其是同乡中有重要影响力的人物之意见。

会馆等同乡群体形成的舆论影响政府抉择。近代以来,西方的民主、平等观念逐渐传入中国,尤其是民国建立,民主共和的观念开始向社会的各个阶层渗透,政府不管是否愿意、是否出自真心,也常常要打着民主共和这面旗帜。于是,人们往往可以利用民主共和这面旗帜向政府施加舆论压力。会馆等同乡群体作为社会公团,

---

[1] 李培生:《桂系据粤之由来及其经过》,北京:中华书局,2007年。章伯锋、顾亚主编:《近代稗海》第9辑,成都:四川人民出版社,1988年,第191页。
[2] 章伯锋、顾亚主编:《近代稗海》第9辑,成都:四川人民出版社,1988年,第201页。

他们常自称是公民的代表和代言人，有责任和义务反映民意与舆情。他们通过同乡中的社会名流领衔增强其权威，抬高其身价，他们常常利用自己特殊的身份和地位通电全国，或者联络各地的同乡一起通电，制造舆论压力。面对会馆等同乡群体的舆论压力，政府对其请求之事往往不得不受理，哪怕是应付和敷衍。（舆论作为乡谊流动的重要武器，详后）当然，由于种种原因，有的时候各级政府对乡谊流动也置之不理。

政府行动时权衡利益的成分居多，会馆等同乡群体则要在桑梓之情与利益之间权衡。会馆等同乡群体接收到请托信息后，对于利用会馆等同乡群体本身拥有或者可以支配的资源就能够直接解决的请托内容，比如一些慈善救济、旅居、信息沟通等，一般处理相对容易。但那些会馆等同乡群体不能直接解决，还要找到有关的部门和个人，通过他们才能解决的事情，情况如何呢？

会馆等同乡群体决定启动乡谊流动后，通常需要进一步交涉的对象有各地的同乡、家乡政府、有关的外地政府和中央政府等。会馆等同乡群体通常要考虑各种利益关系、亲疏程度而采取行动。会馆等同乡群体在利益方面会考虑以下两个因素：自己付出的代价，同乡网络上的回报（包括其关系网内其他人的回应）。

会馆等同乡群体付出的代价与乡谊流动涉及的内容密切相连。有时会馆等同乡群体启动乡谊流动后其利益不会有实质性损害，有时则可能使会馆等同乡群体的利益受到某种损害。会馆等同乡群体利益的实质性损失主要包括物质方面的损失和非物质方面的损失，后者表现为启动乡谊流动后，会馆等同乡群体在向一些部门、团体和个人交涉时会得罪他们或者欠下他们的人情等。

会馆等同乡群体付出的代价在一定的情况下，使来自同乡网络上的回报实际上成为一个砝码。来自同乡网络上的回报与乡谊流动参与者的地位、身份关系重大。①

上海广肇公所等同乡群体的意识里，格外重视同乡的身份、地位。1912年，伍廷芳（他曾是上海广肇公所的董事）曾致函上海广肇公所，提出："以后各处函电请由公所出名，不必仅用鄙人名义，以免两不接洽，反多阻碍。"公所公议认为："此后公事仍须一体传送，会衔与否，由其审择。"②公所后来的函电仍然争取伍廷芳等人的署名，以增强函电的分量。而1917年，广东公民陈寅详等以广东复开"番摊"事去电上海广肇公所，广肇公所在7月1日的会议上公议："查来电列衔诸人皆未知名，且该电又由厦门发来，本公所未知详情，未便冒昧干涉。"③这里明显地流露出消极的态度。广肇公所发出的函电通常由同乡中的社会名流如伍廷芳等人署名，对于陈寅详等未知名的同乡请托者，其态度有时则不太积极，甚至对于所托之事置之不理。可以说在当时的社会里，乡谊流动参与者的地位和身份实际严重影响会馆等同乡群体的态度。

乡谊流动参与者多为当时社会的精英。这些各式各样的公团及其负责人不仅本身具有一定的势力，而且他们通常还拥有比较强

---

① 黄光国的研究表明，请托者的预期回报主要与他们的身份关系重大，如果请托者的权力大、地位高、关系好，受托者不管是受托还是拒绝对方，他预期获得回报的绝对值均可能大于他所付出的代价，他的合理行动是接受请托。同时，这种身份的请托者，往往是"结交尽权贵，往来无白丁"，在这个关系网内的其他人对自己很有可能存在直接的影响，"不看僧面看佛面"，他做出接受请托的决定当不属意外。反之亦然，一个无权无势又无一定实力的关系网的请托者，受托者往往会拒绝其请托，令其感叹"世态炎凉""人情薄如纸"。
② 《8月4日第23期会议》，上海市档案馆藏，《广肇公所议事部（1912年）》，Q118-12-109。
③ 《7月1日第23期会议》，上海市档案馆藏，《广肇公所议事草册（1917年）》，Q118-12-93。

大的关系网。①旅外同乡诸人和来自家乡的乡谊流动参与者之间还有可能发生种种交往。如旅京、旅沪同乡中许多人的祖坟、家庭和亲友还在家乡，他们的一部分田产及其他产业仍在家乡，来自家乡的乡谊流动参与者可能对他们直接或者间接地施加影响。他们的预期回报，无论是正面的还是反面的，都相当大。日本小川丸装运军械之事中，上海广肇公所、粤侨商业联合会、潮州会馆致电北京广东会馆，不仅指出了"事关桑梓安危，我粤人尤属切肤之痛，万不能因一二武人之争，以糜烂我全粤"，而且强调"诸公田园庐墓所在"。②在这些同乡的意识中，桑梓不仅是同乡情感所系，而且与同乡们利益攸关，同乡资源流动解决家乡的困境似乎具有不可推卸的责任。

一些时候，乡谊流动出现分歧，比如家乡的社团与政府出现矛盾、家乡不同政治势力严重对立，"桑梓之情"与经济利益、政治立场纠缠在一起，影响受托的因素就显得更为多元，于是乡谊流动中出现各种权衡、各种纠结。

乡谊流动的启动以及流向由利益得失和桑梓之情等决定，会馆等同乡群体常常因具体的场景、具体的事件、具体的请托者而决定自己是否受托，受托后是拖延、敷衍还是尽心尽力地予以处理。政府一方面根据自己的一套原则和制度行事，另一方面他们又受会馆等同乡群体的影响，并且根据不同的情况而选择相应的态度和方式

---

① 如广东地方自治研究社11名发起人：5人是举人，2人是贡生，1人是生员，2人是在籍官吏。在首批161名社员中，90%的人有功名或者官职官衔，其中包括进士14人，举人49人，贡生27人，生员7人，有官职衔者44人，其发起人、领导人和绝大部分成员，都是省会"明达士绅"。参见贺跃夫：《晚清广州的社团及其近代变迁》，《近代史研究》1998年第2期。
② 上海市档案馆藏，《潮州会馆往来电报（1921年）》，Q118-9-7。

来应付会馆等同乡群体的求助。

第二节 满足需要与服务社会：乡谊流动的动机

桑梓之情使同乡网络得以组建，而乡谊流动的启动则常常源于摆脱困境、满足需要。明清时期，人们常常为了利用会馆满足个人的各种需要而启动乡谊流动。进京应试人员需要解决住宿及打通考试关节等问题，有的同乡希望通过会馆排除独在异乡为异客的寂寞惆怅心情和势单力薄的无助景况，有的希望会馆能够为他们提供埋葬和祭祀等方面的帮助，有的希望会馆团结同乡商人以对抗土著和他籍商人以维护商业上的利益等。近代，乡谊流动一方面仍然是为了满足个人的需要，另一方面则越来越多为了服务社会。

首先，摆脱困境，满足个人的生存发展需要仍然是乡谊流动的主要动机。

清末以来，中国社会发生着巨大的变化，这是一个大变革、大动荡、大分化、大转折的时代，更是一个新旧并存、矛盾兼与、刚毁刚成、方生方死的时代，如李大钊所说："举国的人都在矛盾现象中讨生活。"[①]

就广东省而言，1925年，广东国民政府成立时向各地广东同乡诸先生发出的公开信中，列举了广东的社会景况："自民国肇造十有四年，灾患频仍，变乱迭起。工商百艺日益凋敝，教育事业尽废弛，交通梗塞，盗匪充斥。政象之纷扰愈烈，民生之憔悴日

---

① 李大钊：《新的！旧的！》，《新青年》第4卷第5号。

深。"①

1923年，旅京粤人在议论家乡局势时指出："吾粤父老惨受战祸久矣。远者勿论且论近者。溯自民十二以还，东北两江军事迭起，转饷运兵无时或息。苛捐纷乘，盗贼蜂起。杀越之事见于大邑通都，焚掠之惨遍于穷乡僻壤。"②

1924年，广东商团军因政府扣押了商团购买的枪械而发表的《痛粤政府之惨毒警告各同胞书》中也谈及广东的社会状况："至于水陆之梗塞，盗贼之横行，财产之胁夺，财米之腾贵，百物之加价。拉良人以助斗，对民船以行劫，指民业为官产，据商路为己有。纸币不兑现，而强迫十足通行，债券无还期，而迭次勒借不已。招盗贼为司令，夺民居为军营。官吏欺诈而贪横，政令反复而苛扰。凡此之类，擢发难数。则自农工商学各界，以逮妇孺，齐感痛苦，无一免者。故街巷之谈，妇孺之口，皆疾首痛心以道之。即政府中之有心人，亦太息摇首，或望望然去之。"③

广东国民政府、旅京同乡、广东商团从不同的角度和立场都言及近代"政象之纷扰愈烈，民生之憔悴日深"的社会境况。

除了社会的、人为的原因外，自然灾害也往往令人们的生存充满危机。1919年中国红十字会广东分会的黎荣耀等给北京广东会馆的信中写道："天祸吾粤，潦水为灾，各属基围冲决，淹没人物田禾屋宇无算。哀鸿遍野，嗷嗷待救，惨不忍闻。"④像这类自然灾害非个人的力量所能够应付，当遭受自然灾害时，迫使人们向外请托。

---

① 北京市档案馆藏，《会馆档案》，J19-1-327。
② 北京市档案馆藏，《会馆档案》，J19-1-280。
③ 北京市档案馆藏，《会馆档案》，J19-1-279。
④ 北京市档案馆藏，《会馆档案》，J19-1-275。

广东的社会状况，在中国其他省份或多或少都存在。这种动乱的社会状况，使人们面临更多的生存问题，因而产生求助的需要。

其次，服务社会是启动乡谊流动的又一个重要动机。

19世纪中后期开始，中国城市得以迅猛发展，近代工业、文化教育事业在城市兴起，城乡的巨大反差出现，市政管理体系逐步完备化，出现了大量的职位，城市产生了巨大的拉力，人口城市化成为当时社会的一个十分明显的社会现象，这一过程中乡村的精英向城市的流动逐渐加剧。不仅已有的乡村社会精英到城市寻找发展的机会，而且社会精英的后备力量——学堂学生也往城市集中。

随着读书人生存方式的改变，其立身观念发生了改变，尤其是科举制度废除，乡村的读书人没有了举业的诱惑，许多读书人进入新式学堂，而新式学堂主要集中在城市。集中于都市学堂的读书人"在长期的教育过程中必要受到都市习俗的熏染终至不能与农村的习俗谐调；畸形发展的近代都市及其物质设备又特别富于诱惑，比起农村中的简陋单调自然使人留恋都市，而不肯回到农村"。[①]

新式学堂中所灌输的大部分都是适应工业文明的观念意识和技术，中国社会的实际情况还停留在农业生产的阶段，这种教育所得除了能够在都市中稍有所用外，在少数都市以外的地方是无法施展其本领的。这种情况随受教育程度的不同而更加显著，受教育程度越高的就越集中于大都市，而程度低的则分散于省城县城和镇集。读书人毕业后多愿意在城市寻找就业的机会，而城市也往往能够为他们提供施展才能、实现自我价值的空间，所以从

---

① 吴晗、费孝通等：《皇权与绅权》，天津：天津人民出版社，1988年，第143页。

乡村到城市读书的年轻人和本身居住于城市的年轻学生大多在城市中寻找就业的机会。

农村的社会精英流向城市，新式读书人在城市的滞留，使城市精英汇成一股较大的群体，甚至还按照志向兴趣组建政党、研究会等团体，按照职业结成商会、同业公会等各种团体，他们互相交流沟通，互通声气，在经济、政治、市政管理和对外交涉等方面都提出自己的要求。

同时，西方的社会科学向中国输入增多，一些西方的政治学说和观念经过人们的提倡而得以传播，城市精英或多或少受到了这些新的学说和观念的影响，视野有所开阔，政治参与的热情在清末民初开始高涨。① 戊戌时期，康有为提出"国民"一词，始播国民意识的火种，从此渐次形成近代的国民思潮。② 国民意识的思想核心又体现于参政意识，即借助于政治手段与政治形式来参与国事，参与对国家命运和国人命运的主宰。清末，革命派和立宪派都积极主动地倡导国民意识，他们利用创办报刊、组织社团、兴办教育、文艺宣传等方式传布国民意识与参政意识，并以身示范，做出表率。③

城市人口的积聚以及人们观念上的转变，使得他们关注更为广泛的社会性事务，提出更为多样的要求。这些需要在一定程度上已经超越了低层次的个人生理需要、安全需要，它有了更多的社交需

---

① 梁景和《清末国民意识与参政意识研究》（长沙：湖南教育出版社，1999年）等书中有较多关于参政意识的论述。本书中所涉及的一些同乡资源流动也反映了人们参政意识的高涨。
② 梁景和：《清末国民意识与参政意识研究》，长沙：湖南教育出版社，1999年，自序，第1页。
③ 梁景和：《清末国民意识与参政意识研究》，长沙：湖南教育出版社，1999年，自序，第2页。

要、心理需要、自我实现的需要等方面的内容。同时，这些需要并不仅仅是为了个人，而是在一定程度上超越了个人的需要，有相当多的还有为社会、为国家、为公的一面。

另外，北京、上海的会馆等同乡群体并非一乡一地的人们在北京设立的衙门，它不可能事无巨细，什么事都管。相反，除了少数旅京、旅沪同乡专职负责会馆的事务外，他们中的大多数都有自己的职业，都在为自己的事业而奔忙。就一些个人的私事向某个同乡请托是没有什么问题的，通常能引起众多旅京、旅沪同乡兴趣的是那些涉及公共利益的社会性事务。因此，考虑到会馆等同乡群体受托的可能性，外地的人们就会选择社会性事务向北京、上海的会馆等同乡群体请托，即使是个人性事务，请托者也愿意把它与社会性事务联系在一起，甚至把它描绘成社会性事务。

新的未立，旧的未死，中国传统在延续，在变异；西方的冲击既有示范、刺激、移植西方文明成果的一面，又有侵略、破坏、阻碍中国社会的一面，新旧矛盾与中西矛盾地交织在一起。人们时时经受着各种力量的轮番冲击，常常面临各种困难。他们自己把握自己命运的时刻不是太多，于是只好求诸于外：向他们所属社会群体，相关个人和团体寻求帮助。请托意愿在近代社会得以加强，它促进了乡谊流动。同时，如此活跃的乡谊流动又进一步提高和推动了人们参与社会事务的程度。

纵观以北京、上海的会馆等同乡群体为中心的乡谊流动，有些纯粹属于个人事务，如向会馆等同乡群体借馆舍以住宿，或者请求会馆等同乡群体给予个人在经济等方面的资助等。但近代以来围绕北京、上海的会馆等同乡群体为中心的乡谊流动已经在不同程度上摆脱了个人性，而具有了社会性。除了那些利用会馆的馆舍进行政治性集会，或者从事社会活动的乡谊流动外，大量的有关教育、政治、社会、经济等方面的乡谊流动关系到整个社会，或者一定社会群体的利益，因此具有社会性。

近代以来，不仅许多旅京、旅沪的同乡与会馆之间发生乡谊流动，而且家乡的人们、旅居其他地方的同乡、一些非同乡都卷入北京、上海的会馆等同乡群体为中心的乡谊流动。众多的个人和团体加入到乡谊流动的行列，这本身就是人们参与社会事务的一个重要标志。乡谊流动参与者一个重要的特征是以团体的名义介入乡谊流动，他们最起码是为了一个团体的利益，当然为了地方事务和国家民族的事务也不在少数。即使那些以个人名义向北京、上海的会馆等同乡群体发起乡谊流动，他们通常为有一定社会影响的人，在一定程度上代表了他们所在的地方和所在群体的利益，从而使这种乡谊流动具有社会性。

乡谊流动推动了个人及团体参与社会事务。近代以来，围绕会馆等同乡群体的乡谊流动大体包含以下情况，一是北京、上海的会馆等同乡群体单方面直接主动地发起乡谊流动；二是会馆与另外一方共同启动乡谊流动，就所请托之事进行协商解决。如1915年广东发生水灾，广东疏河筹办处请旅京同乡派人回省主持，旅京同乡召开大会一致赞成，并请派曾任海军总长的谭学衡为督办等。这是请托与受托双方共同办理请托者的请托之事；三是多方启动乡谊流动。这类乡谊流动在近代以来十分普遍，如1919年广州以电话局等抵押向日商贷款事件发生后，北京的广东会馆收到请托，即召开大会，决定向各地同乡发出通电，请一致反对等。会馆等同乡群体单方面启动乡谊流动，涉及的对象不一定多，但其他情形下，当一些共同关心的事件发生后，同乡之间互相呼应，就使得众多的个人和团体卷入乡谊流动中去，成为社会性事件。

当然，北京、上海等地同乡群体往往是众望所归，各地同乡多向他们发出乡谊流动的信号，请"联电""联请"赞成或者反对一些事情。因此，旅京、旅沪同乡参与的社会性事务较多。

乡谊流动推动个人和团体通过集会和信函电报往来等交往方式不断地参与社会事务，使人们积累了经验，培养了参与社会事务的能力，提高了自己的素质。

第一，提高了对社会状况的认识水平。与北京会馆等同乡群体的交往中，一些模糊的信息得以澄清，了解到各地较为准确的情况，一些事件的真相也被揭示出来。如广东商团枪械被扣事件、广东沙基惨案等，其真相有一部分便在乡谊流动的过程中被人们所认识。

第二，人们的视野进一步拓展。1914年广州湾华民代表王子德等请广东会馆及其广东京官"将法人所设人税护照等苛例据情联请外交部早日解决"，他们"深恐延宕日久，致法人玩视，益节节进行。湾内人民将无聊生之所，兼恐各国野心互相效尤。民国前途殆不堪问。其鱼肉广州湾者，固德等无穷之祸，其影响各租界者，更中国之无穷之祸"。① 王子德等关注的不仅是湾内人民的生计问题，而且担心各国互相效尤，影响民国前途；他们不仅注意到带给自己的无穷之祸，而且认为"其影响各租界者，更中国之无穷之祸"。它反映了人们关注的对象不再仅仅局限于一个狭隘的范围，而是出现一种世界视野，人们把一个地方的事情纳入全国，乃至全世界的格局中予以思考。

---

① 北京市档案馆藏，《会馆档案》，J19-1-257。

第三，有利于新的价值观念形成。乡谊流动的过程中，通常包含着是与非、善与恶、美与丑、进步与落后等价值的争论与冲突。通过争论与冲突，新的价值得以形成。维护学宫与市政建设的矛盾、尊孔教育与民主教育观念的冲突等，其中就有关于新旧和中西的争论与冲突。在乡谊流动的过程中，个人、团体和政府，各抒己见，通过论争大家都加深了对新与旧、中与西的理解，从而为形成新的价值观念打下基础。

第四，有利于提高公民及公团意识。从会馆等同乡群体接收到的请托看，请托者在很大程度上已经不是把会馆等同乡群体当成一个慈善组织看待，很多时候不是希望直接从它那里获得某些资助，而是把它作为一个有影响力的社会团体，期盼通过它对一些部门和团体施加一定的影响，促使这些部门和团体做出有利于请托者的决定，采取有利于请托者的措施。乡谊流动的过程中，旅京、旅沪的会馆等同乡群体的主要功能便逐渐由关注个人事务向关注社会性事务转变。

通过乡谊流动，人们参与了社会事务，在这个过程中，个人及团体逐渐塑造自己新的社会角色——既享有权利又履行义务，既享有自由又担负责任的公民或者公团。不仅会馆等同乡群体认同于公团，而且请托者也常常以公民或者公团的名义向会馆等同乡群体请托，显示出人们的一种自觉的公民及公团意识。事实上，人们在不断参与社会事务，这种行为本身就反映出一种近代新国民新团体的形象。它标志着近代的国民意识、公民意识和公团意识在中国社会中的产生与发展，这无疑为乡谊流动的启动增添了新动力。

第三节　交通与通讯：乡谊流动的物质条件

乡谊流动网络的畅通与否主要在于各种信息是否顺利迅捷地传递。旅居地的同乡资源流动较为方便，异地同乡资源流动则有空间距离的限制。同乡资源在旅居地流动，交通、通讯设施的作用还不太明显，但是，如果同乡资源在异地流动，交通、通讯设施的作用就被突显出来了。

远距离乡谊流动不能不考虑时间的因素。乡谊流动中的人们早已认识到时间因素的重要性。明清时期使用同乡京官印结的原因之一就是旅京人士不及回籍取相关证明文件，而以同乡京官印结予以担保。1914年，王子德等请北京的广东会馆阻止法国人在广州湾加征苛捐杂税时便提出，"深恐延宕日久，致法人玩视，益节节进行"，"现在事机迫切，稍纵即逝。务恳迅赐挽救，以保国权而除民祸"。[①]的确，很多时候"事机迫切，稍纵即逝"，如果没有迅捷的通讯和交通工具，一些乡谊流动将会失去意义。

中国幅员辽阔，许多乡谊流动参与者距离比较远。如"岭南去京师七千余里。士之试京兆及与计偕者，赍粮就道，犹历舟车跋涉之劳，几三阅月乃至，则为马瘏仆痡，征尘未拂，又皇皇然惟舍馆是图"[②]。岭南距离京师有七千余里，这是用里程表示的空间，它"只能确定一个地方在地理上的地点，但用时间和运费计算出来

---

① 北京市档案馆藏，《会馆档案》，J19-1-257。
② 《新会邑馆记》（1853年），北京市档案馆编：《北京会馆档案史料》，第1381页。

的时空,却能将地理的地点摆布成人事的位置"。①"几三阅月乃至"则反映了"人事的位置"。

清代官吏从北京出发各地赴任时,清政府加以一定的"凭限",这些"凭限"标准可以反映出清代旧式交通时速的概略。1907年从北京到各省旅途凭限日期显示,时间最长的是到新疆迪化州,限期140天,到广东也需要100天左右。到广州的限期是90天,到韶州是80天,到雷州是105天,到潮州是110天。②如果由广东到北京的广东会馆一次单程就需要花去近100天,一个来回便要超过半年。

19世纪后期,中国开始出现铁路。1876年,英美等国商人在上海修建了一条十几公里的吴淞铁路。在沿路人民反对下,清政府准予其经营一年后备价收回、拆毁。为了方便开平煤矿的煤炭外运,1881年建成唐山到胥各庄铁路。数年后该铁路延展到天津。1895年后十余年中国出现铁路建设高潮。各主要铁路干线如京汉、关内外、京浦、沪宁、京张、汴洛、道清、中东、胶济、滇越、粤汉铁路的部分区段相继完工。晚清共修筑了约9000公里的铁路。北洋时期,日本在东北地区修建了一系列的铁路,如四洮、郑洮、天图、洮昂、吉敦等线。奉系军阀也修建了一些铁路,如大通、沈海、呼海等线。其他地区修建的大半是延续前一时期的未完工程,如粤汉路;汴洛路改名为陇海路从开封和洛阳分别向东、西延展;京张路展筑到归绥(今内蒙古呼和浩特),改名京绥。新设的线路有云南的个碧石铁路(个旧、碧色寨、石屏)等。1927年至1949年中国修建的铁路为6000多公里。日本从1931年起在东北、华北等地修筑了

---

① 杨庆堃:《中国近代空间距离之缩短》,《岭南学报》第10卷第1期,第152页。
② 同上书。

大量铁路。

轮船火车等交通工具出现之前，不管是车船、还是马骡驴牛，日常交通速度大概每天行走100至200里。火车轮船出现后速度大为提高，而且可以长时间不间断行驶，故每天能行驶的距离增加，同样空间距离花费的时间缩短。1897年，北京至天津的铁路车程约4至5个小时，乘坐火车从上海至南京半天时间即可达到。[1]晚清，轮船招商局等推出了"快轮"业务，20世纪20年代招商局快轮往来于上海至天津、广州和烟台等城市。20世纪30年代，长江轮船自上海到武汉的普遍航程是90至96小时，一些快轮将航程缩短为40小时左右。[2]随着近代交通设施的建立和改善，快捷的铁路、轮船缩短了时间距离。使用铁路、轮船等交通工具，中国东部多数地方数天即可达到。

在中国古代，官方设有驿站，负责传递官方的文书信函。民间通信则有私人自行开办的信局承揽。开口通商后，随着商民通信的大量增加，近代邮政业呼之欲出。1878年3月，中国在北京、天津、烟台、牛庄和上海五处海关，仿欧洲办法，设立华洋书信馆，纠集股份，试办邮政。直到1890年，中国海关邮政才在各通商口岸普遍设立邮政机构。1899年，北京海关邮政局正式改称北京邮政总局，下设四个分局。宣统年间，北京设邮政总局一处，下设17个信筒，邮政支局共计19处。[3]

在开办邮政事业的同时，中国的电报业也开始创设。19世纪

---

[1] 南京大学中国近现代史研究课程组：《火车对近代中国陆行速度的提升及影响散论》，《宜宾学院学报》2016年第1期。
[2] 李玉：《从速度的角度观察近代中国——以轮船火车为例》，《暨南学报（哲学社会科学版）》2017年第11期。
[3] 丁进军：《宣统年间北京邮政概略》，《北京档案史料》1991年第1期。

60年代后期，清政府被迫允许外国人在中国海域敷设海底电报线，但规定线端不准上岸。1877年，北洋大臣李鸿章在天津试设由天津机器局到北洋大臣衙署的电报线。1880年，在天津设立电报总局，创办天津电报学堂。津沪电报线于1881年竣工通报。从此，中国有了自己的民用电报事业，津沪的官绅商人可以利用电报传递商情信息，这标志着中国近代电报通信时代的到来。1889年，中国电报线"已东至东二省，南至山东、河南、江苏、浙、闽、两广；缘江而上，至皖、鄂、入川、黔，以达云南之极边，东与桂边相接；腹地旁推交通，几于无省不有；即隔海之台湾，属国之朝鲜，亦皆遍设"①。1890年，陕甘电报线又架设成功，两端达嘉峪关。这时的电报线可谓已经四通八达了。中国报纸上出现电讯，是从19世纪70年代开始的，当时以上海为中心，有两条和国外联系的有线电报线路。一条由上海经厦门、香港至欧洲。一条由上海经长崎至北太平洋各地。1882年10月，上海的《申报》用电报传送顺天府乡试的榜文，次日即见报，引起轰动。②从19世纪90年代中期兴起第一次办报高潮后，报纸上的专电日多，近代以来，各个报纸上的来电更有铺天盖地之势。电报一般只需一日即可送达，保证了消息的迅速传递。

总的来看，19世纪后期到20世纪初，轮船、铁路等交通设施建设，邮政事业尚处于起步阶段，使用电报也是比较昂贵、奢侈的事情。民国时期，轮船、铁路、邮政、电报、电话等领域有了进一步

---

① 《洋务运动》丛刊（六），第418页。参见刘志琴主编，李长莉著：《近代中国社会文化变迁录》第1卷，杭州：浙江人民出版社，1998年，第632页。
② 方汉奇主编：《新闻事业简史》，北京：中国人民大学出版社，1995年，第60页。

的发展，这些设施越来越多地进入社会生活各个领域。

为了建立起高效的通讯通道，一些同乡网络加强了各个网络节点的互动。如歙县旅沪同乡会与家乡之间的互动，促进了乡谊的流动。

抗战胜利后，上海同乡群体重建伊始便急切地要与歙县县政府及各机关团体建立联系，重新启动与歙县之间的互动。抗战胜利后，歙县旅沪同乡会于1946年7月7日召开会员大会选举理监事，11日召开理监事会选举常务理监事及理事长。15日即致函歙县县政府、歙县地方法院、歙县地方法院检查处、歙县县农会、安徽高等法院第二分院、歙县县党部、安徽高等法院第二分院检查处、歙县参议会、歙县商会、歙县总工会、歙县律师会、歙县警察局、歙县救济会、歙县中医公会，通报相关情况。①1947年9月26日，歙县旅沪同乡会理事长方炜平等致电新任歙县县长杨步梁，在祝贺的同时，提出了革新县政的要求："遥闻先生出长吾县，旅外同乡咸表欣庆，对于今后县政之革新，铲除社会上的贪污土劣，消灭县治上之民蠹官僚，兴办教育，转移风气，解除民患，以达到建设新歙县之目的，均赋以绝大之期望。且延日匪氛其隐蔽散漫四乡山区地节，时出骚扰，民不安枕，其患更为可虑，务希钧座一秉军人风度，严厉部署，限期肃清，以清乡间，而安民心。"②

徽州本土也极其重视与上海同乡会之间的联络。歙县参议会在议决有关县政时，发出歙县参议会公函，事先征询同乡会的意见。

---

① 《致歙县县政府及各机关团体》（1946年），上海市档案馆藏，《歙县旅沪同乡会档案》，Q117-27-1。
② 《歙县旅沪同乡会和有关单位关于组织成立官员上任等问题的贺电函》（1947年），上海市档案馆藏，《歙县旅沪同乡会档案》，Q117-27-5。

歙县旅沪同乡会理事长方念谐收到征求当前县政意见的公函,被告知1948年12月25日参议会将召开会议,议决县警保队、各区乡镇自卫组织应如何整训补充,县财政应如何整理等问题。①1948年,歙县参议会给歙县旅沪同乡会来电,控告歙县前县长杨步梁借剿匪名义赴乡骚扰,搜掳民物,强拉壮丁,残杀良民等罪行,要求同乡会一致主张,向各级政府发出呼吁,以查明严惩。②

近代交通通讯设施的改进在乡谊流动中发挥了越来越大的作用。除了有时乡谊流动参与者直接利用快捷的交通工具到会馆等同乡群体面陈一切外,通常远方的信息通过信函、电报等方式被送到会馆等同乡群体。会馆等同乡群体的决议需要向外地人们或者政府询问详情,或者表达自己的意见,这些信息也可以通过信函、电报传递出去。因此,快捷的通讯设施,使许多乡谊流动中的信息变得有意义,同乡网络得以扩展,乡谊流动加快。而这以前,家乡和异地同乡与会馆等同乡群体之间的乡谊流动比较少,通讯设施的限制便是一个重要的原因。

通讯设施对乡谊流动的影响还在于它可以使舆论武器发挥作用。乡谊流动所用的武器之一是舆论影响。舆论总是与信息的传递密切相关,许多人都知道了某件事,才会形成一种舆论,通讯设备能够及时地传递信息,也为舆论的及时形成奠定了基础。

---

① 《歙县参议会关于征求县政意见和街口筑坝发电问题的函代电和歙县旅沪同乡会关于县政座谈会的新闻稿》(1948年),上海市档案馆藏,《歙县旅沪同乡会档案》,Q117-27-12。
② 《为据陈本县杨前县长步梁藉剿匪名义赴乡骚扰情形电请查明核办示复由》(1948年11月22日),上海市档案馆藏,《歙县旅沪同乡会档案》,Q117-27-10。

第四节 舆论：乡谊流动的重要武器

乡谊流动产生影响除了依靠人情、面子，通常还使用舆论武器。

通电是形成舆论的重要方式，在近代以来，它是乡谊流动中经常用来达到目的的工具和手段。会馆等同乡群体认为，"函达不如电达之郑重"，[①]由此可知通电在人们心中的分量。人们重视通电，不仅仅在于它比较正式，能够比较郑重地表达人们的主张，而且还在于通电能够快速形成一种舆论。舆论是一定范围内公开表达的公众的集合意见，可见，并不是单个通电就形成了舆论，而是需要一定数量的意见集合起来才形成舆论。因此，通电要形成舆论还需要一定的媒体，通过媒体的传播，取得别人的同情，争取到一定数量的支持意见，从而表现出一种舆论，当时发挥这种功能的一个重要媒体就是报刊。

中国很早就有邸报、小报和报房京报。19世纪初，出现了近代中文报刊。从1815年到19世纪末，外国人在中国一共办了近200种中、外文报刊，占当时我国报刊总数的百分之八十以上。[②]19世纪后期，香港、广州、上海、汉口、福州等地出现了中国人自己办的一批近代报纸。19世纪末20世纪初，中国掀起办报高潮，中国人办的报纸越来越多。近代压制舆论的事时有发生，专制野蛮行径屡

---

① 《广肇公所议事草册》（1917年），上海市档案馆藏，Q118-12-93。
② 方汉奇：《中国近代报刊史》，太原：山西教育出版社，1981年，第10页。

屡出现，的确多次发生过类似"癸丑报灾"的压制舆论事件。①国民党统治时期对报刊等媒体加强了控制。然而媒介是文化的载体，为了及时刊载国内新闻，准确把握舆论走势，各报刊媒介以公开独立的姿态征求文稿，其本身创办宗旨和内容倾向也明确地显露了它的离异倾向、独立色彩和公共品格。②统治者之所以迫害报刊，恰好说明社会中存在独立的媒体，它们还在为公众说话，还形成对统治者的威胁；如此多的报刊被查封、传讯、捣毁，如此多的新闻工作者被捕入狱，被杀害，正是反映了众多媒体促成的舆论力量对统治者、对社会有一定影响的事实。民国时期一些大的报刊，如《申报》等几乎每期都刊登了大量的通电，一些与会馆等同乡群体有关的通电也刊登于其上。除了通电，报纸还刊载有不少关于会馆等同乡群体的新闻报道。人们可以通过媒体刊载通电等方式发出自己的声音，形成舆论，利用舆论达成乡谊流动的目标。

会馆等同乡群体办了同乡刊物、出版一些小册子，这些刊物和小册子也是重要的舆论阵地。如《广东旅沪同乡会月刊》《浦东同乡会年报》《无锡旅刊》《常州旅沪同乡会会讯》《宁绍新报》《闽南旅沪同乡会年刊》《松属旅苏学界同乡会半月刊》《吴江旅沪同乡会季刊》《四川留日同乡会年刊》《皖事汇报》《北大广东同乡会年刊》《四川旅沪同乡会会刊》《镇属五县旅沪同乡会成立纪念刊》《潮州旅沪同乡会特刊》《潮州旅沪同乡会特刊》《旅沪

---

① 袁世凯为压制反对他的舆论，在1912—1916年间全面迫害报刊，这期间至少有71家报刊被封闭、49家受到传讯、9家被军警直接捣毁；至少24名记者被杀害、60名被捕入狱。1912年全国报纸有500多家，到1916年已不足130家。由于迫害最为严重的年代是1913年，农历癸丑年，所以这在历史上被称为"癸丑报灾"。
② 刘增合：《媒介形态与晚清公共领域研究的拓展》，《近代史研究》2000年第2期。

新化同乡会会刊》《泉漳特刊》《徽音月刊》等。下面以安徽的几个同乡刊物为例，对此类刊物略作介绍。

1925年9月21日《申报》载，徽人在沪有"徽社上海总部"，出版《徽音月刊》，"颇得各地同乡欢迎"。① 这本月刊由徽州人士程本海、胡梦华、许士骐等发起创办，胡适与陶行知曾任顾问，前后办四年，成为徽州同乡的喉舌，以及城乡信息交流的桥梁。安徽人为了宣扬文化，启迪民智，指导社会，扶助桑梓而办了《徽报》。1929年4月17日，《申报》刊登《徽报》的一则召请通讯员、分销处的启事："拟请安徽各县通讯员数十人（每县限定一人）报告各县地方新闻及邑中人民之种种疾苦。"②

1932年10月10日，《徽州日报》在屯溪创刊，由沪、杭、宁、苏等地旅外徽商集股经营，在上海、杭州、南京、苏州等大中商埠均有徽州旅外同乡会帮助设立分馆或代派处销售报纸。旅外各地徽州同乡会对这份报纸重视，就是因为它承载着大量家乡信息。此外，徽州各旅沪同乡会多办有会刊。③ 抗战胜利后，各同乡会恢复活动，更是迫切需要属于自己的新的信息源。1948年，徽宁同乡会创办《徽宁导刊》。

同乡刊物无一例外都刊载大量同乡信息，这些信息随着同乡网络而流动，很容易便形成舆论对乡谊流动产生影响。

报刊是重要的舆论载体，公共空间也能产生舆论。

20世纪之前，北京开阔的城市空间主要是紫禁城、皇城、内

---

① 《徽社昨开大会记》，《申报》1925年9月21日，第15版。唐力行：《徽州旅沪同乡会与社会变迁（1923—1953）》，《历史研究》2011年第3期。
② 《徽报召请通讯员、分销处启事》，《申报》1929年4月17日，第2版。
③ 《各同乡会消息》，《申报》1929年2月26日，第16版。

城、皇家园林、皇室祭坛和庙宇,这些地方仅供一小部分统治阶级享用,普通老百姓的公共娱乐空间有庙会、永定门附近的陶然亭、皇城内三海北侧的什刹海、京城西郊的西山,一些茶馆和戏院。由于什刹海地方狭小,设施不够完善,它的使用有限,陶然亭太偏僻,交通不便,没法吸收数量很多的游客,西山更是游人稀少,所以北京只是向高官显贵提供充足的消遣空间而忽视普通城市居民需要的城市。①

北京的会馆主要位于宣南士乡,这里紧临前门繁华的商业区。明清的中央机关设于前门内东西两侧,外省进京官员由会馆到中央机关较方便。太行山东侧从南往北,过卢沟桥的大道是西南、西北进京的要道,明朝大运河终点码头从积水潭南移大通桥,所以宣南也是中国由西进京和由南进京的交通要道汇合之处,交通十分方便。近代以来,随着会馆向非同乡社会的开放,20世纪前后一段时期,它就成了当时北京城可资利用的为数不多的公共空间之一。人们借用会馆集会,从事政治和社会活动、满足娱乐需要、借会馆解决人们的其他生活困难。

明清时期会馆中举行的活动与清末以后会馆中的活动有明显的区别。明清时期几乎每个会馆在一年中都要举行团拜或其他的庆祝活动。这些社交活动离不开宴饮和祭祀。泾县会馆(北京)1819年的碑记里是这样讲宴饮的作用的:"然则会馆者聚一乡之人于千里之人,饮食居处,言语相近,有无缓急相通,其在外也,不啻其在家焉,京师冠盖相望交游,多天下豪杰,而所以讲信、修睦、敦行

---

① 史明正:《走向近代化的北京城——城市建设与社会变革》,北京:北京大学出版社,1995年,第136页。

宜而厚风俗者，其必由是始矣。"①在宴饮时豪杰们的风范自然地影响乡人，使之讲信、修睦、敦行宜而厚风俗。浙绍乡祠会馆（北京）的宴饮乡人们所受到的教育是恭敬而和、敬老爱幼、不忘先人之德。

节庆时必然要祀神祇，会馆的神灵主要分为三类，即福禄财神、行业神和乡土神。有的供奉关公，有的供奉许真君，有的祭祀朱熹，有的祭祀鲁班，不一而足。有的会馆同时供奉多个神，有主神，有配神。1868年，广东韶州新馆（北京）建成，设正厅神龛，"中祀奎宿星君、文昌帝君、关圣帝君、奉神灵也。左祀濂溪周元公景，名宦也。右祀张文献公、余忠襄公、慕昔贤也"②。浙绍乡祠会馆（北京）里，"中龛恭颂万寿，祀文武二垣，而左龛祀张谢水神，其右龛则越之郡邑城隍，而以马公汤公配焉"。神是会馆的集体象征，祭祀的过程中，许多具有传统美德的人物形象为乡人树立起正面的典型，从而规范人们的行动，影响人们的道德观、是非观。通过祭祀乡贤，不仅可以教育乡人，而且它还有炫耀乡贤的味道。和宴饮一样，祭祀的时候，操着乡音，沐浴着乡情，浸透于乡土文化中，旅京同乡犹如一家人，他们被紧紧地联系在一起，实现团结和互助功能。

一些会馆即使到了20世纪20、30年代仍然祭祀神灵与先贤。如河东会馆的会首每逢初一、十五都要聚集到这里，他们每次来了必不可少的一事是要到会馆的大殿里一起烧香祭神。③在这个时期其

---

① 《泾县新馆记》（1819年），北京市档案馆编：《北京会馆档案史料》，第1331页。
② 《韶州新馆记》（1868年），北京市档案馆编：《北京会馆档案史料》，第1388页。
③ 刘向勃：《"100号"与河东会馆》，《宣武文史》第10辑。

他会馆的规约中也多规定要在会馆进行祭祀等活动。

清末以来,尤其是经过新文化运动的洗礼后,会馆中的社交活动有了与以前不同的内涵,在会馆举行集会和演说等活动逐渐增多。

1912年8月25日,人们借湖广会馆欢迎孙中山,紧接着就是合并政党的大会,国民党在此举行了成立大会。①1912年10月,民主党又借湖广会馆开大会,欢迎梁启超。②1912年8月,民权协进会借太原会馆开全体大会。③1928年,北伐军进入北平,何其巩市长在全浙会馆主持邵飘萍、林白水烈士追悼会,声讨军阀的暴行。北洋时期,一些省的国会议员也借会馆及其附产提供的场所聚会:"民国初年国会成立,广东省的国会议员到京后,也把会馆当作和本乡在京的上层官吏联系的中心;后来他们觉得会馆人多眼杂,往来不便,就利用会馆附产开辟了两个俱乐部形式的聚会场所:一在韩家胡同(原名韩家潭胡同);另一处在南半截胡同……国会解体以后,这两个处所还维持着,一直到北伐以后才告终。"④

上海各同乡会馆时常举行同乡的、超越同乡的诸多集会。近代特别是民国时期发生的一些重大事件中,会馆集会几乎是必不可少的一环。除了五四运动等全国性事件,不少地方事件也在会馆集会。如本书所讨论的上海"乔杨案"发生后,各个团体代表在上海广肇公所召开联席会议,浦东公所等同乡会馆也为此举行

---

① 《群强报》1912年8月27日。
② 《群强报》1912年10月25日。
③ 《群强报》1912年8月28日。
④ 李廷发:《北京的广东会馆》,中国人民政治协商会议北京市委员会文史资料研究委员会编:《文史资料选编》第25辑,北京:北京出版社,1985年,第258页。

了多次集会。

　　会馆在形成舆论过程中起着重要的组织作用。各地同乡面对当地官府的强势时，苦于自己弱势无权，于是将求助之手伸向会馆等同乡群体，希冀那些关怀桑梓的同乡诸公能够帮助他们"伸张正义"，因此他们便发信函电报给北京、上海的会馆等同乡群体。北京的会馆收到许多信函、电报，其收信人地址仅仅写了"旅京同乡诸公"或"同乡京官"几个字，只有同一封信，但同乡诸公或京官绝不止一个，他们不是住在同一个地方，也不是在同一个地方工作，并且北京城那样大，就凭这个地址，这些信怎样才能到收信人手上呢？当我们看到下面这类史料时，就解开了谜底：

　　　　顷接广东要电照译转送同乡诸先生均鉴。粤东馆值年李肇统启。①

　　　　启者连日接广州商行来电十余封，均谓十元以下贴用印花窒碍难行，兹特照译送呈同乡诸先生均鉴。粤东馆值年李肇统启。②

　　上可见，首先，各地给在京同乡的来函来电先是从邮局送到会馆等同乡群体；然后，会馆等同乡群体的负责人把它翻译成汉字（有的电报是数码，有的是英文）；第三步，选择比较重要的把它

---

① 北京市档案馆藏，《会馆档案》，J19-1-330。会馆负责人把三封内容各异的电报抄录在一起送给在京的同乡，第一封讲，广东省祸乱迭起，纸币低折，兵饷不足，事逼势急，连日各界筹议，都认为在京同乡诸公关怀桑梓不忍恝置，于是联名请求告知如何解救的办法，希望他们速定大计，马上电复以安人心。第二封是请求在京同乡设法挽救，使粤产灰石不落外人之手。第三封说他们近闻部电将广东卤饷以银毫为本位折收纸币。请大总统国务院财席邸粤东新馆设法下令将卤务仿照旧暂收纸币。

② 北京市档案馆藏，《会馆档案》，J19-1-330。会馆负责人把十几封电报抄在一起送给同乡诸公。

抄（或者打印）在纸上，再送给在京的同乡诸公；第四步，请同乡诸公来会馆商议。如粤东新馆于1912年八月初六日发出了一份开会通知：

> 公启者现接港商来函称广东教育司取消孔教，此事关系全粤人民信教问题，我同人亟应研究，务请与八月初十日午刻一钟至三钟驾临南横街粤东新馆集议一切。

连同这份开会通知单一起送出的还有一份说明："再者，近来粤东省馆所办各事因长班并不通布，致我同人多未周知，现在同乡京官住址单已经从新刊印，此后省馆有事须由单内同乡京官集议决办方为有效。"这表明，对于一些重要事情，同乡京官一般都要求来会馆（主要是省馆）参与讨论，他们大多会按照要求来会馆"集议"，即使不能来的也送信给会馆说明原因，并附上自己的意见。一次接到会馆的开会通知单后，广东同乡冯自由，冯镜镰来信就此事献策。①

很多会馆都如北京广东会馆这样，收集同乡信息，传递信息，组织开会协商或集会，发各种通电和信函，成为发起舆论攻势的中枢。

清末以后，人们借会馆举办政治集会等活动，通过集会使爱乡、爱国之情在民众中激荡，新观念、新思想得以交流传播，新的组织在会馆中得以成立。在神面前的社交开始为在人群面前集会所取代，在会馆里的集会社交，由炫耀乡贤、以传统文化规范乡人而

---

① 北京市档案馆藏，《会馆档案》，J19-1-259。

变为主要引导人们关心家乡、国家、民族的振兴和建设。然而这种集会，对乡谊流动最为重要之处是它可以形成社会舆论。

明清时期乡谊流动已经活跃于政治舞台，近代以来有了新发展。会馆等同乡群体基于桑梓之情和利益的权衡不仅影响到会馆等同乡群体是否启动乡谊流动，而且在乡谊流动过程中依然起重要的作用。桑梓之情的存在使会馆这样的旧有民间团体并没有随旧政权的崩溃而走向消亡，也没有被新的社团如商会、同业公会和政党等代替，而是仍然被人们用来为现实需要服务，并赋予了新的作用。近代以来的政治比较混乱，社会矛盾丛生，人们面临困境，需要解决的问题增多，使众多的民众和团体参与到乡谊流动中去。交通通讯设施的改进有利于乡谊流动中信息的及时传递和舆论的形成，舆论环境的相对宽松为舆论武器发挥作用提供了前提条件，政治控制的相对松弛，制度建设不够完善等，又为继续利用同乡资源提供了相对有利的条件。会馆等同乡群体雄厚的同乡资源及其强大的舆论压力，会馆等同乡群体与政府的特殊关系都对政府、相关团体和个人行为造成一定的影响，进而影响到乡谊流动。乡谊流动并没有退出历史舞台，它全方位地作用于政治，在政治活动中占据不可忽视的地位。

第二章　近代中国乡谊流动的扩展与分化

影响乡谊流动的因素在近代发生了重大变化，乡谊流动随之而改变，一方面乡谊流动不断扩展，另一方面它又在分化甚至出现分歧。乡谊流动的变化致使其与政治互动的方式发展到一个新阶段。

第一节　乡谊流动的扩展

乡谊主要在同乡网络上流动，有时候非同乡也卷入同乡网络。乡谊流动的范围常常随参与者的变化而变化，哪里有参与者，乡谊流动便很可能延伸到那里。以往研究会馆等同乡群体时请托者一般不被纳入分析的范围，而事实上，他们也是乡谊流动中的主角。乡谊流动参与者的构成从空间上看主要表现为地域分布，从社会结构看，主要体现为不同的地位和身份。乡谊流动的扩展还表现在请托内容更加丰富。

一、地域范围扩大

明清时期,北京的会馆服务对象主要是旅京同乡,他们以进京赶考的举子、在职或者候补官员及商人为主。旅京同乡从京师同乡网络中获取同乡资源是常态,不过京师会馆求助于外地同乡的事时有发生。

旅京同乡倡议修建会馆,一时资金不足,或者会馆的日常维持所需经费不够,旅京同乡便向各地的同乡求援。也有各地同乡深感会馆之窘迫,主动提议并集资捐助会馆。1784年重修休宁会馆(北京)时,"同官复有劝输之议,驰书方达,四方游宦及里中戚友,闻风响应如初,乃别置屋若干楹,而以其余为缮葺费"[1]。1814年的《重修歙县会馆记》(北京)里,在正文后附载了捐输者的姓氏。京外诸公捐输者有鲍漱芳等十六名。在歙县会馆新建及扩建改建之际,凑集出大部分经费的是官僚和扬州的盐商。[2] 1819年,在家乡有力的支持下完成了泾县新馆(北京)的修建,"嘉庆辛未会试后,公车诸君归而遍谂邑中,邑中诸族姓莫不慷慨乐输,得白金以两记者万有奇,遂邮书京师……"后由旅京同乡在北京购买房屋,建立泾县新馆。[3] 1872年,由李鸿章撰写的《新建安徽会馆记》(北京)载:"今上御极之七年,西捻荡平,畿甸无事,鸿章述职入觐,暇与乡人士吏部侍郎胡公、工部侍郎鲍公等咨诹及之,佥谓兹举不可久阙。会淮军凯撤,其将领大半皖产,愿酿万金为

---

[1] 《重修休宁会馆记》(1784年),北京市档案馆编:《北京会馆档案史料》,第1329页。
[2] 寺田隆信:《关于北京歙县会馆》,《中国社会经济史研究》1991年第1期。
[3] 《泾县新馆记》(1819年),北京市档案馆编:《北京会馆档案史料》,第1330页。

倡，不足，四川总督吴公泊、鸿章兄弟各解赀相助。又邮书告皖人之宦于四方者，咸踊跃趋事。"①新建北京安徽会馆得到了全国各地安徽人的资金支持。1893年，南海增广会馆，"是役也，邑中京外士大夫与夫春秋两试之至都者咸有捐欸，而本籍乡堡社学，各听其所出之多寡，裒集而附益之"。②

除了北京的会馆修建得到各地同乡的支持，其他地方的会馆也曾集各地同乡之力而修建、修缮。道光十二年的《徽宁会馆碑记》（江苏吴江）载："而其中迁居入籍诸君，犹能敦念本根，仍以乡谊，咸预斯举……在各镇之同乡者，亦皆乐善捐输，不限界域。"③樊城山陕会馆碑刻的捐资商号、商人名单中，可以看到除了樊城本地商人外，还有大量外地且主要是汉水流域山陕籍商号、商人为之捐资。在《重修山陕会馆并初建荧惑宫碑记》续碑（二）中，有唐邑、马家店、源潭等40个地方的商号、商人捐资。以上这些地方多为汉水流域的商业重镇。在汉水流域的支流各个城市、集镇码头，如白河流域的南阳、赊旗店、汲滩，蛮河流域的武安堰，也有同乡们为修建会馆慷慨解囊。④

总的来看，会馆等同乡群体与家乡、其他各地的同乡之间有一些交往，但由于交通、通讯等因素，不同地方生活的同乡之间建立同乡网络不易，即使建立起同乡网络，也往往不能及时对请托做出

---

① 北京市档案馆编：《北京会馆档案史料》，第1332—1333页。
② 《南海增广会馆碑记》（1893年），北京市档案馆编：《北京会馆档案史料》，第1389页。
③ 吴江市档案馆：《江苏吴江市盛泽镇碑拓档案中会馆史料选刊》，《历史档案》1996年第2期。
④ 张平乐、李秀桦：《樊城山陕会馆碑刻及史料价值》，《湖北文理学院学报》2012年第12期。

反应，故乡谊流动并不频繁。不仅如此，会馆等与旅居地之外的政府并无什么互动。

近代，乡谊流动的扩展首先表现在地域范围扩大。乡谊流动参与者，由明清时期较单一的旅居地同乡，扩大到家乡的个人、团体和政府，他地同乡和非同乡，这种地域范围的扩大，反映了会馆等同乡群体交往面的扩大，乡谊流动的扩展。乡谊除了在旅居地流动之外（学界关于某地会馆的研究，通常会论述会馆与当地同乡的交往，鉴于旅居地同乡网络及乡谊流动已有较多分析，兹不赘述），还频繁地流向家乡、其他有同乡的地方。乡谊有时也在全国范围内同乡与非同乡之间流动。

（一）乡谊向家乡流动

清末以来中国社会发生巨变，政治、社会转型过程中各地政府机构设置及人员配备、市政建设、救灾、治安、经济建设、教育等诸多领域出现了种种问题。各地的政府和民间社会面对本区域内出现而又难以依靠自身力量妥善解决的事项，往往求助于各地的同乡，尤其是旅京、旅沪同乡诸公。旅外同乡也时常关心家乡。旅居地的会馆等同乡群体与家乡之间围绕救灾、苛捐杂税、贪污、扰民等出现乡谊流动。

家乡的人们常急切向旅外同乡求助。如北洋时期，广东西北二江潦水为灾，南顺三新肇高各属基围崩缺多数，中国红十字会广东分会电北京广州会馆梁任公、梁崧生、梁燕孙、麦信坚诸乡先生称："敝会携带粮食药物弛赴救济，灾深地广，任重费大。务乞关怀饥溺，速携巨款以拯灾黎。"①

---

① 北京市档案馆藏，《会馆档案》，J19-1-332。

有的是旅外同乡得知家乡遇到困境而向会馆等反映情况。国共内战时期,学生群体受到巨大的冲击。在徽州,皖北长淮临中的学生四百余人南下逃难到徽州。歙县旅沪同乡会会员吴渤等向歙县旅沪同乡会反映:"长淮临中的学生中有一部分三十余岁之中年人杂乱其间,冒充学生,扰民滋事。"吴渤等恳请歙县旅沪同乡会向旅外同乡呼吁及分电教育主管当局,责令该校校长返歙整顿或迁并雄村高中部上课。歙县旅沪同乡会迅即转呈歙县县政府,吁请解决该问题。①

交通通讯条件改善,各地之间的响应时间缩短,为旅居地与家乡之间的乡谊流动提供了方便。1947年,歙县旅沪同乡会会员吕耀章称,县府指派其家富户捐800万元,而其家并非富户。4月12日,歙县旅沪同乡会致函歙县杨县长、歙县县参议会议长,为会员吕耀章无力承担富户捐请求豁免。②1948年4月27日,歙县参议会回函歙县旅沪同乡会称:"吕耀章家境清贫,转请免缴绥靖捐一案,已转县府核办。"③从上海同乡启动乡谊流动,到歙县参议会做出回应,前后十几天时间。会馆等对同乡的请托响应时间也不长。1947年12月18日,在上海经商的歙县人吴其昌向歙县同乡会请托。吴其昌的弟弟吴世祯是一成衣工人,歙县县政府追缴绥靖捐未遂,即将吴世祯拘押,而后强令缴绥靖捐八千万元。吴其昌恳请歙县同乡会转电歙县参议会,查明征捐标准或条例,使民众有所遵循,借可解

---

① 《案据本会会员吴渤等函称》(1948年),上海市档案馆藏,《歙县旅沪同乡会档案》,Q117-27-9。
② 《致歙县县府及参议会公函为会员吕耀章无力摊派富户捐请求豁免由》(1948年),上海市档案馆藏,《旅沪同乡会档案》,Q117-27-20。
③ 《事由:为复吕耀章绥靖捐款事,已据转县府核办,用特先行通知,即希查照由》(1948年),上海市档案馆藏,《歙县旅沪同乡会档案》,Q117-27-20。

倒悬之危。①12月23日，歙县旅沪同乡会向歙县方念谐议长发出函文询问此事，②从吴其昌开始请托到旅沪同乡会做出处理意见，前后才5天时间。正是由于乡谊可以迅捷地流动，通过旅居地与家乡之间的乡谊流动促使摆脱家乡困境的才更有效率，效率高反过来推动了旅居地与家乡之间乡谊频繁流动。

乡谊通过电函、调查、集会等方式流动。近代电报的出现，通电成为乡谊流动的重要武器。北洋时期，粤东监狱学校的校长曾由霍乃晖充当，后来忽奉检察厅之令改派张福照接充。为此冯姓学生等四百人致电北京的广东会馆，声称："张曾与陈教员分任科学，大半旷课，教授落法，文理欠通，全体哗然，被校长辞退。教员尚不胜任，况属校长，学生誓不公认，全堂罢课，张不去必退学，现堂员全体辞职，乞维持免解散。"③粤东监狱学校的人事任免存在矛盾，一部分人便用通电的方式向北京的会馆等同乡群体请求罢免张福照。

乡谊流动可以利用通电形成舆论，有时还借助报刊媒体制造舆论压力。1932年，上海的安徽同乡会开始关注安徽官员的腐败和挪用公款的行为，通过联合北京安徽同乡会和安徽当地民众，他们取得了当地官员欺诈的证据，并在《申报》上公布了细节。通过各种通电和报纸上的新闻报道，同乡会起到了监督市政与当地政府的作用。④

---

① 《同乡吴其昌来函》（1947年），上海市档案馆藏，《歙县旅沪同乡会档案》，Q117-27-20。
② 《为函询歙县征收绥靖经费情形并希见复由》（1947年），上海市档案馆藏，《歙县旅沪同乡会档案》，Q117-27-20。
③ 北京市档案馆藏，《会馆档案》，J19-1-332。
④ ［美］顾德曼：《家乡、城市与国家——上海的地缘网络与认同（1853—1937）》，上海：上海古籍出版社，2004年，第207页。

交通工具的改善使往返旅居地与家乡之间变得更加容易，乡谊流动可以更方便地采取面谈、调查等方式。1914年，洞庭东山旅沪同乡会为故乡开河道事宜，调查预算，并具文呈吴县水利局，请为协助办理。①1922年，灾难性的洪水冲毁了潮州的堤坝和田庐。会馆派人前往潮州调查。调查员报告称，澄海、饶平和朝阳县至少死亡10万人。于是，上海会馆董事迅速募集了7.5万元救灾款，并向广州军政府列举了洪水引起的损失，要求在灾区减税。②

　　同乡常在会馆集会商讨解决家乡事宜。1916年，湘人在湖南会馆（北京）开会反对借款。③1920年，数千湖南籍旅京人士在湖南会馆（北京）召开了"湖南各界驱张大会"。1925年元旦，闽人集于福建会馆（北京）商议省长人选。④1916年，老西开事件的交涉中，直隶同乡会在畿辅先哲祠（北京）商讨对策，最后在此产生决议办法。⑤

　　旅居地与家乡之间的乡谊流动有时候直接指向家乡政府和团体。1915年，绍兴七县旅沪同乡会函请各县知事，设立放赈机关。⑥宁波同乡会也帮助减轻当地捐税，去除行政障碍。1921年石浦厅糖商因石浦商会强制征收糖税，向上海的同乡组织呼吁，在同乡会的干预下，石浦商会撤销了这项税收。⑦

---

① 洞庭东山旅沪同乡会《本会三十年来历届大事记》，上海市档案馆藏，《洞庭东山旅沪同乡会档案》，Q117-9-37。
② 同上书，第176页。
③ 《晨钟》1916年9月21日。
④ 王日根：《乡土之链——明清会馆与社会变迁》，天津：天津人民出版社，1996年，第60页。
⑤ 《晨钟》1916年10月29日。
⑥ 郭绪印：《老上海的同乡团体》，上海：文汇出版社，2003年，第583页。
⑦ ［美］顾德曼：《家乡、城市与国家——上海的地缘网络与认同（1853—1937）》，上海：上海古籍出版社，2004年，第175页。

不过，乡谊常流向家乡的上级政府，通过由上而下的方式解决家乡遇到的问题。1913年，洞庭东山旅沪同乡会即致电北京民国政府司法部，请保留故乡洞庭东山的司法机关并致江苏省政府函请保留洞庭东山的乡行政委员，以及东山的乡水警以利于地方安定，等等。①1914年，洞庭东山旅沪同乡会会同西山乡董禀请江苏巡按使齐燮元及苏常道尹在东西山各设县佐，以资治理。②1922年，绍兴七县旅沪同乡会函请浙江省长，督军筹赈。③1924年，绍兴七县旅沪同乡会函请浙江省政府主席等减轻负担。④1949年，歙县旅沪同乡会收到同乡方文斌等来函称："歙县田赋粮食管理处前任处长冯迪在任内利用职务之便，舞弊欺诈乡间善良百姓之财务，经方文斌等具状歙县地方法院依法检举后，冯迪屡传不到，并畏罪潜逃。"方文斌等函请同乡会代为分电各有关当局彻查贪污，以清吏治。歙县旅沪同乡会致函南京粮食部、屯溪安徽省政府、安徽省田赋粮食管理处、歙县县政府，控告歙县田赋粮食管理处前处长冯迪贪污粮食。⑤

有少数学者已经注意到了同乡群体的功能在近代逐渐向家乡扩展。窦季良认为同乡会馆战时的新功能中主要之点是"其功能推展到他的家乡，即由所在社区返回到老家去"。⑥他的看法非常有

---

① 洞庭东山旅沪同乡会：《本会三十年来历届大事记》，上海市档案馆藏，《洞庭东山旅沪同乡会档案》，Q117-9-37。
② 同上书。
③ 郭绪印：《老上海的同乡团体》，上海：文汇出版社，2003年，第583页。
④ 郭绪印：《老上海的同乡团体》，上海：文汇出版社，2003年，第586页。
⑤ 《为同乡方文斌等电请彻查歙县田赋粮食管理处前任处长冯迪贪污舞弊由》（1949年4月2日），上海市档案馆藏，《歙县旅沪同乡会档案》，Q117-27-10。
⑥ 窦季良：《同乡组织之研究》，南京：正中书局，1943年，第101页。

见地,但是需要指出的是,其实这一个所谓新的变化并不是从战时开始的,至少清末民初即有此变化。清末民初,无论是救灾还是治安,无论是军队还是市政,无论是经济还是教育方面,北京、上海等地同乡群体与家乡之间都存在大量乡谊流动,密集的旅居地与家乡之间的乡谊流动已经启动。

(二)城际的乡谊流动

北京、上海等地同乡群体的社会资源流向其他城市的同乡。这种流动主要有两个目的,一是共同关怀家乡、同乡事务;二是社会资源直接流向其他地方的同乡解决他们所遇到的难题。

近代,广东为全国赌博最为盛行的地区之一。民国初年,在广东禁赌事件中,各处广东同乡互相呼应。1913年,北京的广东会馆值年在一次传单里除了照译转送广州总商会主张开赌禁以维持纸币的电报外,还写道:"请开赌禁之电,连接数起,因其过于繁琐,故不俱录。"①1914年,甚至有人携带巨款来京运动解弛禁赌。此时旅京粤中名士纷纷反对开赌禁,1914年3月26日报载:"昨由梁士诒、梁启超等领衔复电广州总商会并电龙都督、民政长,请严申赌禁,惩办博徒。"②1914年5月31日,上海广肇公所召开会议认为,广东设焚毁纸币有奖义会即旧日铺票变相,与开赌禁无异,应该马上电京粤严禁,当他们把电报送给公所董事唐少川征求意见时,他认为需要先电询梁燕孙和梁任公问明实在情形后再做打算,会馆听从了唐少川的意见,于是发电报给梁燕孙和梁任公。③1915

---

① 北京市档案馆藏,《会馆档案》,J19-1-325。
② 《申报》1914年3月26日《旅京粤同乡痛论赌害之文电》,《近代中国社会文化变迁录》第3辑,第158页。
③ 《5月31日第18期会议》,上海市档案馆藏,《广肇公所议事部(1914年)》,Q118-12-112。

年4月25日，上海广肇公所会议记录中写道："汉口岭南会馆来函以粤省将开番摊字花，经由汉电京粤，请为严禁，嘱共挽危机等因。公议应公电京粤，请严行禁止，以靖赌风。"①这说明，不仅汉口岭南会馆就禁赌一事请托于北京、上海的广东会馆，而且上海广肇公所等也为此事向北京的同乡群体请托。青岛广东会馆就粤省准开牌捐事电北京的广东会馆，请其电粤省政府将牌捐严行禁止："顷接沪转粤省各公团电称，准开牌捐实即赌博，伤风败俗，贻害匪浅，乞电粤省将军巡按使速将牌捐严行禁止，以除赌害。"②1916年1月16日，上海广肇公所公议报告："昨报载京电，同乡京官已公请政府严行禁止（赌博）。"③可见旅京京官为禁赌一事曾联名请求政府严行禁止。

以上事件中乡谊流动轨迹颇为复杂，一是各地同乡致电北京的广东会馆；二是汉口岭南会馆就禁赌一事请托于北京、上海的广东会馆，上海广肇公所接到汉口岭南会馆来函再向北京的同乡会馆请托；三是青岛广东会馆接到上海转来的粤省各公团通电，又转请北京的广东会馆电粤省政府；四是这些会馆直接电粤省当局；五是通过报纸一起呼吁。同乡资源正是通过乡谊流动促使散布于各地的同乡联合行动，把这些在外同乡的意愿反馈到有关的地方，促使家乡事务的解决。人们围绕禁赌与弛禁之争虽然有各方利益考虑在内，但赌博等也关乎一个地方的社会风气，争论反映了人们对社会事务的关心。在此，请托者对会馆等同乡群体的期望主要不是直接从它

---

① 《1915年4月25日第10期会议》，上海市档案馆藏，《广肇公所》，Q118-12-102。
② 北京市档案馆藏，《会馆档案》，J19-1-332。
③ 《1916年1月16日第48期会议》，上海市档案馆藏，《广肇公所》，Q118-12-102。

那里索取什么具体物质性资源,而是把会馆等同乡群体看成一个具有影响力的同乡团体,希望它作为一个同乡团体负起一定的社会责任,对同乡事务施加一定影响。

上述乡谊流动中可以看出北京和上海是两个枢纽,多次收到来自其他城市的同乡的函电,也向他们发出不少函电。上海的会馆等同乡群体又比较看重北京同乡的意见,做决定前还先征求北京同乡的意见。北京、上海等地的广东同乡之间常常出现诸如此类的互动。如护法战争后,旅沪广东同乡集会筹商广东善后事宜,一致主张在沪设立广东善后协会,随时与和平会议南北代表接洽。广东善后协会发电报给北京的粤东新馆请其详加指示。[1]

城际乡谊流动有其地域性,上海的会馆等同乡群体对其周边城市的同乡辐射力较强。

上海的会馆等同乡群体与杭州等城市同乡时有互动。20世纪30年代,温州的士兵抢劫引发各处浙江同乡共同行动。在1932年1月25日,刘珍年部第一旅第一团第一、二两营的士兵们在泰顺县城三五成群,闯入民宅,大肆劫掠。[2]事件发生后,泰顺各法团发电报给温州旅沪同乡会,称兵变官兵,挨户搜劫,焚杀奸淫,无所不至。电请温州旅沪同乡会迅予呈请颁发兵灾急赈,严责刘珍年部赔偿损失,惩办叛变官兵,以救残生,以惩凶恶。[3]除了泰顺县各法团外,旅杭温处同乡联合会也与温州旅沪同乡会相互联系、配合。1933年2月23日,旅杭温处同乡会电函温州旅沪同乡会,要求

---

[1] 北京市档案馆藏,《会馆档案》,J19-1-331。
[2] 中国人民政治协商会议山东省委员会文史资料委员会:《山东文史资料选辑》第30辑,济南:山东人民出版社,1991年,第229页。
[3] 诸葛立准、卢礼阳:《温州旅沪同乡会史料》,温州:温州市政协文史资料委员会,2007年,第142页。

温州旅沪同乡会呈请军事委员会、军政部暨浙江省政府，迅予派员查明惩办。①2月26日，温州旅沪同乡会接到旅杭温处同乡会的函件："敝会深恐棉力薄弱，孤掌难鸣，用特专函贵会，以务希一致呼号，以苏灾黎而维善后。"②温州旅沪同乡会在收到电报后，致电南京军事委员会，要求"迅予派员到泰地调查，以安地方而慰民心"。③不久之后即收到蒋介石的回电，称："已派员前往密查。"④为了家乡的共同利益，两处同乡会联合行动，以实现同乡会之联络乡谊的宗旨。

永嘉县政府违反中央行政方针，横征水脚教育附捐。温州旅沪同乡会1933年4月7日致电温州旅杭同乡会称："务请一致声援，以纾商困。"⑤4月12日，温州旅杭同乡会回电温州旅沪同乡会。从文件看，温州旅杭同乡会并没有达到要求永嘉县政府停止征收税收的目的，但其间旅沪同乡会邀请永嘉张县长及出口商代表一起开会调解，最后就某些问题达成一致意见。⑥

除了家乡的事务牵动各地同乡联合行动，各地的同乡还请托于在北京、上海的会馆等同乡群体，促使同乡资源流向该处，以解决所遇到之难题。上海的会馆等同乡群体对南方不少城市的同乡会馆具有一定话语权，乡谊在上海的会馆等同乡群体与这些城市同乡之

---

① 诸葛立准、卢礼阳：《温州旅沪同乡会史料》，温州：温州市政协文史资料委员会，2007年，第141页。
② 同上书，第139页。
③ 同上书，第143页。
④ 同上书，第143页。
⑤ 同上书，第145页。方贤：《民国时期"温州旅沪同乡会"研究》，硕士学位论文，浙江师范大学，2012年。
⑥ 诸葛立准、卢礼阳：《温州旅沪同乡会史料》，温州市政协文史资料委员会，2007年，第147页。方贤：《民国时期"温州旅沪同乡会"研究》，硕士学位论文，浙江师范大学，2012年。

间流动频繁。

上海会馆利用自己的影响介入苏州等地会馆的馆产诉讼。1921年，苏州大新公司向苏州潮州会馆租地，但该公司除了1921年6月10日还过一次租金外，之后两年都没有交租金。1924年7月6日，上海潮州会馆讨论了苏州潮州会馆被拖欠租金案，会议决定派人去苏州了解情况。原来，在苏州大新公司建造房屋工程过程中，与姓赵的人发生纠纷被告到县里，随后该公司建造房屋的材料也被地方审判厅查封。经讨论，上海潮州会馆决定另派人择日去苏州地方审判厅起诉苏州大新公司，以便讨回租银。①该事件表明，上海潮州会馆与苏州潮州会馆之间不仅仅是普通的城际同乡会馆互动，上海潮州会馆对苏州潮州会馆还具有一定管理权，甚至连苏州潮州会馆的诉讼也由上海潮州会馆决定。

上海的会馆介入盛泽同乡会馆的馆产诉讼。1924年的《重修济东会馆记》（江苏吴江）载："洪杨劫后，无人过问，遂为觊觎斯产者将任城会馆所置田产盗卖。幸沪会得信，即起交涉。沪会王会长绍坡、赵会长聘三、原会长福堂，均热心公益，任劳任怨，凡有吾乡公产，莫不设法保存。是以亲赴盛泽调查实在，即于吴江起诉。往返奔波，不辞劳瘁，事经两年，始得解决，即呈领新单存证。"②上海与盛泽同乡群体为保护馆产而互相合作。

上海会馆联合南京等地同乡解决南通的会馆馆产问题。1934年4月，接南通潮惠会馆函，南通当局要将该会馆馆址改建为专员公

---

① 周昭京：《潮州会馆史话》，上海：上海古籍出版社，1995年，第14—16页。
② 吴江市档案馆：《江苏吴江市盛泽镇碑拓档案中会馆史料选刊》，《历史档案》1996年第2期。

署，请求上海潮州会馆援助。上海潮州会馆致函南通县政府指出，会馆是旅外侨商集资建筑，为同乡聚会之所，行政专员公署应就地方公产建设，请收回成命，以洽商情。上海潮州会馆还请有名望的同乡联名致函程县长，并邀其他同乡团体一致声援。在上海潮州会馆的努力下，迫使地方当局让步。1935年5月，又有军队占据该会馆，上海潮州会馆将南通潮惠会馆情况通报给南京潮州会馆，请在南京国民政府任职和在南京潮州会馆工作的萧吉珊出面，设法向省民政厅陈述有关情况。萧吉珊亲自向江苏省民政厅过问此事[①]，解决了当地驻军进驻南通潮惠会馆问题。

上海的会馆发动海内外同乡一起解决同乡会馆的产权纠纷。1926年2月，广州潮州八邑会馆致函上海潮州会馆称："张永福等人企图以改建广州潮州八邑会馆名义，霸占会馆产权。"上海潮州会馆当即致函海内外潮州会馆，并致电广州有关当局，指出："广州潮州八邑会馆前身是清同治年间，由旅居省城和香港潮州人绅商集资以团体名义创建，光绪二年改为潮州八邑会馆。并且有清朝和中华民国官印为凭的契约为证，决不能让张永福等人侵占会馆产权。"[②]

上海的会馆为苏州、盛泽、南通、广州等地同乡会馆馆产而分别与苏州地方审判厅、南通县政府、广州有关当局等交涉。上海的会馆根据需要调整乡谊流动，或者联合两城的同乡，或多城同乡联动。乡谊流动过程中，以上海为中心的同乡网络不断被塑造。

通过城际乡谊流动解决馆产纠纷的同时，还解救、帮助同乡。

---

① 上海市档案馆藏，《潮州会馆》，Q118-9-25、Q118-9-26。
② 周昭京：《潮州会馆史话》，上海：上海古籍出版社，1955年，第58页。

上海与通州、营口、汉口，汉口与北京之间都有乡谊流动。广东人许锡之在通州经商，1914年8月9日被通州知县拘押，其妻向南通潮惠会馆求助，潮惠会馆转而向上海潮州会馆求助。接到南通潮惠会馆电函后，上海潮州会馆迅速与上海广肇公所商议，将被拘留的许锡之救出，又资助他路费回乡。①香山人邓吉符在汉口经商，1919年，上京觅友，人地生疏，被警厅疑为党人，后在床下检出证据而拘捕了他。汉口岭南会馆联具公电恳请北京的广东会馆保释邓吉符。②1931年，汉口大水，绍兴同乡受灾惨重，绍兴七县旅沪同乡会与宁波旅沪同乡会及上海的四明公所，组织了宁绍急救汉灾会，筹垫款项，公推人员，随带粮食药品，订轮船三艘，开赴汉口，拯救被难同乡，从上海转道回原籍。③1915年，徐道生遗下营口北清公司芝罘轮船公司股票5股，徐道生遗孀徐袁氏委托杨文修代沽，杨将股票遗失。徐袁氏致函上海的广肇公所，询问是否能代向北清公司交涉，兑回股金。广肇公所接函后，多次与营口粤东会馆联系，请求协助。营口的同乡会馆积极向旗昌洋行经理疏通，使此事顺利得到解决。徐袁氏收到了营口寄来的830两股款。④

会馆通过城际乡谊流动参与厘金事务。19世纪中期，清朝政府开始征收厘金，商人团体与政府之间逐渐形成了一种互相容让的机制，由重要的会馆、公所来承担征税工作。⑤19世纪70年代前，潮

---

① 周昭京：《潮州会馆史话》，上海：上海古籍出版社，1955年，第57页。
② 北京市档案馆藏，《会馆档案》，J19-1-332。
③ 《1932年10月2日开第22届常年大会记事》，上海市档案馆藏，《绍兴七县旅沪同乡会档案》，Q117-5-6。
④ 郭绪印：《老上海的同乡团体》，上海：文汇出版社，2003年，第453页。
⑤ ［美］顾德曼：《家乡、城市与国家——上海的地缘网络与认同（1853—1937）》，上海：上海古籍出版社，2004年，第94页。

州商人向上海的外国公司购入鸦片，付税给上海官府，将鸦片从长江输入到镇江及内地。这些鸦片贩子将鸦片卖给控制镇江鸦片贸易的同乡人。

外国人达夫和戴维试图在镇江进行鸦片贸易。他们在1879年控告中国行会成员联合起来将他们排斥在贸易之外，违反了条约规定，要求赔偿他们的损失。案件由英国副领事和道台主持，加上英国陪审推事和中方知县。在这个案子中，中国官方支持潮州商人，因为会馆等同乡群体利用税金垄断权防止与洋商勾结的内地走私。会馆等同乡群体在镇江的英国商号周围安插人员，监视与商号来往的人。会馆意在保护潮州人的生意，这恰好与关注税源保护的中国官方利益一致。上海道台支持潮惠会馆的所有证词，甚至是伪造或者误导的材料。

上海潮州鸦片商和镇江广东会馆在上海洋药捐局举行联合会议，以确定镇江厘金征税安排。有关镇江厘金税则的草稿不是在镇江而是在上海，由上海潮州会馆起草。镇江知府甚至与镇江会馆董事组成代表团一起到上海，与上海的会馆进行讨论。①

上海与镇江的广东会馆之间通过乡谊流动参与厘金事务，歙县旅沪同乡会则利用乡谊流动抗议浙江厘金局扰商。20世纪20年代初，歙县旅沪同乡会为徽州商帮利益，进行了抗议浙江省厘金局浮收勒索苛扰商旅事件的活动。当时，从上海到徽州的沿途经过浙江省地界，遍设厘金关卡，肆意勒索商旅。7月，该同乡会函请浙江省长、财政厅，严令取缔，很快接到浙江财政厅复函称："已饬各

---

① ［美］顾德曼：《家乡、城市与国家——上海的地缘网络与认同（1853—1937）》，上海：上海古籍出版社，2004年，第95—96页。

局严行查禁。"①歙县旅沪同乡会通过乡谊流动促使浙江省在厘金关卡方面做出一定让步。

同乡资源在城际同乡网络流动显示：北京、上海的会馆等同乡群体是两个中心，两个中心之间乡谊流动频繁；两个中心各有受其影响的分支同乡网络，北京、上海的同乡资源又在其分支网络中流动而作用于政府。

（三）全国性事件中的乡谊流动

19世纪之前，会馆等同乡群体甚少涉及中外事务。近代以来，中国越来越多地被卷入到世界体系中去，中外交涉常常导致同乡资源流动越出同乡网络本身，不同地域的乡谊流动交织在一起，形成全国性乡谊流动。同乡资源在全国性事件中流动主要是反对丧失国家主权和损害民族利益的行为，控诉外国在中国的经济掠夺，抗议外国对华人的欺压和残杀暴行等。

当中国政府与外国打交道使中国的主权和民族利益受到影响时，人们常常奋起反对，联合北京、上海的同乡群体等向政府施加舆论压力。1921年，上海南海邑馆从报纸得知广东九龙租借地有推广至石龙之说，向北京的广东会馆等同乡群体等发出通电称："查石龙为粤东要塞，中华民国领土，何能租借外人。如果属实，我国民断难承认，务乞顾全民意，以保主权，曷胜迫切之至。"②1923年3月14日，日本政府致北京政府的牒文中，拒绝废除二十一条。24日，上海广肇公所与宁绍台同乡会发起市民大会，一致主张否认

---

① 《歙县旅沪同乡会第一届报告书》，上海市档案馆藏，《歙县旅沪同乡会档案》，Q117-27-3。
② 《上北京政府》（养电），上海市档案馆藏，《潮州会馆往来电报》（1921年），Q118-9-7。

二十一条,收回旅大,并决定成立上海对日外交市民大会,在收回旅大和废除二十一条前,实行对日经济绝交。3月25日,广肇公所召开特别会议,公推冯少山等三人为代表组成上海对日外交市民大会执行委员会。[1]1925年,关税会议在北京召开,上海广肇公所特开临时会议,决定致函北京关税会议委员,坚持关税完全自主,"否则,宁可停会,别筹对付办法"[2]。

处于半殖民地的中国,常常遭受外国的掠夺、欺压和惨杀,人们为此而向北京的会馆等同乡群体请托。当中国的民族利益受到损害时,往往会出现举国上下团结抗争的局面。如1925年英帝国主义残杀我同胞,制造广州惨案及沙基惨案,广东各界人士、其他地方的同乡及非广东同乡都致电北京广东会馆及全国人民,提出惩治外国侵略者,维护民族利益的主张。这时北京的广东会馆积极地响应,采取多种途径予以支持。6月3日,五卅运动中,上海广肇公所召开特别会议,拟请"会同粤侨商业联合会、潮州会馆电请北京段执政外交部并函江苏交涉员郑省长严重交涉,以维国权,而张公理"[3]。6月6日,湖社召集会议,致电外交部,措辞严厉,要求"力争惩凶、偿恤、道歉、收回公共租界、撤销英领事裁判权,修改对英一切不平等条约为最低限度"[4]。

---

[1] 《3月25日特别会议》,上海市档案馆藏,《广肇公所议事部(1923年)》,Q118–12–125。
[2] 《10月20日特别会议》,上海市档案馆藏,《广肇公所议事部(1925年)》,Q118–12–128。
[3] 《6月3日特别会议》,上海市档案馆藏,《广肇公所议事部(1925年)》,Q118–12–128。
[4] 陈蔼士等湖社同人246人:《致北京外交部沈总长电》,《湖州月刊》第2卷第5号,转引自郭绪印:《老上海的同乡团体》,上海:文汇出版社,2003年,第663页。

1923年，日本关东大地震后，日本维持秩序的"青年团"与在乡军人、警官、军队，用刀、剑、铁棒、铁钩等凶器，对我旅日华工肆意击杀。①1923年9月间，浙江温州两地遇难者即达数百人。当温州旅沪同乡会得知日本惨杀我国旅日华工事件后，多次致电北洋政府外交部，要求外交部与日本当局交涉。②在要求北洋政府外交部对日交涉的同时，温州旅沪同乡会派代表进京，同时致电旅京的同乡，请求在北京的五个温州旅京同乡会力予援助，就近督促外交部采取行动。③外交部派人前往日本交涉，④也提出了强烈抗议，但由于国力弱小，日方虽然承认有此事，却只将冈田警部以下，分别处以三、四年等有期徒刑。⑤温州旅沪同乡会知道后表示对结果不满意，认为日方"对于惨杀数百人，灭绝人道之案，乃只处数人以极轻之刑罚，侮蔑吾国"⑥。要求外交部"续提抗议，誓达惩凶道歉赔偿抚恤之目的，以雪国耻而慰冤魂"⑦。由于未得到外交部明确回复，温州旅沪同乡会1924年5月7日和6月17日再次向外交部呈文，要求外交部续提抗议，以保国权而雪冤抑，并且将交涉结

---

① 该事件的相关情况参见章志诚：《日本在关东大地震期间惨杀浙籍旅日华工与北洋政府对日本当局的交涉》，《浙江学刊》1990年第6期。方贤：《日本关东大地震期间温州旅沪同乡会的作为》，《温州职业技术学院学报》2012年第3期。
② 《温州旅沪同乡会致外交部电》，《申报》1923年10月19日，第13版。
③ 《温州同乡会再为被害华工之呼吁，致旅京同乡电》，《申报》1923年11月9日，第14版。
④ 《赴日调查专使致温州旅沪同乡会函》，《申报》1923年12月3日，第14版。
⑤ 《温州同乡致外交部电，惨杀侨胞案结果不满意，请向日政府提抗议》，《申报》1924年1月17日，第14版。
⑥ 《温州同乡致外交部电，惨杀侨胞案结果不满意，请向日政府提抗议》，《申报》1924年1月17日，第14版。
⑦ 《温州同乡致外交部电，惨杀侨胞案结果不满意，请向日政府提抗议》，《申报》1924年1月17日，第14版。

果宣示国人。①终于迫使外交部于1926年2月17日再次函复"温州旅沪同乡会",宣称"日人惨杀侨胞一案,迭经部中严重交涉,彼方虽承认赔偿,究以案重数微,未便率允了结,迄今尚正在交涉之中"②。

五四运动前后的乡谊流动抗议丧权辱国最为引人注目。

1919年,巴黎和会召开。2月6日,7个团体联名通电北京政府,呼吁拒绝日本要求,在巴黎和会上维护中国主权。其中四个是广肇公所和浙江、宁波、绍兴同乡会。1919年4月底,盛传青岛问题由五国管理。为了商讨对策,山东省议会驻沪代表王乐平在山东会馆开了两次谈话会。王乐平通报了巴黎和会上北京政府对山东问题的态度。旅沪山东同乡会致电北洋政府恳请:"电饬专使,据理力争,务达直接交还之目的。"③1919年5月4日,北京学生游行遭到镇压后,5月5日晚,山东会馆与世界和平共进会等21个团体召开紧急会议,决定于5月7日召开国民大会。

1919年5月6日,由上海广肇公所、宁波同乡会为代表,汤节之任会长的商业公团联合会率所属55个公团致电北京政府,要求释放被捕学生。还致电中国使馆转和会专使,要求直接交还青岛,撤废密约。5月7日下午,第一届国民大会按时召开。山东同乡会等57个团体参加会议。在此前后,王乐平等拜访了山东籍淞沪护军使卢永祥请其设法力争,又致电山东籍湖北督军王占元、衡州吴佩孚师长,请其速电政府,惩办卖国贼,以清内奸。④5月11日,旅沪山东

---

① 《温州同乡会再请交涉杀华侨案致外交部呈》,《申报》1924年5月7日,第15版。
② 《外交部函复温州同乡会》,《申报》1926年2月17日,第13版。
③ 《申报》1919年5月6日。
④ 《山东史志资料》1983年第3期,第105页。

同乡会在山东会馆召开大会，决定发出致济南各界、旅京鲁人和北洋政府三电。5月25日，上海商业公团联合会率61个公团，致电北京政府，要求"俯从商学界之公意，所有屡次请求各端，万望立即施行"。6月5日，上海三罢斗争迅速展开。当天，山东会馆即发出致北京大总统和国务院总理两电，抗议北洋政府逮捕学生。①6月23日，上海商业公团联合会等十余团体，议决急电欧洲专使，如违民意而签和约者，当与曹、章、陆同论。6月9日，吴佩孚致电北京大总统，要求释放被捕学生，公布外交始末。6月23日，山东协会对吴佩孚通电表示钦佩，同时呼吁全国鲁籍师旅长以上军官对时局加以注意。吴佩孚联合了冯玉祥等60名直系将领于7月1日发出呼应电，强烈反对和约签字。

　　五四运动中，各地同乡团体相互呼应，向政府施加压力。乡谊流动一定程度上影响了政府决策。

　　还有一些事件不关中外，但也属于全国性事件。1919年，上海广肇公所等反对南北分裂，呼吁续开和议。1919年3月2日，南方代表通电停止议和。次日，广肇公所会同宁波同乡会等53个团体在宁波同乡会馆成立"上海商业公团联合会"，其中包括同乡团体19个。5日，该会函南北议和代表，请续开和议。21日，上海商业公团联合会致电北京政府，要求南北议和代表于7日内续开和议。在各方呼吁下，南北议和代表于4月7日恢复谈话会。②

　　乡谊不仅直接流向旅居地或者家乡的政府，而且流向中央政府各部门和全国，甚至是世界舆论界，它联络起散布于各地的同乡要

---

① 《民国日报》1919年6月6日。
② 郭绪印：《老上海的同乡团体》，上海：文汇出版社，2003年，第459—460页。

人和同乡团体,借助各方力量促使事件的解决。乡谊流动中最主要的参与者来自旅居地同乡和家乡,其次为旅居外地的同乡。桑梓之情仍然是维系乡谊流动的主要纽带,桑梓之情在人们的社会生活中仍然占据重要的位置。旅居外地的同乡参与者又以北京、上海、汉口、厦门、青岛等政治中心、开放口岸城市和工商业城市的同乡较多,广大西部地区城镇很少有同乡向北京、上海的会馆等同乡群体请托。它说明乡谊流动的分布是不平衡的,这种不平衡与各地的经济发展水平和社会的开放程度有一定的关系。中国东部经济较为发达、社会较为开放的城市中乡谊流动较多,一些经济不发达、社会开放程度低的地区乡谊流动较少。乡谊流动中,非同乡参与者的出现则说明会馆等同乡群体处理事务时逐渐超越地域的限制。

二、参与者社会构成扩展

乡谊流动的扩展不仅表现在地域方面,而且参与者的社会构成也发生了变化。旅居地同乡是乡谊流动的主要参与者,并不是所有的旅居地同乡都与乡谊流动发生联系,那么,实际与会馆发生联系的都是些什么人呢?前文已在"权衡同乡资源"部分讨论了乡谊流动中的部分位高权重的同乡,在此主要分析一般同乡。

会馆的章程规约通常都提及了其一般成员。1915年,广东嘉应会馆(北京)规定:"本会馆为旅京同乡会集之所。凡在京供职及来京觐见应试求学及正经之营谋者均得居住。"[①]在京供职和来京觐见主要指在京做官之人,或在政府机关当差做事之人,在一般百

---

① 《嘉应会馆规约》(1915年),北京市档案馆编:《北京会馆档案史料》,第580页。

姓的眼里，他们都是官府中人。应试指的是投考学堂和参加高等职官考试的人，正经之营谋者，大约指做官读书之外而有正规职业的人。会馆规约反映了会馆意识里想联络的同乡是政府职员、学生和有正规职业者。

  关于会馆的一般成员，从当时的同乡录中可以知道一些实际情况。清末民初的许多会馆都比较注意同乡之间的联络，他们专门派人调查旅京的同乡，并编成同乡录。1915年《旅京福建同乡录》中共载有同乡502人，其中非政府职员约80人，而且这些非政府职员又以学生教员为多，其次是工商业者。1923年《旅京云间同乡恳亲录》登记同乡327人，政府职员约120人，学生约80多人。二者总和差不多占所登记同乡的三分之二，余则多为商界人士。1923年，《旅京安徽池属六邑同乡录》记载的173个同乡中服务于政府部门的约90人。①从这一时期的同乡录中我们发现，会馆的规定和实际调查结果基本相符，即和会馆发生联系较多的同乡是政府职员，其次为学生和商界同乡。

  清代旅京人口相对稳定，清末民国时期，京师外来人口逐渐增加。整个民国时期北京人口变迁的总趋势是以122%（1912—1949）的年平均增长率增长，与康熙二十年以后229年间的年平均增长率相比提高了五六倍，由于城市人口的自然增长率一直偏低，因此维持北平市人口122%的增长率的主要是外来人口的增长。②1912年，京师内外城的人口数为7.25万人、1.35万人，按照

---

① 《旅京福建同乡录》（1915年），《旅京云间同乡恳亲录》（1923年），《旅京安徽池属六邑同乡录》（1923年），首都图书馆藏。
② 韩光辉：《北京历史人口地理》，北京：北京大学出版社，1996年，第282页。

122%的增长率计算,京师每年增加的外来人口约七八万,加上原来旅居京师的人口,京师的外来人口数目日益庞大。

民国时期北京人口的年龄构成以少年和成年人为主,尤其以壮年人为多、性别比高。北京历年的婚姻统计中,已婚人口占宜婚人口的比重都比较低,而且在宜婚人口中,未婚男性远远多于女性,已婚男性亦大大超出女性。这不仅揭示了当时北京的人口出生率低、自然增长率也低的根源,同时还表明了进京谋生的外地人增加。[1]1915年,京师警察厅一个告示中说道:"近年以来各省人士之来京者日见增多。"[2]京师警察厅的判断与前面分析这一时期北京人口的年增长率、年龄构成、性别比例、结婚率所得出的结论基本相符,它们都反映出从清朝到民国旅京人士在总数上有较为显著的增加。

明清时期京师会馆主要联络的是旅京官员、商人以及乡试会试期间旅京的应试人员。他们流动频繁,大都是北京的过客,尤其是应试人员,多数人每三年才来一次京师,考试结束便又回到家乡。

民国成立,科举早废,欲图出身,唯学校是赖。京师为国之首都,学校林立,1919年,北京有专门学校和大学40余所,接受教育者多数来自全国各地。学生求学不必如科举时代,在家乡温习功课,然后到京师参加考试。现在则是直接寄居京师,在各个学校学习,居住相对稳定。

近代以来,交通便利,中央政府对京师的籍贯控制不如明清时

---

[1] 韩光辉:《北京历史人口地理》,北京:北京大学出版社,1996年,第285页。
[2] 《京师警察厅颁布管理会馆规则》(1915年),北京市档案馆编:《北京会馆档案史料》,第1页。

期严格,随着地方自治运动的发展,开始消除客籍和土籍的分别,在北京只要居住3年,就有选举权,成为北京的市民。另外,政治制度改变,在京师的各省官吏多有固定的职务(清代有候补官,多暂住等候外放),他们自己立起门户来,渐成定居之势。

于是,"肄业于京师各学校及服务于国家各机关者如云而起"[①]。京师科举士子消失,代之以学校林立,学生、政府职员的增加。旅京人员在继续流动的同时,其中一部分开始较长时间居于京师。会馆与旅京人士中相对稳定的人群,如政府职员、学生的联系便多了起来。

北京旅居者的状况虽然略有特殊,但与大中城市更多只是程度上的差别而已。近代以来,虽然政治制度开始变革,与明清已有很大不同,但仍是官本位的社会,政府职员在社会中占据着较高的社会地位。国内学生已经形成颇具规模的社会群体,展开了各种活动,发挥了重要影响,学界成为一种不容忽视的社会力量。近代商人活跃于社会的各个方面,其地位令人瞩目。与会馆联系较多的是政府职员、学生和商界同乡。政、商、学等各界社会精英介入乡谊流动,反映了民间社会精英阶层的扩大,并开始走向社会的中心舞台,发出自己的声音,展示自己的力量。

各界社会精英常以公益团体、商人社团、士绅社团及其负责人的身份参与到乡谊流动之中。

1920年1月13日,广东地方人士为广州政府与英商签定电车路合同事件给北京广东会馆的一封信中有以下一些署名:广州市电车路补救会全体干事员、国会议员何士果等、省会议员曾国琮等、最

---

① 《永新旅京同乡会会刊》(1916),首都图书馆藏。

惠行善院田志堂等、广济医院何仁卿等、广仁善堂杨绍文、爱育善堂冯公溥等、方便医院宋俊堂等、广州总商会姚抡三等、地方自治研究社梁远甫、商务研究所陆卓卿、救火慈善会梁孝鲁、述善堂明子远等、广东善后协会代表唐宝锷等、广州自治筹备会谢日如、漆器行陈德章等、八约团保分局赵慎初等、鲜果卤货行李月生等、靴鞋行欧阳明西等、牛皮行于晖如等。①国会议员、省会议员、地方自治研究社、广州总商会、爱育善堂等善堂、鲜果卤货行等七十二行是广州的重要社团，参与署名的几十人多为这二十个团体的主要负责人，他们代表了广州的主要社团和社会的重要人物。②其他请托者的身份大多与之类似，如救灾公所就是由广东省港澳官绅善商会办；广东粮食救济会即由陈廉伯、简照南等商界名流发起。

　　从明清到近代，推动乡谊流动的主体大多是有一定社会地位的个人或者团体，但是他们的内涵在一定程度上发生了变化。明清时期乡谊流动参与者多为士绅，包括获得各种功名和官衔的商人等。近代的乡谊流动参与者不仅仅包括地方的士绅，其范围更宽泛，他们在地方上的实力和声势强大，其职责较多。特别是清末北洋时期，由于中央政府对地方社会的控制力进一步削弱，地方社会多为公团及其负责人所控制，地方的利益实际与他们的利益关系甚重，所以他们愿意积极参与社会事务，同时又具备经济、文化和

---

① 北京市档案馆藏，《会馆档案》，J19-1-272。
② 晚清广州对城市社会控制发挥作用的非官方社会团体有四种，即街坊组织、商业行会（七十二行）、士绅结社（文澜书院19世纪前期）、慈善及公益团体（九善堂19世纪后期）。北洋时期，发挥作用的是商人社团七十二行、九善堂，广州总商会（1904年）、粤商自治会（1907年），士绅社团文澜书院、广东地方自治研究社（1907年）等。

社会方面的条件，具备通过信函电报或者直接前往北京、上海等地参与乡谊流动的可能性。所以，政、商、学等各界人士积极地参与乡谊流动。

乡谊流动的参与者常以公团面貌出现。国民政府和中华人民共和国时期将会馆等同乡群体作为意识形态意味浓厚的人民团体、社会团体加以管理。清末民初乡谊流动参与者往往自我认同为公团。

明清政府对民间结社保持一定警惕，但甲午战争以来，尤其是戊戌变法之后，中国的社团如雨后春笋，纷纷破土而出，与原有的社会组织共同构成了推动社会发展的重要力量。近代以来，无论是旅居地还是外地，以团体为单位的乡谊流动参与者增加。仅1920年1月13日，为反对广州政府与英商签订电车路合同，就有二十个团体踊跃参与乡谊流动，这绝非特殊现象，其他乡谊流动事件中也多以各种团体为其主体。会馆等同乡群体通常是受托者，但它又往往成为请托者，这与它的认同有莫大关系。

1917年3月4日，上海广肇公所举行全体特别大会，会议记录多次提及公团："宁波同乡会来函并送来请会衔与上海各公团致北京公电，请严守公决，始终中立等因……查阅该电稿业经由总商会、宁波同乡会等各公团加盖图章。公议，事关全国安危，各公团既皆盖章、本公所自当一致赞成。"[①]该记录显示，总商会、宁波同乡会、广肇公所等新旧组织都自我认同为公团。

1919年，广东商民寄给北京的广东会馆一份函件，痛陈财政厅杨永泰、警察厅魏邦平拆城修筑电车路合同违法贻害之事，[②]其

---

① 《3月4日第6期全体特别大会》，上海市档案馆藏，《广肇公所议事草册（1917年）》，Q118-12-93。
② 北京市档案馆藏，《会馆档案》，J19-1-272。

署名即为广东商民公团。1919年,北京的广东会馆给广州督军省长市政公所的信里也提到"广州电车路案发生,众论沸腾,省城港沪同乡人士暨公共团体函电交驰,陈说利害,联请设法阻止"[①],与之函电交驰的团体有哪些呢?就这次事件而言,广东会馆拟的电报要拍发的团体有香港华商会所,汉口、福州广东会馆;广州的省议会、自治研究社、总商会、九善社;上海的旅沪粤东客语同声社、广肇公所、潮州会馆等,而它所收到的函电也主要是以上团体寄来的。由此可以看出,广东会馆视野里的公共团体范围较广,既有会馆又有非会馆团体,既有旧的社会组织,又有新的社团,几乎包罗了当时社会上主要类型的团体。后人所称的新社团与传统社会组织,对生活在近代的人们而言并非泾渭分明,新社团和旧有社会组织都认同于"公团"。

京师河南全省会馆1912年的管理章程第28条明确规定:"嵩阳别业,除同乡公共团体开会,或宴会借用外,非系全省代表及高级官长,不得居住。"[②]嵩阳别业是京师河南全省会馆之一,在此开会的同乡公共团体主要指会馆。因而,会馆在自己的规章里,与其他团体的往来函件、电报中自称或者互称的"公团",是指公共团体。

公共团体又是法人团体。清末以来,政府已经承认民间结社的自由,而且从法律上着手管理会馆等同乡群体,会馆等同乡群体成为政府管辖下的法人团体之一。这相对于之前长期警惕结社算是一大改变。由于京师的许多会馆等同乡群体是同乡同业混合型

---

① 北京市档案馆藏,《会馆档案》,J19-1-276。
② 《河南全省会馆管理章程》(1912年),北京市档案馆编:《北京会馆档案史料》,第466页。

的，政府颁布的与会馆有关的工商业法令，从一个侧面反映了政府从法律上对会馆等同乡群体进行管理的事实。1904年，商部颁行的《商会简明章程》26条中，明令各省城市旧有的"商业公所"等一律改为"商会"，这就使工商业会馆变成商会并上升到法律的高度，甚至具有强制性。1918年，北京政府农工商部颁布《工商同业公会规则》宣布："本规则施行前，原有关于工商业之团体，不论用公所、行会或会馆等名称，均得照旧办理。"于是，工商业会馆与其他工商业团体一起被纳入该规则的管理范围之内。1923年，修正该规则时，又加入了一条补充规则："前项公所、行会或会馆存在时，于该区域内不得另设该项同业公会。"①会馆、公所改为商会，同为工商业团体的公所、行会、会馆改为同业公会，公所、行会、会馆与商会、同业公会一脉相承，政府将其一并纳入社会团体加以管理。由此，这些社团互相认同于"公团"也不难理解了。

国人研究会馆者，较早的要数郑鸿笙。1925年，他撰文指出："公所会馆基于社会之进化，及工商业之发达，自然集合而为一团体，初非有法律规定以为准绳，及民国成立，应时势之要求，政府颁布工商同业公会规则，认为有法人之人格，而付与权利义务能力。"②他发现了会馆在民国前后的一个重要转变，即由自然集合之团体转变成法律规定之团体，此论颇为中肯。

近代以来，会馆自我认同于公团，政府把它作为社团纳入法律管理的范围之内，人们眼里的会馆属于法律规定之团体，从这三个

---

① 彭泽益主编：《中国工商行会史料集》，北京：中华书局，1995年，第985—988页。
② 郑鸿生：《中国工商业公会及会馆、公所制度概论》，载于《国闻周报》1925年第2卷第19期，第21页。

方面来看，当时国家不仅意识到会馆这一公团的存在，而且已经行使管理会馆等同乡群体的职能。会馆等同乡群体以法律规定为准绳而活动，既要受法律的约束，又受法律的保护；既享有法律规定的权利，又须履行法律规定的义务和责任，从而使会馆等同乡群体与政府的关系进入一个新阶段，即由放任自流阶段到以法律为手段调整二者关系的专门管理阶段。

会馆等同乡群体在获得法律认可的同时，认同于"公团"，意识到自己作为一个公共团体而存在，反映出一种新的社会意识的出现。作为公共团体，会馆等同乡群体就要承担起公共团体的职责，对于一些公共事务应该有自己的立场，发出自己的声音，并付之于一定的行动。这恐怕是促使会馆等同乡群体关注社会事务，对人们向它请托之事热心受托的一个原因。当它自身无法直接解决这些请托，便自己成为请托者，向别的团体或政府请托。与此同时，他们也主动关心一些事务，主动就一些事情向外界请托而成为请托者。

近代以来，会馆等同乡群体由自然联合逐渐转变为法律规范下的公团，这是会馆等同乡群体发展史上的重要转折。表明随着社会的变迁，旧有的社会组织如会馆，在不断完善其组织与管理，不断改进其主要事务，不断调整自己与政府的关系，从而能够适应社会变迁而得以生存发展。

三、乡谊流动关注的问题日益宽泛

明清时期，人们更多的是利用会馆的馆舍，或在会馆居住，或在会馆里举行同乡团拜、祀乡贤、会餐宴饮、唱戏、为考中进士的同乡贺喜等活动。为举人、官员、商人提供居住和集会娱乐之所，一直被会馆看成是一件非常重要的事情,慈善救济的一个主要的方面即购买义园用以埋葬客死异地的同乡,这些都是利用会馆的房产和地产等物质性资源解决同乡面临的一些问题。

近代以来,旅京、旅沪的同乡和非同乡仍然在使用会馆的馆舍和义园。不过,使用馆舍的内涵发生了改变。比如关注家乡政务的众多同乡团体设立于会馆,这是明清时期难以想象的。兹列举数例如下:

表2—1　北洋时期北京会馆中的社团表

团体名称	设立地点	宗旨	发起创办者	成立时间	负责人及成员
旅京广东自治促进会	粤东新馆	实行民治主义	陈荣新	1920年9月26日	董事叶恭绰、王宠惠、梁士诒、梁启超等22人①
安徽同乡自治制度讨论会	安徽会馆	研究自治制度、排除自治障碍、期于实行自治	孙毓筠	1920年10月31日	江朝宗、余维铎、孙毓筠等,会员1200余人②
旅京河南自治促进会	嵩云草堂	联络感情、交换智识、促进地方自治	袁乃宽	1920年10月31日	评议员、干事员轮流到会办理,会员400余人③
湖北自治促进会	湖北会馆	促进地方自治、发扬民治精神	李治东	1920年12月28日	李治东、罗灿、鲁颂、陈赓尧、李安国,会员154余人④
江西省自治研究会	德兴会馆	研究江西自治	黄润生	1921年5月1日	蔡森、舒伟元、徐步垣,会员500人⑤

① 于彤、袁凤华:《北洋政府时期北京社团一览》,《北京档案史料》1991年第2期,第62页。
② 同上书,第62页。
③ 同上书,第62页。
④ 同上书,第63页。
⑤ 同上书,第64页。

续表

团体名称	设立地点	宗旨	发起创办者	成立时间	负责人及成员
旅京安徽废督裁兵促进会	安徽会馆	促进本省废督裁兵	吴健吾	1922年8月	吴健吾，会员78人①
旅京安徽废督裁兵协会	歙县会馆	运动废除督军、军事帮办、镇守使、裁减军队	王立	1922年7月19日	王立，会员65人②

近代使用会馆馆舍主要是举办各种活动。近代旅外人口激增，公寓和旅店得到发展，一部分旅外同乡住进了公寓和旅店。随着科举废除，新的选官制度开始实施，会馆收入的一个重要来源——喜金和捐赠中断了，一些会馆因为经济上的窘迫而出租房产，会馆房产的使用者与会馆之间的物质利益关系加强。非同乡借会馆的馆舍举行各种活动，请托者与会馆之间存在物质利益关系，即会馆着眼点在于出租房屋。所以，这时人们使用会馆的馆舍不仅仅是基于同乡关系的考虑。各种团体为着特定的目的在会馆中举行活动，他们或召开政治性集会，或宣告某个政党的成立，或为某省赈灾而演戏筹款，或为欢迎某社会名流而举行演讲……在会馆中举办的活动，人们关注的不再是充满乡情的馆舍与各种设施，他们主要是找到一个公共空间，使活动得以举行，活动本身才是他们关注的中心所在。

外地的人们请托于北京、上海的会馆等同乡群体，基本上不会涉及使用会馆的馆舍，他们请托会馆等同乡群体要解决的是一些事务性问题。

---

① 于彤、袁凤华：《北洋政府时期北京社团一览》，《北京档案史料》1991年第2期，第73—74页。
② 同上书，第73页。

明清时期，地方事务中很大一部分被民间的各种组织和人员所承担。清末以来，中国地方行政开始较大规模改革，家乡市政建设吸引了会馆等同乡群体的注意。随着近代市政机构的成立，政府逐步从民间的组织和个人手中接过这些地方事务，而且还开展了各种新的政务。新的市政机构在计划和执行政务过程中，与地方各种利益群体存在冲突，从而导致乡谊流动。宁波同乡会还发起当地的行政改革，甚至自己挑选当地的行政人员。1912年，宁波旅沪同乡会鉴于宁波百废待兴，地方政治事务亟须改革，同乡会推举朱葆三、虞洽卿、李徵五等13人，代表旅沪宁波商人，回宁波参加地方善后会议，并提议创设"六邑联合会"，以管理商务、财政、交涉各事，意图官绅合作，与国家机关相辅而治，共同办好地方事业。①1921年10月，镇海县决定设立堤防局后，同乡会要求宁波（会稽）道尹下令镇海县县长指导当地自治委员会成员组织该局，道尹赞成这个方案，并请上海宁波同乡会挑选该局的负责人。②1948年，宁波旅沪同乡会甚至组织乡政考察团回乡了解民间疾苦，监督地方行政，要求宁属各县政府将地方动态按月报告同乡会。③1931年，同乡谢国桃等函称，县自卫团队长马成德率队下乡索取枪洋，骚扰不堪，歙县旅沪同乡会请县政府予以制止。④1931年，歙县旅沪同乡会致电省政府、民政厅电，挽留缪县长。⑤1948

---

① 《宁波旅沪同乡会大事记》，1911年至1933年，上海市档案馆藏。
② ［美］顾德曼：《家乡、城市与国家——上海的地缘网络与认同（1853—1937）》，上海：上海古籍出版社，2004年，第175页。
③ 《宁波旅沪同乡会议案》，上海市档案馆藏，1948年。
④ 《歙县旅沪同乡会第9届报告书》（1931年），上海市档案馆藏，《歙县旅沪同乡会档案》，Q117-27-3。
⑤ 《歙县旅沪同乡会第9届报告书》（1931年），上海市档案馆藏，《歙县旅沪同乡会档案》，Q117-27-3。

年1月，休宁同乡会召集抗战后重新成立的大会。在这次会议上一致议决："电请休宁县府刷新吏治，严惩地方贪污案。"①1918年，洞庭东山旅沪同乡会称："前山西六村公民来函，因有不法巡士，至该村调戏妇女，向之理论，反被殴辱，已解所究办，深恐报复滋扰，恳请本会设法善后，当经函咨山董，请警所秉公办理，即将该巡士解县质讯，斥革了案。"②近代乡谊流动试图解决地方政务中出现的问题。

驻扎在家乡的军队，往往成为家乡的负担，乡谊为解决驻扎家乡军队的困扰而流动。

袁世凯死后，黎元洪继任总统。黎元洪任命龙济光兼署广东巡按使，委龙济光办理广东善后事宜。龙济光统治广东时期，广东人民对其倒行逆施深为不满。1916年前后，广东各公团纷纷向北京、上海的广东会馆等同乡群体发来电报信函，揭露龙济光祸粤事实，要求龙济光交缺离省，有的请"陆督军朱省长协力绥靖地方"③。旅京同乡陈锦涛、程壁光、谭学衡等多方奔走，与广东商民互通声气，一有消息就立刻告诉他们，当得知陆荣廷、朱庆澜行程后，即复电广州九善堂诸公："电悉，陆冬日由桂赴粤，朱即日出都。"④

1923年2月8日，广肇公所联合潮州会馆等沪上几乎所有的广东同乡团体，宣布成立"广东人民自决会"。自决会在给各省粤

---

① 《人民团体成立大会报告表》（1948年），上海市档案馆藏，《社会局档案》，Q6-5-1039。
② 洞庭东山旅沪同乡会：《三十年来历届大事记》，上海市档案馆藏，《洞庭东山旅沪同乡会档案》，Q117-9-37。
③ 北京市档案馆藏，《会馆档案》，J19-1-331。
④ 同上书。

民团体的通电中,历数军阀祸粤罪行,表示"宁为玉碎,不为瓦全"。①通电发出后,香港等地粤商纷纷发表通电或来函表示支持。广东人民自决会成立后虽然活动不多,但开启了会馆等同乡团体与家乡驻军交涉的新模式。

直系军阀江苏督军齐燮元与皖系军阀浙江督军卢永祥为争夺上海的控制权,虎视眈眈,战争大有一触即发之势。1922年,皖系军阀马联甲被任命为安徽军务督办,兼署安徽省省长。1923年,安徽同乡会(上海)获悉马联甲有与卢永祥勾结,参与到皖、直军阀争夺战中去的意图,并派员来沪与各银行接洽借款等情况。7月,徽宁同乡组织弭兵会,利用在金融界的巨大影响力,向上海银行公会、钱业公会发出公函,要求他们不要借款给马,以维护安徽的和平。②1923年9月3日,直、皖军阀争夺上海的江浙战争爆发。为避免战火殃及家乡,徽宁弭兵委员会派遣代表去蚌埠向马联甲请愿和平,并了解徽宁驻兵与广德屯兵的情况,马联甲一一做了解释。③

不久,又传来皖南增兵之消息。1924年,徽宁同乡会(上海)发出通电称:"唯是兵凶战危,古有明训,将来一旦祸发,吾民身当其冲,后患隐忧,何堪设想……同人愚鲁,拟贯彻和平初衷,决不忍使皖省卷入漩涡,甘为戎首……事关桑梓治安,务望吾皖父老兄弟共起直追,为皖民争人格,即为桑梓谋治安幸福,和平前途实利赖之。"④1月27日,徽宁同乡会再发出巩固和平的通电。⑤

---

① 《旅沪粤人组织自决会》,《申报》1923年2月8日。
② 《旅沪皖人阻止皖马借款,徽宁弭兵会致银行公会函》,《申报》1923年8月26日,第13版。
③ 《徽宁弭兵会委员会纪》,《申报》1923年9月18日,第14版。
④ 《徽宁同乡会对于皖南增兵之通电》,《申报》1924年1月17日,第13版。
⑤ 《徽宁同乡会巩固和平之通电》,《申报》1924年1月27日,第13版。

1926年11月初，国民革命军总司令蒋介石率领北伐军歼灭了孙传芳的大部分精锐部队后攻下南昌，一部分赣兵逃避于徽宁境内。蒋介石计划借道徽州进兵南京。11月24日，徽宁旅沪同乡会联合苏浙皖的部分同乡会等组织和平会。①

明清时期，会馆等同乡群体在经济方面为同乡所做的事主要有：借会馆以旅寓、保护同业利益、代办厘金，商务方面如帮规、商业习惯之制定、商业纠纷的调节、金钱借贷、仓库储存等。会馆代办厘金是太平天国运动以后才有的新事，会馆曾经代办厘金，随着厘金局的合并，厘金便由政府统一征收，同乡也不再把厘金交给会馆代办了。随着工商法规的相继颁布，专门审判调解机构如法院，商事公断处的设置，新式职业社团如商会的不断兴起，人们可以越来越多地依赖法规，而不是商业习惯办事；调解纠纷越来越多地依赖专门审判调解机构，而不是民间组织；保护同业利益逐渐依赖新式职业社团，而不是完全靠同乡组织；会馆的仓库储存等功能则渐渐消失。清末以来，在经济方面，乡谊流动的新动向主要表现在对地方经济政策和经济措施的呼吁。

会馆等同乡群体大规模与家乡的政府交涉，并参与经济建设始于清末。如光绪三十二年，四川会馆（北京）值年翰林院修撰骆成骧等同乡京官收到四川总督函寄川汉铁路股票并嘱咐他们在京招股，于是四川旅京同乡经公议，决定在永光寺四川会馆设立招股处，专门办理四川铁路招股之事。②

---

① 《徽宁旅沪同乡会第三届报告书》（1926年），上海市档案馆藏，《旅沪同乡会档案》，Y4-1-304。
② 见第一历史档案馆巡警部档237号，《四川会馆值年京官等为在京集股开办川汉铁路备案呈文》。

进入民国，乡谊流动越来越多地介入各地经济政策和经济措施的讨论。胡汉民、陈炯明秉政时，广州西门清平十约商铺四千余房代表苏自强等反对省长对广东的妓院弛东禁西，请北京的同乡诸公速电粤，准一律开复以苏商困。①香港粤路董事局的总理一月由大元帅派林直勉接充，将旧职员撤换。香港粤路董事局电北京广东会馆称："大元帅用人不当，以致激动公愤。现本路职工全体罢工，公司公受损失，请联电政府维持。"②广州七十二行商务总会总协理向北京的粤东新馆请托："近闻部电将广东卤饷以银毫为本位折收纸币。查纸币系信用品，中央且不信用，难怪人民疑敌……连日人心惶惶，恐酿大变，应请饬将卤务仿照旧暂收纸币。"③抗战胜利后，1946年8月21日，歙县旅沪同乡会分别致电安徽、浙江两省建设厅，请求修复徽杭公路。④9月初，浙江省、安徽建设厅回复歙县旅沪同乡会，⑤均指出，徽杭公路划归国道路线，属交通部公路总局第一区公路工程管理局管辖范围，所请恢复徽杭交通，可径向第一区工程局申请。在第一区公路工程管理局的经管下，杭徽公路于次年抢修完工，重新通车。

明清时期，会馆等同乡群体直接为同乡们提供经济方面的服务和帮助。近代，乡谊流动中涉及的经济方面事务已经超出了会馆等

---

① 北京市档案馆藏，《会馆档案》，J19-1-332。
② 北京市档案馆藏，《会馆档案》，J19-1-332。
③ 北京市档案馆藏，《会馆档案》，J19-1-331。
④ 《为呈请浙江、安徽建设厅修筑杭徽公路以利商旅由》（1946年8月21日），上海市档案馆藏，《歙县旅沪同乡会档案》，Q117-27-13。
⑤ 《浙江省建设厅函复已代转第一区公路管理局修复杭徽公路由》（1946年9月4日），上海市档案馆藏，《歙县旅沪同乡会档案》，Q117-27-13。《安徽省建设厅代电复本会请求修复杭徽公路由》（1946年9月7日），上海市档案馆藏，《歙县旅沪同乡会档案》，Q117-27-13。

同乡群体本身能力范围，会馆等同乡群体通常无法仅仅靠自己的力量予以解决。乡谊流动主要是希望通过会馆等同乡群体对政府施加影响，使其改变经济政策或者改变经济措施，政府才是解决问题的最终决定者。

1905年以前，许多北京的会馆等同乡群体都或多或少为同乡举人参加科举考试服务，会馆等同乡群体不仅仅解决来京试子的住宿，而且它还为这些试子们提供一定的经济资助，为应试的举子进行辅导甚至考后打关节，走后门。较为典型的是光绪三十年的甲辰恩科会试，福建籍的侍郎张元奇、郭曾和陈壁等京官轮流到福建馆给福建的举子指点，恰逢陈壁任读卷大臣，直接参与录取工作，因此，他每天都到福州二馆，督同试子，练习大卷。不仅如此，他还派快马等候在会馆前，殿试出来后，福建的举子立刻把试卷的内容写成诗用快马告诉他，让他在参与评卷时心里有数。①

清末科举废除后，北京同乡会馆为进京举子服务的功能发生了转变。人们在教育方面主要获得经济方面资助，利用会馆提供的馆舍住宿或求学，希望会馆等同乡群体对政府教育政策措施及一些学校的具体事务施加影响等从而启动乡谊流动。

1912年，广东教育司司长钟荣光任职期间，全力推行教育总长蔡元培的民主办学方针，废除清代尊孔读经的规定，拆毁封建匾额、旗杆及神像，改科举试场为体育场，成立中小学教科书编委，改革旧学，提倡新学。港商陈露泉等反对此事，于是致函北京的广东会馆，请托会馆对此事商讨对策。粤东新馆于1912年八月初六日发出了一份开会通知："公启者现接港商来函称广东教育司取消孔

---

① 李景铭：《闽中会馆志》第2册，第108—109页。

教，此事关系全粤人民信教问题，我同人亟应研究，务请于八月初十日午刻一钟至三钟驾临南横街粤东新馆集议一切。"①此事遭到旅京同乡冯自由等人的反对。冯自由八月初九即给会馆来信，认为"开会讨论钟荣光取消尊孔一事实深诧异"，最后忠告道："愿公等毋堕其术中，致有盲从之诮。"②另一东莞同乡冯镜镰也来信就此事发表自己的意见。关于广东教育司取消孔教问题的请托，反映了新旧政权交替时期，新旧教育观念存在冲突，人们请托于北京、上海的会馆等同乡群体，希望旅京、旅沪同乡出面干预。

1925年，广东政府派员接收广东公医学校，并且要把它归并到广东大学。广东公医毕业同人会发表了《广东公医毕业同人会对于政府收管母校宣言》和《广东公医毕业同人会对于政府收管学校之通电》，广东公医医科大学校董发表《广东公医校院校董大会对广大收管校院之通电》，一些学生也对此事发表了快邮代电，请各界诸公鼎力维持。③广东公医医科大学是私立学校，不愿被政府接收，于是通电寻求支持。

无论是政府教育政策和措施等方面请托，还是学校的具体事务等方面的请托，都明显不同于明清时期会馆等同乡群体在教育方面给同乡们提供的服务。这一时期人们向会馆等同乡群体请托的教育方面内容与新旧中西教育宗旨、方针、内容及教育制度、人事任免等方面冲突紧密相连，许多内容属于社会性事务，而非个人性事务，它们大都不是会馆等同乡群体受托后就可以直接产生结果，而是需要会馆等同乡群体与相关的部门和人员交涉后才可能产生结果。

---

① 北京市档案馆藏，《会馆档案》，J19-1-259。
② 北京市档案馆藏，《会馆档案》，J19-1-259。
③ 北京市档案馆藏，《会馆档案》，J19-1-284。

近代以来，乡谊流动由旅居地延伸到家乡及各地的同乡，由同乡扩展到非同乡。这一时期乡谊流动涉及救灾、治安、军队、市政、经济、文化教育、对外交涉等方面，它包罗了当时中国社会的主要问题，其内容之宽泛，是明清时期难以比拟的。如果说，清末新政以前的会馆、公所在地方社会公益中发挥的职能，更大程度上是在国家职能之外产生、填补秩序真空的行为。那么，清末新政改革，则把会馆、公所的发展与现代国家的构建联系起来。会馆、公所、商会的职能越来越多地受国家职能扩展的影响。①

第二节 乡谊流动的分化

乡谊流动的分化与扩展并存。乡谊流动的分化，一是乡谊流动化入其他组织中，即同乡组织活跃于商会、同业工会、工人组织甚至政党背后；②二是同乡组织与非同乡组织一起活动，互相呼应。近代以来，在寻求会馆等同乡群体帮助时，人们一是只向会馆等同乡群体求援；二是既向会馆等同乡群体求援，又向其他个人、组织及政府机构求援。第一种方式越来越少，这对某一个会馆而言，其所承担的责任被分散。

在中国社会里，个人或者团体以自己为中心构建起地域、亲族、同事、同学、结拜兄弟和师生关系网，一遇到困难之事，个人或

---

① 冯静：《中间团体在现代国家形成中的政治功能研究》，博士学位论文，复旦大学，2007年。
② 裴宜理等人的论著对此有所讨论。裴宜理：《上海罢工》，南京：江苏人民出版社，2001年。

者团体往往将目光投向自己的关系网，从中寻求可利用的资源，只要哪里有一线希望，就会向它发出求助信号。会馆是人们同乡关系网的重要组成部分，因此，会馆等同乡群体就有可能被当作求助对象之一，从北京的广东会馆所收到的信函电报的称呼可见一斑。

"沙基惨案"发生后，长沙广东同乡会发出呼吁信，请"广州胡省长均鉴，广州总商会、各团体、各报馆均鉴，北京、天津、上海、汉口、奉天、营口、旅顺、济南、烟台、张家口、胶州、重庆、宜昌、南京、宁波、杭州、福州、厦门、梧州等埠广东同乡会鉴，神户、横滨、海防、星嘉坡、爪哇、马剌利、旧金山、曼谷广东同乡会转各埠同乡会鉴"[①]。此信提到的请托对象包括28个城市的同乡，除了国内20个城市的同乡外，还有国外如日本、东南亚、美国等地的同乡。北京只是众多城市之一，北京的同乡只是各地众多同乡的一部分，换言之，北京同乡会馆仅仅是长沙广东同乡会的请托对象之一。

1924年，卢宗缙为驱逐孙中山，拥戴陈炯明，向各地同乡组织发出的快邮代电，以寻求支持。被其请托的对象有："香港华商总会、各邑旅港商会、上海广肇公所、粤侨商业联合会、大埔同乡会、香山同乡会、南海会馆、顺德会馆、北京旅京粤人联合会、汉口旅鄂人同乡会、广州总商会、商团、联团、总公所、各邑商会、各市镇商团、乡团、诸公鉴，广州报界公会、香港报界公社各主任先生。"[②]这里我们看到的"北京旅京粤人联合会"仅仅是全国各地各社团的一个。可见如卢宗缙这类个人的请托中，北京的会馆等

---

① 北京市档案馆藏，《会馆档案》，J19-1-282。
② 北京市档案馆藏，《会馆档案》，J19-1-326。

同乡群体也只是众多被请托的对象之一。

1915年，财政部改订印花税规则，广东各商行发电报十余封到北京的广东会馆，反对十元以下贴用印花，电报的称呼多为"分呈政事堂、大总统、参政院、财政部、广东会馆、同乡京官钧鉴"。①这类多数请托者为同一件事而进行的请托中，广东会馆、同乡京官往往也只是请托者要求助的对象之一。

北京、上海的会馆等同乡群体受理后，采取的应对之策同样反映了请托者的这种心态。

1919年1月17日，广东财政厅长杨永泰、中国银行广东分行和地方实业银行与日商台湾银行签订借款76万日元，以广州电话局、广东烟酒税及纸币56万4千元为担保。此款用于维持中国银行广东分行所发纸币。

留学生吴茝湘把广东财政厅以电话电车抵押给日本贷款的事发函通电出去，被在北京的广东会馆所获知，于是他们发出了开会公启："顷得吾粤函称，近因扩张军备拟将电话电车权卖与日本，先用本省人士名承办，间接抵押日人，已经财政厅长杨永泰批准，请设法打消等语，特将条件印派，俾公同研究，务于本月16日即夏历15，星期日下午一钟到南横街粤东新馆会议。"

3月16日，就此事在粤东新馆会议，辛宝慈、崔登瀛等因病因事不能出席，但来信提出对付之法数条。到会的76名粤籍同乡经过讨论做出以下决议：

1. 联衔呈大总统及国务院外交内务交通陆军参谋各部，请大总统速饬外交部用正式公事向日本公使声明系人民请愿决不承认。

---

① 北京市档案馆藏，《会馆档案》，J19-1-330。

2. 电广东政府及省议会，研究社、商会、九善社、各机关、报界力争。

3. 电香港、上海、天津、汉口、外洋各华侨力争。

4. 电唐朱陆岑伍李翟陈胡诸公。

5. 电日本留学界及章公使向日外部交涉并向驻京各国公使团主粤各国领事团声明决不承认。

6. 登北京《太晤士报》《上海字林西报》《大陆报》《路透社报》以巴黎为主。

7. 函请参众两院广东议员提出阻止。

8. 公举梁士诒、林竹君代表全省意见谒见大总统。

9. 志愿组织一个主任团体对此事定期商议。

会后起草了给各处的电文信函，包括请同乡梁士诒谒见大总统的信函，主任团体得以组织。经在京的各位同乡为此事多方奔走活动，最终促使北京政府向外交团声明不承认此项借款。

3月31日，交通部批文给原具呈人广东旅京同乡林绍斐等，批文告知已经函询国务院并咨外交部向日使声明此项契约未经中央承认，概属无效，还咨达内务部。4月17日，外交部下批文给广东旅京同乡林绍斐等，批文表明，外交部已经就广东财政厅与日商订立电话电车借款契约一事照会日本公使，请他们查明，如果订有此项契约，严令该日商取消。日本外务省复称，此项借款订约之说全然事属无稽。4月24日，交通部又发公函给广东会馆的林绍斐，转达外交部的咨文，请他们查照并转知广东省同乡诸君。①

这次事件中，北京的广东会馆开会决议的办法约9条，会馆向

---

① 北京市档案馆藏，《会馆档案》，J19-1-276。

多方请托，其求助对象既有国内的又有国外的，既有政府又有非政府力量，既有个人又有团体，既有机关人员又有报纸等传媒。

1921年，上海公共租界乔杨案，可以看到乡谊流动化入其他社会网络，发挥更大的作用。1921年6月5日，上海公共租界四川路致远呢绒杂货号伙计乔学歧、杨镜泉被英属锡兰人彼得斯枪击毙命（以下简称乔杨案）。①该案发生后的第二天，上海《申报》报道了这起突发命案。6月3日午后一时，彼得斯在致远号购香水一瓶。彼得斯于4日往致远号要求调换。乔学歧称，既已开瓶，不能再调换。5日，彼得斯又至该号，要求再调，杨镜泉出面解释并严词拒绝调换。彼得斯于是拿出手枪向乔喉部开枪，向杨脑部轰击，二人立即倒地，彼得斯第三枪，再打该号刘裕华，刘迅即避开。彼得斯乘黄包车而逃，为对面茂生利伙友所见，当即与余姓一同追捕。追到华兴木器店，彼得斯又由车内取出手枪来向刘开枪，刘即紧抓彼得斯之手。此时，有印捕313号前来，将刘推开，即将彼得斯手中之手枪拿下。彼得斯下车，刘即回店，而余姓继续追捕，捉住凶手，其时有979号华捕走来，余姓与凶手同赴虹口闵行路捕房，313号印捕及979号华捕均随往该捕房。②乔学歧是浦东人。杨镜泉是广东香山人，为四川路商联会发起人之一。③彼得斯，曾任工部局救火会员役，6月1日辞职，案发时尚无正式职业。④

---

① 关于案犯的姓名有不同称呼，或称彼得、比德，或彼得斯、彼得士者。除原文照引外，本书统一称作彼得斯。该案主要内容参见彭南生：《1921年上海公共租界乔杨案抗争的多重驱动——兼论近代上海马路商界联合会与同乡会的关系》，《浙江社会科学》2010年第3期。
② 《换香水开枪击毙两命之重案：凶手为外人》，《申报》1921年6月6日。
③ 《五志换香水开枪击毙两命案》，《申报》1921年6月10日。
④ 《致远店伙被害案之讯结：凶犯彼得判处死刑》，《申报》1921年7月6日。

案发当日，四川路商联会立即召开紧急会议，上海广肇公所也召开紧急会议，决定公推汤节之、卢炜昌，一面延聘律师，一面与被害人家属接洽，与各团体一致行动。①汤节之为广东高要人，时任广肇公所董事，上海《商报》总经理。1921年9月当选为上海各路商界总联合会总董，卢炜昌也是广肇公所董事，时任中华工界协进会会长。案发所在地的四川路商联会与案件受害人籍贯地之一的广肇公所在案发后立即行动起来，迅速成为抗争的核心。广肇公所还联合四川路、南京路商联会等发起组织各团体联席会委员会，专门应对乔杨案。在四川路商联会、广肇公所等团体的呼吁下，为乔杨案抗争的范围在不断扩大，一些非街缘、非乡缘的马路商联会、同乡会纷纷参加进来。

6月7日，南京路商联会召开紧急会议，决定函促总商会开会讨论，并推举代表赴广肇公所、宁波同乡会发起召开各路商界联席会议。②当天开会声援的还有宁波同乡会、绍兴七邑旅沪同乡会等。③6月8日，英领署公堂对乔杨案进行了初审。当天不仅公共租界上的马路商联会，法租界、华界上的马路商界团体也积极行动起来，加入到共同抗争的行列。④6月9日午后，英领署公堂续审乔杨案。检察官认为，"当华人愤集之时，印捕或有驱众清道之必要。当时渠不知此为何事也，警察见旁观者，意欲干涉拘人事，则推去之，此乃在所不免之事"。⑤是日晚7时，广肇公所、宁波同乡会、

---

① 《换香水开枪击毙两命案续志》，《申报》1921年6月7日。
② 《换香水开枪击毙两命案三志：各团体均开紧急会议》，《申报》1921年6月8日。
③ 《四志换香水开枪击毙两命案》，《申报》1921年6月9日。
④ 《四志换香水开枪击毙两命案》，《申报》1921年6月9日。
⑤ 《五志换香水开枪击毙两命案》，《申报》1921年6月10日。

绍兴同乡会、浦东公所、各路商总联会等28个团体代表在广肇公所召开联席会议。广肇公所代表汤节之指出，此案事情重大，须有人切实负责，共同研究进行，方无阻碍，主张先举若干人、组织一委员会，从法律方面慎重研究。众人赞成该提议，并推定商总联会郑鹔鸹、绍兴同乡会曹慕管、宁波同乡会任矜蘋、广肇公所汤节之、四川路陆文中、南京路蒋梦芸、法租界江锦春等七人组成各团体联席会委员会，统一抗争行动。①

6月10日下午，浦东公所为同乡乔学歧等被毙案召开紧急会议，到者数百人，会议进行了两个小时，围绕抚恤、送殡、交涉、聘请律师、惩办凶手、惩治纵凶者、奖励捕凶者、取缔租界外人携带武器等议题进行了讨论。②此外，川沙县商会、大埔同乡会等团体也纷纷召开会议，或通电予以声援。同乡组织之间还加强联系，采取一致立场，浦东公所推选倪菊裳、潘振声为代表参加广肇公所有关乔杨案的专门会议。

6月11日，各团体联席会委员会举行第一次会议，讨论了乔杨案的善后事宜，会议决定向加入联席会的各团体筹募经费，聘请律师，抚恤死者家属。③6月12日，上海马路商联会、同乡会、同业公会等64个商界团体约千余名代表为乔、杨举行出殡，执绋送行。④7月5日，该案在英按察使署开审，许秋飘交涉员代表中国政府到堂观审，宣判"处该锡兰人彼得士死刑"，⑤并于8月3日执行

---

① 《五志换香水开枪击毙两命案》，《申报》1921年6月10日。
② 《六志换香水开枪击毙两命案》，《申报》1921年6月11日。
③ 《九志换香水开枪击毙两命案》，《申报》1921年6月14日。
④ 《八志换香水开枪击毙两命案》，《申报》1921年6月13日。
⑤ 《致远店伙被害案之讯结：凶犯彼得判处死刑》，《申报》1921年7月6日。

绞刑。①各团体联席会委员会亦代乔、杨家属募集恤金,以维善后。②至此,乔杨案的抗争与善后行动基本结束。

案发所在地的街区组织——四川路商联会和受害人籍贯地的同乡组织——广肇公所与浦东公所,成为抗争的发起者与组织核心。在乔杨案的抗争中,"同乡"的概念溶于鲜明的、基于共同命运的民族意识,成功地使得抗争行动超越同乡范围。

南北对峙之时,上海广肇公所发起国民大会策进会,将乡谊流动化入更大的社会网络之中。1917年,护法战争打响,段祺瑞命令北军向南方各独立省份发动进攻。1920年6月13日,吴佩孚在郑州发表了召开国民大会以解决时局的通电。8月13日,上海广肇公所召集特别会议,对于吴佩孚提倡国民大会事一致赞同。③8月15日,广肇公所、宁波旅沪同乡会、全国烟酒联合会、上海纸业公会等团体,在广肇公所召开联席会议,一致决定赞成吴佩孚召开国民大会的倡议,发起国民大会策进会,并联络更多的团体,推动国民大会倡议的实现。策进会的事务所设在广肇公所。国民大会策进会很快得到了上海各社会团体的响应,要求加入的团体迅速增加。8月21日,正式加入国民大会策进会的沪上团体已达到一百多个。以广肇公所为代表的旅沪广东同乡组织对国民大会策进会的成立,起了关键作用。广肇公所不仅是该会的主要发起者,8月21日策进会的干事选举中,广肇公所的霍守华、冯少山,宁波同乡会的袁履登等人是获票最集中的几位成员。广肇公所等同乡组织联合其他团体,形成国

---

① 《致远号命案凶犯执行绞刑纪》,《申报》1921年8月4日。
② 《乔学歧父之谢函》,《申报》1921年7月5日。
③ 《广肇公所赞成国民大会》,《申报》1920年8月14日。宋钻友:《南北对峙与上海广东社会内的政见纷扰(1917—1927)》,《史林》2007年第5期。

民大会策进会,自己则厕身其间,成为更大团体的一员。

明清时期,旅居地的外地人数量有限。乡谊流动中,旅居地的人们在当地可以找到的请托对象极其有限,除了会馆,难以找到别的受托者。因此,其请托对象十分明确,多一心一意向会馆请托以解决住宿或者其他问题。

近代以来,人们在遇到困难时,会向各种可能给予其帮助和支持的社会力量求助,而北京、上海的会馆等同乡群体由于有丰富的政治资源和信息资源,因而成为人们十分看重的请托对象。请托者并非只注意到某一个受托者,而是寻求一切可以利用的途径,利用各种可利用的社会资源解决自己面临的困难,这就是请托者方面表现出的合众力而请托之。受托者只是众多受托者之一,而不是全部。

乡谊流动的扩展势必导致乡谊流动频率的加大,同时,也会增加乡谊流动的负荷。而乡谊流动的分化常常凝聚起各种力量,起到增强同乡资源的效果,从而更有力地作用于治国。当然,乡谊流动的分化也使同乡资源在作用于治国时声音被淹没,成为和声之组成部分,而不能独显。

第三节 乡谊流动的分歧

为应对一些事件同乡网络的内部有时出现分歧。从1919年广府学宫等事件中可以观察到各方在乡谊流动中扮演的复杂角色。

1919年初,成立仅三个多月的广州市政公所便提出拆毁广府学宫(广州府的学宫)一部分以修筑马路的方案,遭到粤绅的强烈反对。①围绕拆广府学宫与修筑马路的纠纷历时数月,广州市政公所、粤绅与在京广东会馆等函电纷驰,"几于倾动全国"②。

明清的学校分国学与地方学。国学也叫太学,即国子监。地方学主要有府、州、县学和社学。府、州、县学宫即相应的府、州、县学的建筑物。学宫又叫文庙,有时被称作孔子庙,孔庙。③

广府学宫始建于宋庆历年间。当时,皇帝下诏兴学校,广州西城番市的旧孔子庙被改为学宫。皇祐二年(1050),经略使田瑜将学宫迁往郡东南隅。熙宁元年(1068),张田拓展东城,又将它迁到国庆寺东。绍圣三年(1096),广州知府把学宫迁到东南隅番山下,即后来广府学宫所在地。

元明清各代,广府学宫多次被毁坏,也多次被重修。清末民国时期,广府学宫的主体建筑是大成殿和明伦堂。大成殿居中靠前,其前为泮池,其后为崇圣祠。崇圣祠东边为明伦堂。名宦祠、仰高祠靠近学宫东街,位置在学宫的中部偏后。学宫东北部分为教忠学校,④北边有孝悌祠。文昌宫位于学宫的东南部。

学宫初旨都在养士育才和教化。但后来学宫主要成为教化与礼仪体系的物化象征。洪武初年,廖永忠感叹道:"学而为教养之宫,此而弗理,何以宣教正俗?"⑤可见,"教养""宣教正俗"

---

① 粤绅在本书指以广府学宫明伦堂为主的广东地方士绅。
② 广州市档案馆,全宗号4-01-目录号1-案卷号263-2。
③ 有时,孔子庙、孔庙特指学宫中的大成殿。
④ 1902年,广府学宫明伦堂首席绅士丁仁长与吴道镕、汪莘伯等筹划广州府属14县共同设立学堂,决定明伦堂管理的广州惠济义仓每年拨3000元,并请14县县学宫明伦堂绅士酌量拨款作为经费,在广府学宫内创办了教忠学堂。民国改名为教忠师范,教忠中学。1953年改名为广州市十三中,直至今日。参见曾绍洙:《教忠中学沿革》。
⑤ 阮元等纂:《广东通志》第137卷,《建置略13·学校1,4》,道光二年。

正是学宫的主要功能之一。"教养""宣教正俗"又是通过"释奠"等礼仪活动得以实现。当入学及春秋释奠时,人们瞻拜其中,"观礼容,考行事,思其所以与此之故,慕悦之心生,而景行之意勤,此则学校修明,实世运日昌之大机焉"。①

祭祀孔子是学宫中举行的一项重要活动。直至民国时期,人们每年都要在学宫举行春秋祭祀活动。如1919年3月7日,《晨报》报道,3月6日为春丁致祭之期,大总统派国务总理钱能训至文庙代行祀典。是日五时,总理暨各部总次长及陪祭人员陆续到齐。已刻照例奏乐上祭,庄严敬肃,极其隆重。广府学宫崇祀孔圣,每岁春秋由省长率同官绅致祭。制极尊崇,为全省人民所瞻仰。1918年,广东省长署发布了训令第344号,就祀孔典礼做出指示,仍照成案办理。

官方组织祀孔活动的同时,民间也常常举行祀孔典礼。1912年,在广州就举行了盛大的祀孔活动。广东省的商团出面召集行商恭祝圣诞。7点钟时,各团军及军乐队、公安会员、七十二行、九大善堂、总商会、孔圣会共数千人齐集商团操场,联赴广府学谒圣……沿途观者均称羡不已。后又开会讲演,宣讲保存孔教。②

当然,祀孔之期,全国各大报刊也会有各地祀孔的相关报道。

由此可见,对于祀孔,上至总统、中央政府,下至县级官员以及平民百姓都很关注。

清末民初之交的广州城,原有内城和外城之分,各城门外曾

---

① 赵映奎辑:《文庙备考》第1卷,《文庙备考原序》,德聚堂藏版,道光丁未年重刻。
② 刘志琴主编,罗检秋著:《近代中国社会文化变迁录》第3卷,杭州:浙江人民出版社,1998年,第69页。

筑有瓮城、月城、翼城等。当时的广州为旧式城垣,最初的大马路只有西濠口至东堤一段,其余全是石泥混铺路面的内街窄巷,每街交界设有街闸(闸门),晚间定时锁闭,街闸处悬点油灯,天明始开。

在广州,拆城筑路最早的倡议人大约要算温宗尧了。1902年,岑春煊督粤,温宗尧是岑春煊的"洋务文案"(也称洋务总办),他献议将城西长寿寺封闭拆平,改建自来水塔和一家乐善戏院,还开辟一条不长的马路,路旁建商店。

陈景华上任省警察厅长后,下令拆除全市街道闸门,并促电灯公司在全城内外各街交接处安装电灯。1914年至1917年间,由于旧桂系军阀入踞广州,其后军阀轮流割据统治,施行横征暴敛,战乱灾祸频仍,市政建设随之凋敝。

真正的市政建设开始于广州市政公所成立之后。

1918年9月30日,广东督军莫荣新,省长李耀汉发布了广东督军署、广东省长公署委任广州市政公所总办令:"查粤省水陆交通开埠最早,工商发达甲于全国,惟以地方自治制度未完,市政百端废而未举,本督军、省长为提倡市政起见,兹特委任杨永泰、魏邦平为广州城厢市政公所总办,仰即妥为规划,迅拟办法核饬进行。"①

1918年10月19日,广州市市政公所第一号布告称,市政范围,经纬万象,事有轻重缓急,总括起来包括五个方面:一曰拆城基,一曰辟马路,一曰设市场,一曰设公园,一曰设工厂。以上五端,为广州市政的第一时期。②

---

① 广州市档案馆,全宗号4-01-目录号1-案卷号263-1。
② 广州市档案馆,全宗号4-01-目录号1-案卷号263-1。

1918年10月22日，广州市政公所开会宣告成立，设于育贤坊之禺山关帝庙。此时的中国，在城市设立专门的市政机构尚属凤毛麟角，广州市政公所是成立最早的市政公所之一。广州市政公所成立之初，拆城筑路是其主要规划之一。而拆城筑路第一是需要财政支持，当时的广东军政府便委财政厅长杨永泰兼任市政公所总办；第二是怕官绅巨贾和市民反对，便委省警察厅长魏邦平兼任帮办。又在总办、帮办之下设立一负实责的坐办，入市政公所主理事务。后由杨永泰委派原财政厅官产处主任曹汝英（字粲三，番禺人）任坐办。市政公所内设总务、工程、经界、登录四科。

　　1920年，帮办魏邦平在递交辞职书时对创业之艰难记忆犹新："此两年中第一难关，首为拆城，次为辟路。"①当拆城的目的达到后，修筑主要马路便被提上了市政公所的议事日程。于是路线所经，切割更苦。因辟文昌宫、万寿宫两路，一些"不达士夫推波助澜，加以毁圣灭学之罪名。函电纷弛，几于倾动全国"②。本书所讨论的学宫与马路纠纷便是市政公所开辟文昌宫旁马路时所引发的事件。

　　1918年冬天，广州市政公所布告称，将添辟东马路，其路线由文昌宫直达惠爱街。文昌宫位于广府学宫之内，在大成殿之东。其后即名宦祠、孝弟祠及教忠师范学校。

　　1919年1月13日，粤绅易学清等邀集绅学两界在明伦堂公同会议。明伦堂诸绅要求官长收回成命，但无确实答复。为此，粤绅电致在京广东会馆及其他地方的同乡诸公，请求设法阻止。于是他们

---

① 广州市档案馆，全宗号4-01-目录号1-案卷号263-2。
② 广州市档案馆，全宗号4-01-目录号1-案卷号263-2。

在全国范围内掀起了"保卫"学宫的浪潮。

1月15日,在京广东会馆就得知了广州市政公所将拆毁广府学宫的消息。当即由梁士诒等领衔,一方面以旅京同乡的名义电致广东各级地方政府,一方面向北洋政府反映情况。在京广东会馆的意见得到了各方面的及时回应。

1月28日,陆荣廷致电梁燕孙,表示赞成维持粤孔庙。并且告诉梁燕孙,他已经发电报要莫荣新顺从民意①。陆荣廷为桂系首领,莫荣新为桂系干将,此时广东为桂系主政,莫荣新为广东督军。陆荣廷表示赞成维持粤孔庙,无疑让在京广东同乡松了一口气。

北京政府总理钱能训于1月27日致电军政府各总裁:"迭据孔教会主任陈焕章及粤绅学界代表先后呈称,粤东因筑马路毁拆广府学宫,人心愤急,佥谓尊崇圣教保存古迹,于道德人心关系匪浅。经绅学界全体集议改修路线,迄未答复,恳设法遏止等语。方今导扬孔教,有识所同。该代表等所陈各节是否属实,希即维持,至深祷跂。"②

29日下午5时,也就是中国传统节日——春节即将到来之际,钱能训还不忘发电报给岑春煊:"据孔教会及旅京粤绅呈恳保全文庙,请查照示复。"③

岑春煊,广西西林人。1898年任广东布政使,后任两广总督。1917年参加护法军政府,任主席总裁。岑春煊为广东最重要的官员之一,接到各方来电后,也不敢怠慢,虽然在新春喜庆之时,也仍然要处理学宫与马路的纠纷。他于4日(农历正月初四)电复钱总

---

① 《陆干卿维持孔庙》,《晨报》1919年1月29日。
② 《时报》(上海)1919年2月15日。
③ 《申报》1919年2月4日。

理称，拆学宫通马路一事业已查明，所拆者只是文昌宫的一小部分，学宫并未拆动。①

当天，岑春煊还回电告知在京广东会馆：梁燕孙等广东同乡所发的哿铣两电获悉，拆学宫筑路一事业已查明，并非事实。所拆者仅仅是文昌宫的一小部分，学宫并未拆动。岑春煊指出拆毁学宫是讹传错误，他在电报中请梁燕孙把这个消息转告同乡，让大家不要担心。②

广东省督军莫荣新，省长翟汪是广州市政公所最直接的顶头上司，他们迭接广府学宫明伦堂绅士，广东省教育会，暨旅京同乡等函电，请将路线妥择。面对各方压力，莫荣新和翟汪不得不令市政公所妥速勘议，呈复核办。③

市政公所的直接负责人杨永泰、魏邦平同样不敢怠慢，于卅日回梁燕孙及各位旅京同乡的哿铣两电，对修马路而拆毁学宫的说法做了解释。杨永泰、魏邦平首先极力论证，将修的府学东街马路为城内东南隅最适宜之路线，所经地址仅涉及文昌庙旁地。接着他们辩解道："凡圣庙庄严之地实未提及拆毁，将来仍照旧式形式修建宫墙以壮观瞻而崇体制。"最后，他们做出让步，答应在京广东同乡，在春初详加讨论修府学东街马路的问题后，再决定如何进行。同时告诉同乡，拆毁圣殿完全属于讹传，不要轻信传言。

1月，广东教育会呈请督军省长饬令市政公所易改路线以免毁及宫墙。很快他们得到督军省长的答复："已经下令市政公所迅速

---

① 《粤省并未毁学宫》，《晨报》1919年2月8日。《申报》1919年2月9日也载："岑西林复钱电，马路只拆文昌宫一小部分，学宫并未拆动。"
② 北京档案馆藏，《会馆档案》，J19-1-332。
③ 《请保粤明伦堂之复电》，《申报》1919年2月7日。

妥议，呈复核夺。"广东教育会会长陈其瑷（1919年1月13日当选为该会会长），2月5日电复旅京同乡，通报了事情的进展。①

广州市政公所为筑路而毁及学宫的消息被传到旅沪广东同乡那里后，保卫学宫的声浪在上海响起。

1919年1月24日，上海潮州会馆致电广东地方政府，请求保存明伦堂："闻吾粤省垣辟城筑路，振兴市政，至深钦佩。惟近据乡人纷相骇告，谓因路线所经拟将明伦堂、孝弟祠拆毁。查文明各国于古迹亦多保存，况省会明伦堂为伦纪风化所关，最宜尊重保护。粤垣地方甚广，可辟马路之处甚多，我贤长官化民善俗，遐迩钦承。乞饬将路线略移，市政既无所碍，人心世道亦得维持。"②同日，旅居上海的广东籍官员杨晟也致电广东地方政府，请求保存明伦堂。③

1919年1月25日，旅沪粤绅商因为听说广州市政公所拆毁明伦堂、孝弟祠，开辟马路一事，群情恐惶。因此，邀集同乡假江西路粤侨联合会开会讨论良久。决议公电粤省长官，请求保留以资维护。他们在电报中写道："省会明伦堂所以重伦纪正人心，敦风俗培国本也。今者世风陵替，纲纪荡然，忧时论世之士以为吾国之患不在兵戈水旱之侵寻，而在世道人心之衰落。兵戈水旱之患在一时，世道人心在百世。当此风颓俗坏之秋，培护维护犹恐弗及。若并明伦堂、孝弟祠亦复毁之，恐民风日漓，裂检、毁常、败伦，伤教，罔所不至，四维不张，国乃灭亡，滋可惧也。明公更化善俗，

---

① 北京市档案馆藏，《会馆档案》，J19-1-332。
② 《粤人电请保存明伦堂》，《申报》1919年1月24日。也载《时报》（上海）1919年1月24日《粤人尊重伦纪之电文》。
③ 《申报》1919年1月25日。杨晟（1867—?），辛亥革命后，任外交部江苏特派交涉员兼沪海道尹。

扶纲植纪，乞饬将路线略移，示民以尊重。伦常之道，风声所播，观感同兴，国本存亡，惟明公一举措间耳。"①

当天，康有为也致电广州地方政府，请留明伦堂以重伦纪。文云："查明伦堂为全粤人士讲明伦堂之地，实为全粤士民公会之所。查各国市政对于公会所莫不备极郑重。况只有一处，尤未便轻为改作。且明伦重地，吾国虽改民主，父子夫妇兄弟朋友之谊岂能废弃？爱羊原为爱礼，明堂岂可议毁？即孝弟祠之教孝似亦不可废除。且明伦堂既毁，马路直逼大成殿，甚嚣尘上，尤非所以肃敬先圣之道……倾闻此故，粤中众绅哗然，函电纷来，洹（沪？）中大众多称仍旧。方今民国举事尤不可挟权势，而贵顺乎众心。伏望明公府顺舆情，勿拆学宫，令马路只毁城墙东行折北，庶人心服悦。"②

2月5日，旅沪粤人就接到了岑春煊的来电："广肇公所、潮州会馆诸君同鉴。拆学宫明伦堂筑马路之事传闻失实。所拆系文昌宫一小部分。"③

第二天，上海的粤侨商业联合会、旅沪肇庆同乡会、南海邑馆、顺德崇远堂等接到粤东督军省长复电："筱日邮电阅悉，此事迭接广府学宫明伦堂绅士，本省教育会，暨旅京同乡等函电，请将路线妥择，均经令市政公所妥速堪议，呈复核办在案。据电前情，除再令饬妥勘呈核外，特先电复。"④

北京的中央政府也积极地处理广府学宫事件。

国务院接到孔教主任来函称，广州市政公所毁拆广州府学宫以

---

① 《时报》和《申报》（上海）1919年1月26日都对此作了报道。
② 《时报》（上海）1919年1月26日。
③ 《辨明粤毁明伦堂不确》，《申报》1919年2月6日。
④ 《请保粤明伦堂之复电》，《申报》1919年2月7日。

筑马路，全粤公愤，请求设法保护。国务院抄录原函，连同印刷函电各件，交给内务部办理。内务部正在办理此事，又接到国务院来函。函中说，广东岑春煊来电称，拆学宫修马路一事业已查明，所拆去者系文昌宫之一小部分，学宫并未拆动。2月中旬，内务部的处理方案正式出台了。他们认为文昌宫是学宫的一小部分，既拆修马路，自可毋庸置议，唯以后宫墙不得再行拆动。①

1919年1月中旬到2月中旬，是学宫与马路纠纷的第一阶段。先是市政公所布告修马路，路线所经将拆及文昌宫；得知此消息，粤绅立即集会商讨对策，除了直接与市政公所交涉外，他们还请托于在京广东会馆、上海的广东会馆、中央政府等。在京广东会馆复函粤绅的同时，利用自己的地位分别向中央政府、西南军政府、广东省政界、广州市政公所施加影响，不仅如此，他们还与上海等地的广东同乡互相呼应，使用舆论武器声援粤绅，北京的《晨报》、上海的《申报》《时报》都在此期间对拆学宫筑马路事件进行了连续报道。学宫"保卫战"就这样打响了。西南军政府、广东省政界、广州市政公所对在京广东会馆、中央政府的质疑做了解释："所拆去者系文昌宫之一小部分，学宫并未拆动。"加之，国务院和内务部处理意见的出台，于是外界的舆论渐渐减弱，②纠纷牵扯的对象也随之减少。这一阶段争论的焦点在于修马路是否会拆毁学宫，至于怎么个拆法，各个方面势力还将继续交涉。

当初，粤绅致函市政公所，提出辟马路不宜毁及学宫宫墙，由于市政公所还没有来得及勘察好地址，马路的具体路线图也没有最

---

① 《学宫问题余闻》，《晨报》1919年2月20日。
② 《时报》《申报》《晨报》上关于学宫与马路纠纷的连续报道大约是到1919年2月20日为止。

后划定，收到粤绅来函后，他们当即派员勘测。规划就绪后，市政公所便复函粤绅，商讨拆学宫修马路的具体事项。于是学宫与马路纠纷进入第二阶段。

复函中，市政公所谈了如下看法。

首先，选择府学东街马路路线有充分的理由。他们认为，规定路线须统筹全城局势，现定由大西门经惠爱街至大东门为老城东西干路，其老新城南北线大马路须有四五条方利交通。府学东街一条尤应事先经营。为什么府学东街马路要事先经营呢？市政公所列举了四个理由。省城人烟稠密，廛市鳞比，采择路线必以烟户较少，位置适中之地为最佳。而且必有易辟之路先成，然后续辟他路，方可免行人挤拥之患。府学东街为老城东南隅适中之路，南接军械局、万寿宫以达新城基，马路北通惠爱街。所经之地只文昌庙东偏迤北之仰高祠、名宦祠及教忠学堂之操场、斋舍。距明伦堂、孝弟祠固远，距圣殿两庑尤远。所圈用民房则只东街北头铺屋三数间而已。民居少则迁拆之烦可以减轻，这是便民。一经拆卸即成康庄大道，无须多延建筑时日，这是成功速。现在各路兴筑需款浩繁，市政公所经费不充裕，同时并举自应力求撙节。府学东街马路纯用公地，圈用民房无多，这是最省费的。正因为这条路线有适中、便民、成功速、省费四个优点，所以市政公所经过反复磋商，认为："老城东南隅南北线马路实以府学东街为最适宜。"①

市政公所还否定了另外一些提议。有人说，这条马路最好改在府学西街。市政公所反驳道，它与双门底正中马路相接太近，不适用。有人说，马路可以改在番禺直街，市政公所则认为那样会迁折

---

① 北京市档案馆藏，《会馆档案》，J19-1-271。

太甚，所拆民居甚多。①

府学东街马路最适宜，而且别的方案又行不通，那么，唯一的选择便是市政公所规划的方案。

其次，府学东街马路无损尊崇圣道。市政公所从三个方面进行说明。第一，府学东街马路虽然经过文昌宫，而孔庙并未损及半砖片瓦。第二，东边沿马路之墙，仍然按照旧式建筑，涂以红色，庙貌巍然，宫墙如故。第三，重修仰高祠、名宦祠及教忠学堂斋舍等。在学宫内之晚霞园添建两层楼房，上层为教忠学生斋舍，下层为附属高等小学堂。另在学宫西偏再建前后两进祠宇，后进为仰高祠、前进为名宦祠。所有碑记坊表均敬慎保存。

总之，这不独"对于孔庙毫未摧残，即各祠宇亦炳未湮没，实于尊崇圣教，整饬市政两无妨碍"②。

信函最后，市政公所希望士绅们支持市政建设，疏通牖导之，对于圈用各店铺住户，也请他们代为劝喻。

粤绅接到市政公所函件和路线图后，于2月25日再次集会商讨对策。针对市政公所来函，粤绅提出如下反驳意见：

第一，圣庙东边被全行拆毁。市政公所说，文昌宫及迤北一带在圣庙之外，粤绅却认为路线所经实将圣庙东边全行拆毁，约宽6丈，长96丈。第二，该路线实际上造成对孔庙的摧残。粤绅认为，宫墙以内侵越尺寸即是摧残。

粤绅认为："马路与学宫比较，则学宫为重，马路为轻。只有改路线以避学宫，万无毁学宫以就路线之理。况因未开之马路而遽

---

① 北京市档案馆藏，《会馆档案》，J19-1-271。
② 北京市档案馆藏，《会馆档案》，J19-1-271。

毁千年之学宫，古今中外未之前闻。"不仅如此，他们还以德国人在山东修筑胶济铁路，欲经孔林边界，因众论不合而止为例，说明对于尊崇圣道，外国人尚且具有同情，我们中国人更应如此。

2月27日给市政公所的复函中，粤绅在表达上述意见的同时，还附呈《广州府志》和番山亭石刻和学宫图，望市政公所察阅，并希望别划路线，凡宫墙之内勿侵入尺寸。最后，粤绅提出，拆毁学宫是一件大事，不应该由少数人决定，相反，应该决诸全国公议。

市政公所收到粤绅来函以及学宫图后，很快就再复明伦堂易绅等来函，提出驳斥意见。市政公所对粤绅的态度有了很大的转变，不再是婉转相商，而是咄咄逼人，严加斥责。他们在反驳粤绅的同时，证明了修筑府学东街马路的正当性。根据粤绅提供的线索，市政公所发现，学宫一直在变更，其中的土木兴作代代都有，那么，拆毁学宫的一部分而修马路，移筑仰高祠、名宦祠，重修教忠学校，就有先例可援，并且这无损孔道。市政公所指责粤绅对学宫管理不善，以至有损圣道尊严，指责他们对于牟私利者任令妄为，却反对代表公共利益的马路经过。

在京广东同乡绝不能置身事外，不管他们是自愿或非自愿，总之，他们也都卷入学宫与马路纠纷之中了。

2月27日，广东全省士绅发出复市政公所公函的同时，还致函北京的广东同乡，附上了路线图、学宫图、复市政公所函和公所来函，并请北京的广东同乡通知参院，再电省政界，断不能将该庙内之墙拆去一寸。

北京的广东同乡由梁士诒领衔复函易学清及同乡诸公。北京的广东同乡向粤绅通报了有关情况，已经请市政公所绘图，并宣布此事应该由绅学商界共同论定。他们认为，如果正如杨魏所说，只拆文昌庙旁地，仍照旧式修建宫墙，而于孝弟、仰高、名宦等祠毫无毁坏，那么，易学清等应该做出让步，"似未便遇事坚持，致与路政抵触"。①北京的广东同乡提议请市政公所在学宫内择地另建仰高祠、名宦祠，或者将文昌庙改为仰高祠，只另建名宦祠。信的附言中梁士诒再次叮嘱，这是让步用的意见，暂时不要对外宣布。

面对在京广东会馆的询问，杨永泰给旅京同乡江天铎去信，希望他于旅京诸先生前"代述真相，俾消疑虑"。此信谈及马路路线的选择时，杨永泰对两个提议予以否决。有人说路线应该改由大塘街北上，杨永泰认为这迂折太甚；有人又说马路虽然可以从府学东街过，但不要拆及宫墙，应该只拆对面之民居，杨永泰解释道，此处全省合族宗祠沿街皆是，杂以商店民房，容易造成不公平的印象，易滋借口，督拆尤难。他指出，路线循府学东街经文昌宫迤北，有三个好处："可以免拆民居，减轻痛苦，其便一。纯用公地造路不征民业，费用大省，其便二。迁拆改善易于着手，成路指日可期，收效最速，其便三。"

大约是有人指责市政公所借修马路而肥己，杨永泰解释道："至论者指为图利济私，更不知其所指。公家对于拆城辟路亏垫至重，固不待言，即仅就此路而论，将来添建各祠舍，重修红墙与及各种工程费用何止巨万，筹垫不违利于何有？路线圈足两旁并无余地可售，售亦不能入诸私囊，从何图济？永泰人格尚存，取与不敢稍苟，尚堪为朋辈共信，人虽至愚，亦何至于万目睽睽之举而谋便图私者也。此又不待辩而自明者也。"②

---

① 北京市档案馆藏，《会馆档案》，J19-1-271。
② 北京市档案馆藏，《会馆档案》，J19-1-271。

接到岑春暄、伍廷芳二公复函,杨魏两厅长来电,杨永泰复江天铎函以及籍绅函电,旅京同乡梁士诒等220人又先后寄出致督军、省长、岑春暄、伍廷芳、魏邦平、杨永泰等广东地方政府要人的两封信。

先寄的信中,旅京同乡们通过寄来的马路图发现,由学宫东墙量至割线有六丈四。他们认为,大约路有二丈多宽,便可以通行,省城人烟稠密非比新开商埠,可任意拓展。

次日,梁士诒等再次致函督军、省长、岑春暄、伍廷芳、魏邦平、杨永泰等广东地方政府要人,以为一旦学宫的范围缩小,不独"摧残古迹",律以尊崇圣道之原理"颇不为然"。他们还发出了一系列质问:"老新城南北线马路既云须有四五条,何必于学宫地割过中尺六丈以外?""府学东街商店极小,价买不难。合族祠之南向者或价买一夹道,其西向者或价买一头门,就事实论之有何不可,而必专取学宫内地恣意扩充,是何为者?""况此次拆毁民房已达数千,何独于路线必经之东街民房而不价买?"杨魏两厅长电称,只拆文昌宫等处旁地,岑伍二公函称只拆文昌宫一小部分。现在路线图是直拆孔庙旁地,拆文昌宫、仰高祠、名宦祠全部,"前后何以异词"?

进而他们指出,只是因为府学东街有一军官合族祠,市政公所遂不惜瞻徇个人之情面而破坏数千年之学宫,牺牲全粤人之公地。有地可绕而不绕,各绅力阻是非无因。

在京广东会馆仍请市政公所再酌路线,或者即就府学东街设法绕越之,务必与各绅妥商。双门底各街来电北京诉苦,说是圈用铺户给价过少,致有怨言。在京广东会馆给市政公所提出了一些建议:"方今米珠薪桂,商业复失凭依,情形可悯,拟请从优增给,务使价得其平，崇德而慰舆情。"①

在前面给易学清等粤绅的信中，在京广东会馆已经有了让步的打算，现在与广东地方政府讨价还价，实在有点知其不可为而为之的味道。其理智与情感的矛盾可见一斑。

3月4日，莫荣新、翟汪致函在京广东会馆。信函中说，广州市开辟东部马路经过文昌宫一事，业经令饬市政公所勘明妥拟呈复查核在案。他们把市政公所呈复转告了在京广东会馆。

市政公所于3月14日带领警察游击队百余人到文昌宫督拆。广府学宫明伦堂易学清等无力阻止，疚心不已。粤绅悲叹道："现已并将仰高祠拆去，即将拆及名宦祠矣。"他们再次求助北京的广东同乡。②

市政公所在拆毁文昌庙、仰高祠等处，并开筑马路后，也于4月3日致函北京的广东同乡。市政公所解释了拆学宫筑马路理由后，对在京广东会馆来函中的质疑做出了解答。市政公所声称，从没听说东街有军官合族祠，也无军官因此提出交涉。③旅京同乡认为马路太宽，从而拆毁学宫过多。市政公所说，现在计划马路宽八十英尺，合中尺六丈余，仅足敷用，有识者犹以为狭……为图久远安全之策，不敢不勉为其难。④

在京广东会馆得知马路已经开工修筑，文昌宫等处被拆去，也显得无可奈何，梁士诒在4月3日魏杨来信的末尾批注曰："业经拆

---

① 北京市档案馆藏，《会馆档案》，J19-1-271。
② 北京市档案馆藏，《会馆档案》，J19-1-331。
③ 北京市档案馆藏，《会馆档案》，J19-1-271。
④ 北京市档案馆藏，《会馆档案》，J19-1-271。

毁，毋庸函复。"①历时数月的学宫与马路纠纷也就此落下帷幕。

1919年，广州发生的学宫与马路纠纷把粤绅、广东地方政府与旅外同乡，尤其是北京、上海等地的广东会馆都牵扯进去了，它生动地反映了民国初年乡谊流动中的分歧。

在学宫与马路的纠纷中，粤绅、广东地方政府与旅外同乡是怀着各式各样的动机和目的参与其中的。他们或多或少都有为自己谋私利的嫌疑②，弄清楚粤绅与市政公所是否仅仅为了这些私利才产生纠纷，以及这是否是他们的唯一动机，或者主要动机，固然很重

---

① 北京市档案馆藏，《会馆档案》，J19-1-271。
② 粤绅和在京广东会馆说市政公所"徒以该东街有一军官合族祠，遂不惜瞻徇个人之情面而破坏数千年之学宫，牺牲全粤人之公地"，恐怕就不一定是"无端造谣"。据说，现在的文德路原来的路线是靠东一些的。由于刘志陆（当时刘任潮梅镇守使）写信给魏邦平，要求保留府学东街的"刘家祠"。魏为了迁就刘，只好将路线修改。有人指责市政公所"图利济私"，杨永泰辩解说："更不知其所指。"我们没有发现杨永泰在拆城修筑马路的过程中"图利济私"的证据，但韩锋等见证人认为："第一期工程进行中，营私舞弊之事很多。如工程科测城墙的水准、拆后验收土方和打马路中线等，只要水平抬高二三寸，承商便少掘很多土方，为此承建公司便给测量员送钱。韩锋有七八个同学参加这项工作，各捞得一二万元不等。坐办曹粲三、总稽核陈恭受用城墙砖分别在广卫路、东皋大道盖了大洋房。"（韩锋等：《旧广州拆城筑路风波》，《广州文史资料》第46辑，广州：广东人民出版社，1994年）市政公所对粤绅的阻挠大为恼火，认为他们这些"借学生诸人竟张大其词，鼓簧众听"。"夫以神圣之地变为杂逻之场，世人熟视无睹，是对于牟私利者则任令妄为，对于谋公共之利益，百年大计者，则期期以为不便"。他们指出："贯道门内之杏坛已拆为园地，复于西北边各宫墙大开门户，郡学东西斋及其附近之地，或为菜圃，或为旅店，或为书栈，或为律师公寓，其门墙内且分赁诸木肆为寄贮木料之所地址。依然面目全非。凡可借圣庙为生利者，典守人罔不任意为之。"市政公所的指责大体不差，因为郡学明伦堂中的粤绅在内讧时，一部分人质问廖景曾（郡学明伦堂公箸管理者）道："原启政变以后，外界霸居一节，地方多故，事诚不免，而教忠各学校以及西斋旅馆、深柳旅馆、书店货栈，木店货栈岂皆外界所霸居乎？""郡学进款有清云直街，簪花地，郡学东西街铺租地租及大通寺新拨产业均归该值理一手收管……其余学校花园私塾旅馆书栈各项林立，宫墙之内俨然市廛，所收租项当与前时书馆相埒，岂皆外界所霸收乎？"（北京市档案馆藏，《会馆档案》，J19-1-273）

要，但本书更感兴趣的是，他们在辩论时各自价值观念上的异同。

粤绅为了阻止拆毁学宫的一个重要理由是尊崇圣道。

在粤绅看来，尊崇圣道天经地义，圣道神圣不可侵犯。尊崇圣教保存古迹，于道德人心关系匪浅。学宫是圣道最重要的标志，所以，"宫墙以内侵越尺寸即是摧残"，"断不能将该庙内之墙拆去一寸"。圣道在社会中居于优先地位，别的事物则只能次之。因此，"马路与学宫比较，则学宫为重，马路为轻"。马路与学宫发生了冲突，最合理的解决方案是轻者让重者，"只有改路线以避学宫，万无毁学宫以就路线之理"。

再者，粤绅攻击市政公所谋私，其实也想通过指责他们道德品行上有违圣道，从而抬高自己，贬抑对方，达到阻止拆及学宫的目的。粤绅指出市政公所拆城筑路有图利济私的嫌疑，而且他们是为避开军官合族祠，遂不惜徇个人之情面，而破坏数千年之学宫。很显然，这与圣道相违背，因此拆及学宫当然就毫无道理了。既然对方拆学宫变得名不正言不顺，改变路线则是理所当然的事。

市政公所在争论中非常强调"尊崇圣道修明市政两无妨碍"。

无论是与粤绅交涉，还是向在京会馆等同乡群体解释事件的真相，市政公所的负责人都多次强调自己从小就受到儒书的熏陶，服膺孔子，尊崇圣道。

市政公所几次复粤绅函都称："窃谓吾侪束发受书即服膺孔子，尊崇圣道本有同心，然尊崇之方似宜务其远大。""永泰、邦平少读儒书，悉官乡土，虽甚愚昧，何至毁及明伦堂。至于圣殿尤所珍爱。"①回答梁士诒等旅京同乡的质问时，市政公所辩解道：

---

① 北京市档案馆藏，《会馆档案》，J19-1-271。

"永泰、邦平少读儒书,忝官乡土,尊崇圣道具有同心。"杨永泰请旅京友人江天铎代为解释真相时也说:"泰虽不肖,亦尝服绎儒书,何至湮毁圣庑,甘犯众怒?"

市政公所因修马路而拆及学宫的一部分,他们认为自己的方案仍然以尊崇圣道为前提,无损圣庙。首先,复原东边被拆之建筑。东边沿马路之墙,仍然按照旧式建筑,涂以红色,庙貌巍然,宫墙如故。其次,移筑仰高祠、名宦祠,重修教忠学校。这两条措施不独"对于孔庙毫未摧残,即各祠宇亦炳未湮没,实于尊崇圣教,整饬市政两无妨碍"①。"实于孔庙范围内庄严之地,一草一木未敢毁损"。

市政公所攻击粤绅"凡可借圣庙为生利者,典守人罔不任意为之",一方面使用了粤绅从道德品行上贬抑对手那样的策略,另一方面则宣称自己的方案更加有利于维护圣道。他们称:"现拟一面开辟马路,一面整饰宫墙,删出污蔓,饬令群处之旅店货栈木场一律迁移,使孔庙庄严之地复其严肃整齐之风,此则昌明圣道者所应有事也。"如此一来,市政公所不仅指责粤绅没有尽职尽责保护好学宫,而且把自己的行为说成了昌明圣道。

市政公所以尊崇圣道来挡住粤绅和在京会馆等同乡群体等人的进攻,化解攻势的同时,他们以修明市政为号召来推行自己的筑路计划。

1918年10月19日,广州市市政公所第一号布告称:广州"随地齷齪,随地泯棼,市民蜷伏虬缩于其间,几奄奄无生活气。由是工商各业,不足与世界潮流竞争。下至劳动贩夫,咸受影响。综厥原

---

① 北京市档案馆藏,《会馆档案》,J19-1-271。

委,可一言以蔽之:曰市政不修……路工告成,则城里工商,首蒙莫大之利。盖不拆城,不开路,绝无市政可言。而欲开路先拆城,尤为此中枢纽。故无论如何,断不稍存瞻顾"。

后来,市政公所还向粤绅和在京同乡会馆论证修马路的理由:"省会为华洋互市之区,烟户冠东南各省,街市狭隘,久为中外人士所诟病,而居民之最受害者厥为卫生。甲午以后疫病连年,死亡不可纪极良由衢巷狭窄芜秽不治……事关人民身体健康,且与火灾救护亦有密切关系。以广州全市论,纵横马路线照现定计划,果能次等完成,其增进市上地价又何止千数百万?此改良市政所以不能再事缓延。想诸公恫瘝在抱,利民为怀,当亦乐为赞助也……俾市政前途日臻繁盛,不特鄙人之幸,抑亦全省士民之幸。"

在市政公所看来,修马路,不仅城里工商,首蒙莫大之利,与此同时,它还事关人民身体健康,且与火灾救护亦有密切关系。总之,市政前途日臻繁盛,乃全省士民之幸。既然自己在谋求公共利益,故无论如何,断不稍存瞻顾。

在京广东会馆等旅外同乡在纠纷中的主要态度是尊崇圣道而不与路政抵触。

在京广东会馆回电市政公所时道:"来电既云尊崇圣道具有同情,则孝弟等祠均风化所关,实圣道中之荦荦大者。古迹稍留缺憾便属失真,未可轻于毁坏。"另外,旅京的广东同乡初闻拆毁学宫,都说这与拆孔庙无异。一时人心惶惶,不可终日。由此可见,孔庙在他们心目中具有神圣不可动摇的地位。学宫不可轻易拆毁,但并不意味着在京广东会馆坚决反对拆及学宫的任何一部分。他们在得知杨魏两厅长电称只拆文昌宫等处旁地,岑伍二公函称只拆文昌宫一小部分后,"群疑略释"。2月27日梁士诒在粤绅给在京广东会馆的信上批注:"饬之意,文昌宫必须拆去,即不建马路亦须拆去。"在复易学清等粤绅的信中,在京广东会馆仍然认为:"文昌系天上一星,拜天即文昌在内,嘉庆朝列入祀典,前人屡有遗议。"在广东督军和省长写给在京广东会馆的信上,有如下批语:"如此正为妥惬。文昌系淫祀,即不改筑马路,亦应拆去。"

不仅如此,他们还劝粤绅道:如果只拆文昌庙旁地,仍照旧式修建宫墙,而于孝弟、仰高、名宦等祠毫无毁坏,"似未便遇事坚持,致与路政抵触"。同时,他们提出了补救措施:在学宫内择地另建仰高祠、名宦祠,或者将文昌庙改为仰高祠,只另建名宦祠。

在京广东会馆的基本立场是,在尊崇圣道的前提下,可以拆及学宫的一部分,比如文昌宫,必要时也可以移动学宫内的建筑物,从而支持市政建设。

粤绅以尊崇圣道等旧有的价值为武器,在京广东会馆与之呼应,市政公所意在修明市政,却不得不以尊崇圣道来化解粤绅和在京同乡等人的进攻,这说明"圣道"等旧价值还弥漫于整个广东同乡网络中。李宗黄观察后也认为:"粤人最崇拜孔子,遇圣诞日,全省若狂。其兴高采烈甚于国庆。"[①]这提醒我们应该重新思考新文化运动的社会背景及其成果。从社会层面看,"孔家店"此时并没有被打倒,"孔家店"仍然根深蒂固地存活在一般民众的观念里,要打倒它绝非易事。

粤绅维持学宫交涉的失败,市政公所敢于以强力拆毁了过去神圣不可冒犯的学宫的一部分,旅京同乡对既成事实的容忍,这在反映新阶层和新力量上升,旧力量旧势力衰落的同时,仍然可见"圣

---

① 李宗黄:《新广东观察记》,上海:商务印书馆,1922年,第139页。

道"等旧价值在社会中的地位隐约下降。

市政公所不遗余力地推行新的市政建设,他们拆城筑路,改良城市的卫生、经济,以修明市政为标榜。修明市政也得到旅京同乡等在一定范围内的认同。这反映了新的市政观念在逐渐滋生。

1919年,广府学宫事件也可以看到乡谊流动影响政府的限度。粤绅维持学宫交涉的失败,市政公所敢于以强力拆毁了过去神圣不可冒犯的学宫的一部分,旅京同乡对既成事实的容忍,这在反映乡谊流动复杂面向的同时,也可见乡谊流动面对政府的无奈。市政公所意在修明市政,本身就具有正当性,却还以尊崇圣道来化解粤绅和一些旅外同乡的进攻,体现了政府活动中乡谊流动的压力。

宋钻友讨论了1917—1927年南北对峙与上海广东社会内的政见纷扰,① 孙向群分析了清末莱阳民变。② 从宋钻友、孙向群等学者的论述中也可以很明显地观察到广东旅沪同乡群体、北京山东同乡群体内部的分化与分歧。

1924年商团扣械事件中,上海广肇公所等粤商团体积极介入对广东军政府的交涉。其中可见旅外同乡群体内部对家乡政府治理既一致行动,又有不同态度。

上海广肇公所是广州商团的支持者。1924年8月12日,广肇公所致电广东全省商团联防总部陈廉伯等人,捐款2000元,以示对商团的支持。电文虽然未对扣械事件发表意见,却强调建立商团的合法性。③ 8月21日,广肇公所召集沪上广东同乡团体在公所集会,一

---

① 宋钻友:《南北对峙与上海广东社会内的政见纷扰(1917—1927)》,《史林》2007年第5期。
② 孙向群:《近代旅京山东人研究》,济南:齐鲁书社,2013年。
③ 《广肇公所捐助广州商团经费》,《申报》1924年8月10日。

致要求广东军政府全数发还扣械。参加集会的有粤侨商业联合会、肇庆同乡会、嘉应五属同乡会、大埔同乡会、顺邑会馆、慎守堂、香山同乡会、番禺禺山堂、四会同乡会、宝安同乡会、鹤山同乡会的代表以及广肇公所等50余人。联席会议一致决定再电孙中山、廖仲恺，请其即日发还扣械，致电广州商团总部，嘱其坚持力争。其致北京、天津、汉口、南京、芜湖、杭州等地广东会馆或同乡会、海外华侨团体的电文，强调商团存在的必要，商团购械的合法性。①

8月25日，广州总商会致电旅沪粤商团体，告知广东138埠为要求政府发还扣械实行罢市，商团与政府的冲突加剧。此时，大部分旅沪广东同乡团体都感到了事态的严重，粤侨商业联合会、潮州会馆、大埔同乡会、肇庆同乡会、南海会馆、顺德会馆、香山同乡会等团体致电广东军政府孙中山等人及广东各商业、慈善团体，提出一个调解方案。电文提出，政府方面将扣留枪械，编验烙印，全数发还，责成全市商店，盖章保结，不入匪人之手，不作轨外行动；商团方面按照原购价值，报效二成，以充军饷，省外商场，即行复业，现驻省、佛军队，应即调回原防，所有市内治安，为警察商团担任，免生冲突。②

旅沪广东会馆等同乡群体对商团事件存在不同的立场和态度。粤侨商业联合会等团体虽然同情商团，但言辞中并不偏袒商团，而是站在第三方立场进行调停，既顾及了政府急于筹集北伐军饷的需要，也维护了商团的正当权利。上海广肇公所则支持商团，并要求

---

① 《粤同乡援助商团之联席会》，《申报》1924年8月23日。
② 《粤团体为粤商团事致广州电》，《申报》1924年8月31日。

无条件归还扣械,对政府施加了很大的压力。孙中山最后镇压了商团。上海粤侨商业联合会、广肇公所、潮州会馆、肇庆同乡会、大埔同乡会、香山同乡会、南海会馆、番禺会馆、顺德会馆在致孙中山及商团、广东各商业慈善团体的电文中,对广东政府的暴行进行了痛斥。①

从1919年南北和议停止以后,以广肇公所为代表的广东旅沪同乡团体就一直为推动南北重开和议,进行着各种努力。广肇公所的目标是实现国内和平统一,避免战乱。从这一目标出发,自1919年至1922年间,广肇公所一直寄希望于北方将领吴佩孚。他们发起国民大会策进会,主张迎回黎元洪、恢复旧国会,最终目的是实现国内和平。但广肇公所的立场遭到旅沪同乡社会内亲国民党势力的猛烈抨击。由粤侨工界联合会(以机器工人为主)、时间守约会、吴淞路商界联合会、武昌路商界联合会构成的亲国民党势力坚定支持孙中山领导的广东政府,主张北伐,以武力统一中国。两种意见势同水火,互不相容。上海广东同乡社会也出现了两种针锋相对的政治见解。

清末山东莱阳民变过程,可以观察到乡谊流动在山东同乡网络内部的分歧。

光绪三十四年,朱槐之出任山东莱阳县知县。朱槐之将征收全县钱粮的任务交由经营钱庄的莱阳士绅王圻、于赞扬和尉龙章等人。王圻等人在朱槐之的允准下,在莱阳当地开立名目繁多的额外税目。沉重的捐税负担使得莱阳县农民生活状况趋于恶劣。宣统二年4月16日夜间,莱阳突降一场寒霜,致使大批农作物遭受严重冻

---

① 《申报》1924年10月20日。

害。为了应付饥荒并支付捐税,莱阳各乡农民拟动用"社仓"的粮食。但是,"社仓"所存粮食已经被各乡劣绅变卖。太平社社长曲士文和永庄社社长于祝三等人率领各乡民众前往县衙,强烈要求朱槐之承诺传质私吞社仓存粮的士绅,并予以赔补。随后,请愿群众拦住登州府知府文淇的坐轿,重申要求。文淇当面拒绝,事态发展即趋于紧张,曲士文再度率民众进入莱阳县城请愿。山东巡抚孙宝琦闻知莱阳民众请愿之事,电请朝廷弹压。朝廷批准了孙宝琦的弹压措施。6月,候补道员杨耀林奉命督兵百人到达莱阳,欲捕拿曲士文等人。7月,官军与民众发生冲突。曲士文遂发布檄文,率民众围攻莱阳县城。在莱阳民变规模日趋扩大的同时,海阳和招远等地民众也响应莱阳民变,掀起抗捐抗税斗争。一时间,海莱地区民变成风,莱阳民变的发生很快引起了旅京山东人的关注。

旅京山东官绅公推尚书吕海寰与礼部左侍郎王锡蕃(黄县人)领衔,公函山东巡抚孙宝琦,要求孙宝琦谕知带兵之员,详慎从事,先以劝导解散为宗旨,以期息事安人。①7月,正当曲士文围攻莱阳县城的时候,御史王宝田受旅京山东同乡之请托,缮写了一份呼吁安抚莱阳百姓的奏折。②

莱阳民变发生后,旅京山东人希望王垿利用法部右侍郎的身份,敦促朝廷收回剿办的成命,改而以安抚措施来平息民变。王垿却公开表示对孙宝琦的支持,坚决主张严厉镇压莱阳民变。反对剿办的旅京山东官绅不约而同地追究王垿与莱阳民变的关系。《申

---

① 《莱阳民变风潮十五志》,《申报》1910年8月5日。
② 《御史王宝田奏莱阳、海阳二县相继煽变请简派大臣驰往妥筹抚定折》,刘同钧主编:《辛亥革命前莱海招抗捐运动》,北京:社会科学文献出版社,1989年。

报》《盛京时报》等，披露了莱阳劣绅王圻之兄王埙，参与派兵进剿莱阳的内幕。①王埙和王圻同属一个宗族。曲士文曾与王埙发生矛盾。由此曲王两家结下冤仇。在王氏家族看来，曲士文发动此次民变是针对自己而来的。王氏家族自然不甘心失去在莱阳的利益，而极力要求官府对曲士文等人实施严厉的弹压。王埙对孙宝琦的支持不仅遭到了在京同乡的反对，而且全国各地的山东同乡也群而抨击王埙。

东北三省的山东同乡会积极与旅京山东同乡进行联络，向北京山东同乡会询问有关莱海人民惨遭镇压的内情及北京各界同乡活动的情况，并公推代表赴京，共同采取行动。上海的山东同乡也支持旅京山东同乡的请愿活动，并筹款赈济莱海民众。②在各地山东同乡会的推动和促进下，旅京山东同乡经过多次讨论，决定自行组织调查，向朝廷陈诉真相。旅京山东人士栾振声、刘肇堂二人慨然受命前往家乡去调查。旅京山东同乡根据栾、刘二人的调查报告起草了向都察院提交的呈稿。9月15日上午十时左右，旅京山东各界人士按原定行动计划，齐集都察院署前。张英麟虽然也是山东同乡，但以呈词内有参劾孙宝琦、王埙等，称都察院未便代奏。众代表于是再三请求，署前山东同乡两千余人也齐声喊冤。张英麟见众愿难违，不得不勉强收呈。张英麟之所以不愿代奏，原因之一是张英麟与王埙之父有世交之谊，张英麟病逝后，王埙为之撰写了墓志铭。③在旅京各界山东同乡的一再施压下，都察院终于将旅京山东

---

① 刘同钧主编：《辛亥革命前莱海招抗捐运动》，第235页。《莱阳惨案内情》，《盛京时报》1910年7月31日。
② 《大公报》1910年8月28日。
③ 孙向群：《近代旅京山东人研究》，济南：齐鲁书社，2013年，第276页。

绅、商、官之公呈上奏朝廷。面对来自各地山东人的压力，清廷不得不做出最终表态。11月，清廷宣布革去朱槐之和方奎的职务，永不续用，杨耀林、奎保、王圻、文淇等人亦受到革职的处分，而孙宝琦则免置其议。①

旅京山东同乡中王埩公然支持孙宝琦对民变的残酷镇压，张英麟也对代递同乡呈稿持消极敷衍的态度，王宝田、吕海寰等山东同乡群体则反对镇压民变，乡谊流动因此而分裂。

总的来说，会馆等同乡群体的态度主要由利益得失和桑梓之情等因素决定，而且常常因具体的场景，具体的事件，具体的乡谊流动参与者使得两个因素在会馆等同乡群体做决定时的分量不一样，会馆等同乡群体采取的措施和行动也不一样，乡谊流动出现分歧在所难免。

近代，乡谊流动由旅居地扩散为旅居地、家乡、异地、全国，乡谊流动参与者的社会构成扩展，公团成为重要的参与者；乡谊流动解决的事项由借助会馆住宿、联谊、慈善、互助、服务科举扩大到包罗当时中国社会的政治、经济、文化、社会、对外关系等主要问题；会馆等同乡群体经常收到请托的信息，乡谊流动频率由低到高；乡谊流动的措施由单一的旅居地同乡面议发展到通过集会、通电、与政府商谈等多种措施。乡谊流动扩展的同时又不断分化，请托会馆等同乡群体不再是唯一的选择，向会馆请托只是众多出路之一。人们往往根据需要解决问题的性质，自己的社会关系和所处的社会环境等主动请托，他们选择向会馆还是向别的个人或组织请

---

① 安作璋主编：《山东通史》近代卷上册，济南：山东人民出版社，1994年，第334页。

托,他们选择就这些还是那些内容向会馆等同乡群体请托。

表2—2 1919年广府学宫事件中的一些粤绅情况表

姓名	年龄	身份	经历
易学清	1841—1920	1868年进士	主端溪书院和羊城书院达20年。清末任广东咨议局议长,倡办地方自治社。
卢乃潼	1849—1927	1881年举人	曾任广东咨议局副议长,菊坡精舍、学海堂、广雅书院教习,广州府中学堂校长,广东中医专科学校校长。
梁庆桂	1858—1931	1876年举人	历官内阁中书,侍读。广东地方自治研究社社长。
赖际熙	1865—1937	1903年进士	选翰林院庶吉士,授编修、国史馆纂修、总纂。香港中文大学讲师。
伍铨萃	1863—1933	1892年进士	翰林院编修、国史馆协修。云南、广西副考官,武昌知府,广东全省修志局总纂。
何藻翔	1865—1930	1892年进士	总理衙门章京,外务部主事,广东全省通志总纂,保卫团局长,学海堂学长。
温肃	1878—1939	1903年进士	国史馆、实录馆协修,补授掌湖北道监察御史。参与张勋复辟。
冯愿	1868—1943	1897年举人	内阁中书,两广学务处官书编纂,粤海关监督署课长,广东修志局分纂及中山大学、广州大学教授。
陈其瑗	1887—1968	毕业于北京大学	1912年农林部总务厅厅长,广东省工艺局、实业局科长,交通银行秘书长,广三铁路局总务处处长,广东省教育会会长,培英中学校长。
金曾澄	1879—1958	广雅书院肄业,留学日本。	广东都督府参事,广东高等师范校长,广东省教育会会长,民国政府教育行政委员会常委,广州大学、中山大学校长,广东省教育厅厅长。

表2—2根据北京会馆档案,《广东近现代人物词典》[①]编制。

---

① 广东省中山图书馆、广东省珠海市政协、广东科技出版社,1992年编制。

表2—3 广州市政公所职员表

职别	姓名	别号	籍贯
督办	杨永泰	畅卿	茂名
总办	魏邦平	丽堂	香山
总稽查	陈恭受	益南	南海
文案	李戒欺		从化
文案	苏乃锴	铁卿	三水
总务科科长	苏乃图	灌川	顺德
工程科科长	伦允襄	赞侯	南海
经界科科长	潘应祺	潄笙	番禺
登记局局长	区国强	博儒	南海
总测绘	陈颂文		南海

表2—3据广州市档案馆，全宗号4-01，目录号1，案卷号263-2所制。1918年10月19日，市政公所呈请委派曹汝英为坐办，但原表未将曹汝英列入。

第三章　乡谊流动与制度建构

乡谊流动与京师的政治制度、基层社会的法秩序、同乡管理制度互动，彼此都因之而改变。通过同乡京官印结，乡谊流动在京城与国家官僚人事制度运作勾连在一起，对治国、京官生计、同乡出仕施加种种影响，也塑造了乡谊；会馆禀请与衙门给示共同参与构建了基层社会的法秩序；国家逐渐建立起针对会馆等同乡群体的管理制度，改造并最终接收了会馆。

第一节　出仕、保证与同乡：明清同乡京官印结

同乡京官印结是同乡京官出具的钤有官印的保证文书。[①]明清时期，众多京师衙门的官僚制度运作需要同乡京官印结，而意图出

---

① 本书的同乡京官指出具印结的同省京官。

仕，或者已经出仕人员在仕途的诸多环节若没有同乡京官印结常寸步难行。那么，同乡因素如何介入官僚制度运作，引入同乡京官印结的官僚制度运作又怎样促使同乡群体、同乡意识的演进？

许大龄、陈宽强、张德昌、伍跃等探讨捐纳、京官生活时涉及同乡京官印结。①张德昌研究李慈铭等个案后指出，印结银是部分京官生活费的重要来源。许大龄、陈宽强和伍跃等分析了捐纳中印结的使用，并在此基础上探讨了印结局对印结、印结银的管理。②王雁研究了晚清直隶印结局管理机构。魏秀梅提及在清代回避制度中使用同乡印结，茅海建注意到同乡印结在都察院上奏中的作用。③这些涉及同乡京官印结的论著对同乡因素并未重点论述。明清时期，京师建立的同乡会馆数以百计，众多同乡京官活跃其中。何炳棣、王日根等分析了明清同乡会馆的演变，却甚少注意同乡京官印结对同乡群体和同乡观念的塑造，带有浓厚同乡因素的京官印结对官僚制度的影响亦非其关注所在。④本书不仅仅讨论官僚制度运作中的同乡京官印结，或者同乡群体的演变，而是力图打通制度

---

① 许大龄：《清代捐纳制度》，《燕京学报》专刊之22，1950年。张德昌：《清季一个京官的生活》，香港：香港中文大学出版社，1970年。伍跃：《中国的捐纳制度与社会》，南京：江苏人民出版社，2013年。陈宽强：《清代捐纳制度》，台北：三民书局，2014年。张宏杰：《给曾国藩算算账——一个高官的收与支》，北京：中华书局，2015年。刘凤云：《从清代京官的资历、能力和俸禄看官场中的潜规则》，《中国人民大学学报》，2008年第6期。王雁：《晚清直隶印结局管理机构研究——以唐烜〈留庵日抄〉为中心》，《历史教学》2014年第11期。
② 印结局是各省同乡京官办理印结事项的机构。"印结费"指出具印结时收取的手续费，在不同的文献中又称为"印结银""结费""结银"等。
③ 魏秀梅：《清代之回避制度》，台北："中研院"近代史研究所，1992年。茅海建：《戊戌变法史事考》，北京：生活·读书·新知三联书店，2005年。
④ 何炳棣：《中国会馆史论》，北京：中华书局，2017年。王日根：《乡土之链——明清会馆与社会变迁》，天津：天津人民出版社，1996年。

史与社会史之间的壁垒,既探讨明清时期官僚制度运作对同乡因素的接纳与防范,又对具结与出结导致同乡群体与同乡意识的勃兴和分化等问题加以分析。

一、同乡京官印结之弥散

印结作为一种保证文书,可以上溯到后汉时代,宋元明清被广泛使用。[①]张德昌指出,印结是清代官吏铨选陈规的例行的保证手续之一。[②]伍跃认为,印结至迟在康熙初期的乙卯(1675)捐例实施时已经是报捐的必要文书。[③]学界通常只论及清代的同乡京官印结,其实,同乡京官印结并不始于清代,至少在明代它已经出现并被用于出仕环节,而且使用范围也不仅仅限于官吏铨选和报捐。

(一)明代出仕与同乡京官印结

明弘治年间,官僚制度运作的一些环节已经用同乡京官来提供保证。

关于进士回籍养病,弘治十五年(1502)吏部题准:"取具本衙门官员并同乡官同办事进士及医士各不扶结状回报,仍拘赴部看验无伪,照例具题放回原籍调理。"[④]弘治十八年(1505),南京各衙门官员回籍养病照依在京患病官员事例而做出规定,如果"患病是实,别无托故违碍,取具同僚并同乡官不扶结状",报吏部具

---

① 伍跃:《中国的捐纳制度与社会》,南京:江苏人民出版社,2013年,第126页。
② 张德昌:《清季一个京官的生活》,香港:香港中文大学出版社,1970年,第47页。
③ 伍跃:《中国的捐纳制度与社会》,南京:江苏人民出版社,2013年,第129页。
④ (明)李默:《吏部职掌·考功司考疾科·进士养病》,明嘉靖刻本,第43页。

奏。①可知弘治十八年，京官回籍看病已经需要同乡官的结状。除了进士等回籍养病需要同乡官出具结状，弘治年间定，京官及进士奏归毕姻，也需要同乡官员保勘。②

目前尚不清楚京官及进士奏归毕姻是否用印结保勘，进士和京官回籍养病出具的结状等是否钤有官印。如果结状上钤有官印，就是同乡京官印结，如果没有钤官印，同乡京官结状大约可以看作同乡京官印结的前身或者雏形。正是以这些同乡官员的保勘及其出具的结状为基础，形成同乡京官提供保证的政治氛围，逐渐发展出比较完备的同乡京官印结制度。

"同乡京官印结"有不同的书写方式。明代文献中已经出现"在京同乡官印结"一词，亦见"乡官印结""同乡官印结""同乡印结""同乡官印信保结""乡官方印保结""乡官方印结"等词，它们在一些具体的语境中基本上可以理解为"同乡京官印结"。

较早明确使用"同乡京官印结"的是嘉靖年间的顺天府乡试。参加顺天府乡试的儒生来自四方，时有黜革生员潜入京师改名冒籍，参加科举，应试之时又有儒生冒名顶替入场。御史沈一定奏请禁革。嘉靖十六年（1537），礼部尚书严嵩等题准："今后顺天府乡试儒士，务要查审辨验籍贯明白，其附籍可疑之人，取有同乡正

---

① （明）李默：《吏部职掌·考功司考疾科·进士养病》，明嘉靖刻本，第43—44页。
② （明）李东阳等撰，（明）申时行等重修：（万历）《大明会典》卷五，《吏部四·给假》，第37页。

途出身官印信保结，方许应试。"①明代官员实行本籍回避，在当时的交通通讯情况下，顺天府应试儒士向距离最近的同乡京官取具印结较为便捷，向在其他省出仕的同乡官取具印结更为麻烦。此处"同乡官印信保结"当为"同乡京官印结"。

万历年间在降调官员、改给文凭等环节已经明确规定使用"在京同乡官印结"。《大明会典》记载，万历十二年（1584）规定："凡裁革，并考察被劾改调等官，不由司府起送者，行查；虽由司府起送，无黏连结者，取在京同乡官印结。"②李默的《吏部职掌·降调官员》和陈有年的《陈恭介公文集》有同样的记载。③"在京同乡官印结"的记载还见于李默的《吏部职掌·改给文凭》："推升在外府同知以下，守候文凭未到，具告到部者，酌量推升年月并地方远近，仍取在京同乡官印结，准给执照。"④

万历年间办理捐纳等使用同乡官印结。万历十二年（1584），葛昕等奉命建慈宁宫殿作为寿宫，因经费不足而"议开纳事例"。葛昕提出的方案被批准实行："在京者，不分寓居、土著，依亲、探亲等项，俱准通状赴部，取具乡官印结，先行给帖纳银，一面移文各衙门及原籍官司查明给与札照并通行。"⑤《明神宗实录》

---

① （明）李东阳等撰，（明）申时行等重修：（万历）《大明会典》卷七七，《礼部三十五·贡举·科举》，第1233页。（明）俞汝楫：《礼部志稿》（《景印文渊阁四库全书》）卷二三，《凡应试》，第432页。（明）严嵩：《南宫奏议》卷二一，《议处京闱科举事宜》，明嘉靖二十四年刻本。
② （明）李东阳等撰，（明）申时行等重修：（万历）《大明会典》卷五，《吏部四·改调（降调附）》，第117页。
③ （明）李默：《吏部职掌·降调官员》；陈有年：《陈恭介公文集》卷一二，《与郭希所》，明万历陈启孙刻本。
④ （明）李默：《吏部职掌·改给文凭》。
⑤ （明）葛昕：《集玉山房稿》卷一，《议酌开纳济工疏》，清文津阁四库全书本。

载：万历四十三年（1615），"在京告纳监儒，先取同乡印结，暂送入监，必原籍查回，乃准实历"①。办理捐纳等事，取"同乡官印结"的目的在于争取时间，而在京者最为便捷的途径是向同乡京官取具印结。

天启年间办理荫子与封典等事项已广泛使用同乡官印结。刊刻于天启年间的《南京都察院志》中记载贵州道职掌之一为，"凡遇覃恩咨到，候堂札本道牒行各官取具亲供履历，并同乡同僚印结呈堂转咨南京吏部"。②南京都察院向南京吏部发出的咨文涉及"同乡官印结"。一份咨文显示同乡官印结是办理封典的必备条件："今将取具本官亲供并同乡同僚官印结各一样二本，合咨贵部，烦为查照转咨题请施行。"③另一份办理荫子的咨文附有"同僚同乡印结四本"。④京师的同乡同僚官较多，办理荫子与封典时所用"同乡官印结"当为"同乡京官印结"。

明弘治年间，办理京官生病请假回籍等事项已经使用同乡官的保证文书。至迟从嘉靖年间开始，审查顺天府乡试儒士的籍贯，改调和推升官员，办理捐纳和封典等环节陆续正式使用同乡京官印结。明代的同乡京官印结不始于捐纳，亦不限于捐纳。

（二）清代出仕与同乡京官印结

相较于明代，清代同乡京官印结的应用范围进一步扩展。伍跃等主要关注的是清代捐纳中的同乡京官印结。在此，除了简单提及与捐纳有关的同乡京官印结外，重点勾勒捐纳之外众多领域使用同

---

① （明）顾秉谦等修：《明神宗实录》卷五三九，万历四十三年十一月壬寅条，台北："中研院"历史语言研究所，1966年。
② （明）施沛，《南京都察院志》卷九，《贵州道职掌》，明天启刻本。
③ （明）施沛，《南京都察院志》卷三五，《司道请封典咨》。
④ （明）施沛，《南京都察院志》卷三五，《副堂请覃恩荫子咨》。

乡京官印结的情形，展示使用同乡京官印结的广泛性。

1. 入学、科举考试与同乡京官印结

出仕首先要取得任官资格。明清士子可以通过科举考试，或是进入国子监等各类官学而获得任官资格，但也有一些人通过捐纳、荐举、议叙等途径取得任官资格。

乾隆三年（1738）于钦天监附近设立算学一所，汉人无论举贡生童，或世业子弟，取同乡京官印结，具呈国子监会同管理算学大臣考试合格才能被录取。①嘉庆朝《大清会典》载，恩贡生、副贡生、岁贡生及廪增附之例贡监生，取旗籍文或同乡六品以上京官印结才能入国子监。②国子监、钦天监等在《申报》上所登告示显示，直到晚清参加此类招生考试仍须取具同乡京官印结。③

顺天府乡试和会试是取得任官资格的重要环节。顺天府乡试考生来源比较复杂，明朝已经开始利用同乡京官印结来限制考生假冒籍贯，进而保证考生资格的合法性，清朝的相关规定更加明晰。顺治二年（1645）明确规定参加乡试的生童，如果其祖父入籍在二十年以上，有坟墓田宅证据，取同乡官保结，方许应试。④国子监的贡监生肄业可参加顺天府乡试。雍正六年（1728）之前，国子监肄业者取具同乡京官印结才能移送顺天府乡试。之后，担心京官多寡不一，边远省份贡监无熟识之京官，于是规定取地方官文结到

---

① （乾隆）《大清会典则例》卷一五七，《国子监》，第20页。
② （嘉庆）《大清会典》卷六一，《国子监·管理监事大臣祭酒司业职掌》，第6页。
③ 《招考学生》，《申报》1885年11月2日，第2版；《申报》，1887年6月24日，第1—2版；《申报》1891年9月26日，第1—2版，等。
④ （康熙）《大清会典》卷五二，《礼部·仪制清吏司·贡举·科举通例》，第2页。

国子监投验。不过，在京的贡监生取具地方官文结往返需时，往往不能赶赴场期，又规定部分不及回籍起文者可取具同乡京官印结录科送考。①雍正七年（1729）规定，修书各馆内的外省生员，取同乡京官印结，准许保送参加顺天府乡试。②乾隆四十四年（1779）奏准，之前由寄籍顺天入学，后经遵例归籍的四库全书处誊录，以及由召试二等在馆行走各生，不能回籍应试，准其取具同乡京官印结，咨送国子监录科，赴顺天府乡试。③

乡试生监中试后需要出示同乡京官印结填写亲供。康熙四十七年（1708）议准，直隶各府乡试生监中试后，不具同乡京官印结，不得赴顺天府填写亲供。④举人复试在清前期并非定制，道光年间要求举人必须参加复试。道光十五年（1835），顺天乡试取中举人具同乡京官临场识认印结，在圆明园正大光明殿复试。道光二十三年（1843）议准，嗣后各省新中举人，于会试年二月初十日前到京，取具同乡京官识认印结，送礼部听候复试。⑤19世纪后期仍可见一些人，因为没有同乡京官印结而不具复试资格。《申报》载，光绪十一年（1885），南部某省冒籍直隶生员而中试者有七人，但复试须有同乡京官印结方得入场，直隶京官因七人冒籍而不出结。

---

① （光绪）《钦定大清会典事例》卷一一一〇，《国子监五·六堂课士规制·录送乡试》。
② （乾隆）《钦定大清会典则例》卷六六，《礼部·仪制清吏司·贡举上》。
③ （光绪）《钦定大清会典事例》卷一一一〇，《国子监五·六堂课士规制·录送乡试》。
④ （嘉庆）《钦定大清会典事例》卷二七三，《礼部四十一·贡举·申严禁令》。
⑤ （光绪）《钦定大清会典事例》卷三五一，《礼部六十二·贡举·复试》。

《申报》认为:"此次复试则已可望而不可入矣。"①

参加科举考试的其他程序亦需同乡京官印结。云南、贵州、嘉峪关以外举人进京会试,发给火牌。嘉庆六年(1801)奏准,武举人会试后限半年内将原牌赴兵部呈缴,留京不能立刻回原籍者,待回原籍时取具同乡京官印结赴兵部再行给发。②参加会试的举人,可以领取盘费银两。但会试举人有的任意逗留,有的中途潜归,人与文书均不到礼部,有的文书到而人不到,如有上述情形要追还盘费银两。乾隆五年(1740)覆准,会试举人已经到京,而患病丁忧者,取具同乡京官印结报礼部,免追缴盘费银两。③

2. 官吏选任与同乡京官印结

预备出仕者获得做官资格后,参加铨选时很多环节需提供同乡京官印结。

月选是清代选任简缺的一种方式,单月举行急选,双月举行大选。顺治初年即规定月选需要取具同乡京官印结。取具同乡京官印结者的范围是:在京郎中以下,小京官以上,在外道府以下,七品官以上。④武职人员投供候选亦需同乡京官印结。乾隆八年(1743)奏准,候选营卫各官,有投供后回籍未过一年者,免其行询,如已过一年,无论年份远近,需取具同乡京官印结赴兵部,准

---

① 《考事缀言》,《申报》1885年11月11日,第2版。
② (嘉庆)《钦定大清会典事例》卷五五七,《兵部一百三十一·邮政·邮符》。
③ (乾隆)《大清会典则例》卷六七,《礼部·仪制清吏司·贡举下》,第79页。
④ (乾隆)《大清会典则例》卷五,《吏部·文选清吏司·月选二》,第4页。

其投供铨选，不过同时要将在籍有无事故行询原籍。①清代后期规定，游击都司守备人员、②候选卫千总、③候选卫守备等有亲老愿掣近省者，投供候选都要取具同乡京官印结。④

部分高级官员的选任需同乡京官印结。嘉庆十一年（1806）定，裁缺、革职还职、降级还级的督抚到京后，将候补情况，出具同乡京官印结送吏部存案。⑤嘉庆十二年（1807）进一步规定，三品以下、鸿胪寺少卿以上，各京堂及翰詹等官，无论起复候补，特旨降调，凡属外官离任，及病痊、服阕来京，均取具同乡京官印结，随文书投吏部存案。⑥

被铨选上的官员要办理赴任手续。乾隆三十一年（1766）奏准，在京官员，无论初任补任，以奉旨之日起，限十日内到任，如有患病等情况，不能在限期内到任，取具同乡官印结，以凭查核。⑦道光十二年（1832）奏准，各省分发营卫武进士与汉人驻防各武举，赴兵部呈请分发时，取具同乡京官印结等，根据道路远

---

① （乾隆）《钦定大清会典则例》卷一〇四，《兵部·武选清吏司·职制二》，第16页。
② （光绪）《钦定大清会典事例》卷五六二，《兵部二十一·职制·铨选二》。
③ （光绪）《钦定大清会典事例》卷五七五，《兵部三十四·职制·卫千总选法》。
④ （光绪）《钦定大清会典事例》卷五七三，《兵部三十二·职制·双月卫守备选法》。
⑤ （嘉庆）《钦定大清会典事例》卷四一，《吏部二十八·汉员开列·督抚藩臬等官候补》。
⑥ （嘉庆）《钦定大清会典事例》卷四一，《吏部二十八·汉员开列·大学士京堂等官候补》。
⑦ （嘉庆）《钦定大清会典事例》卷四九五，《兵部六十九·绿营处分例·限期》。

近，照武职凭限日期，给予定限验票投标。①

　　大量正常的官员铨选之外，存在一些特殊地区或者职掌特殊官缺的拣选。清代有拣选下第举人候补边远省份官缺的制度。雍正二年（1724）议定，会试后下第举人，有情愿效力者，取具同乡官印结，投吏部引见，遣往云贵川广，每省各十员，遇有缺出，委用署印。②下第举人或荐举生员可以候选候补教职。乾隆七年（1742）议准，举人如有情愿就教，及已经拣选知县，情愿改教，取具同乡京官印结呈吏部候选。③拣选漕运人员、河工、盐库大使等有特殊要求。雍正二年（1724）议准，南漕领押重运需人，候选卫千总之汉军汉人武举等，拣选引见时需具同乡京官印结。④乾隆十八年（1753）覆准，遇有河工需人奏请拣发时，守部候选人员等需取具同乡京官印结。⑤乾隆二十二年（1757）议准，各盐场办理需人，有情愿赴挑者需取具同乡京官印结。⑥雍正六年（1728）覆准，生员考序班时取同乡京官印结，由鸿胪寺验明拣选。⑦光绪朝规定，太医院选补医生时，初进医生须取同乡京官印结赴太医院

---

① （光绪）《钦定大清会典事例》卷六一六，《兵部七十五·绿营处分例·限期》。
② （雍正）《大清会典》卷一〇，《吏部·文选清吏司·汉缺铨选总例》。
③ （乾隆）《钦定大清会典则例》卷一〇，《吏部·文选清吏司·除授》，第1—22页。
④ （乾隆）《钦定大清会典则例》卷一〇七，《兵部·武选清吏司·职制五》，第24—26页。
⑤ （乾隆）《钦定大清会典则例》卷八，《吏部·文选清吏司·遴选二》；（光绪）《钦定大清会典事例》卷六五，《吏部四十九·汉员遴选·河工拣发》。
⑥ （光绪）《钦定大清会典事例》卷六二，《吏部四十六·汉员遴选·盐库大使拣选》。
⑦ （乾隆）《钦定大清会典则例》卷一五六，《鸿胪寺》。

具呈报明。①

书吏等可以参加候选候补。顺治十二年（1655）题准，参加考职的吏员，在外需取具原籍印文，在京需取具同乡京官印结并五人互结。②乾隆四年（1739）奏准，内阁、六部等衙门书吏五年役满，各衙门于一月之内，将该吏着役时地方官印结，并取具同乡京官印结，一并咨吏部注册选用。③

直至清后期官员选任一些环节仍使用同乡京官印结。如拣选云南普洱府威远知事④，拣选福建盐法道库大使⑤，新进士分部分省即用人员改任教职⑥，奉天奏请拣发委用县丞、州吏目等⑦，都察院咨请拣发委用兵马司吏目等⑧，在办理相关手续时都须具同乡京官印结。宗人府⑨、詹事府⑩、内阁典籍厅⑪、翰林院招考供事⑫，国史馆、会典馆招考誊录⑬，钦天监招考，⑭招考内阁汉中书，⑮考

---

① （光绪）《钦定大清会典事例》卷一一〇五，《太医院·官制·选补医生》。
② （嘉庆）《钦定大清会典事例》卷一二二，《吏部一百九·书吏·考试供事》，第16—17页。
③ （乾隆）《钦定大清会典则例》卷一〇，《吏部·文选清吏司·除授》，第1—22页。
④ 《申报》1887年12月1日，第2版。
⑤ 《申报》1888年3月30日，第2版。
⑥ 《申报》1889年6月25日，第2版。
⑦ 《申报》1890年9月8日，第1—2版。
⑧ 《申报》1890年10月15日，第1—2版。
⑨ 《申报》1885年9月3日，第2版。
⑩ 《申报》1885年10月27日，第2版；《申报》，1887年6月18日，第1—2版。
⑪ 《申报》1886年5月10日，第1—2版；《申报》，1891年10月4日，第1—2版。
⑫ 《申报》1887年6月11日，第1—2版。
⑬ 《申报》1887年1月5日，第2版。
⑭ 《申报》1888年8月17日，第2版。
⑮ 《申报》1889年6月6日，第1—2版。

试国子监学正学录①、礼部招考教习②，都要求投考人取具同乡京官印结。

清代为防止出现籍贯、亲属、师生等方面的营私舞弊，对官员铨选时的回避范围及取具印结做出明确的规定。康熙四十二年（1703）议定，候补候选知县的原籍住址至现出之缺的距离在五百里之内的，需取具同乡京官印结，声明回避。乾隆七年（1742）议准，每月月选在吏部验到各官，如有寄籍者，取具同乡京官印结，将原籍呈明回避。③盐商与户部关系密切，盐商子弟出仕需回避户部。嘉庆十七年（1812）议定，盐商子弟，不准选户部司员或户部山东司之缺，赴吏部过堂时，须取具同乡京官印结，呈明办理。④光绪年间，亲族回避需同乡京官印结。⑤《申报》等数据记载了不少清朝后期回避制度的实例，如吏部一再要求新进士分部人员、月选各官等，应将有无应行回避之处，取具同乡京官印结赴吏部切实说明。⑥

3. 官吏管理与同乡京官印结

清代处理请假、终养、告近、更名、改籍、代奏等事项需要出具同乡京官印结。

---

① 《申报》1890年6月28日，第1—2版。
② 《申报》1886年8月15日，第2版。
③ （乾隆）《钦定大清会典则例》卷五，《吏部·文选清吏司·月选二》，第1—53页。
④ （嘉庆）《钦定大清会典事例》卷三九，《吏部二十六·汉员铨选·亲族回避》。
⑤ （光绪）《钦定大清会典事例》卷四七，《吏部三十一·汉员铨选·亲族回避》。
⑥ 《申报》1889年6月10日，第2版；《申报》1889年6月25日，第2版；《申报》1892年6月19日，第2版；《申报》1891年3月19日，第3版；《申报》1895年11月16日，第1—2版。

明代，京官请假回籍养病需要同乡官出具结状，清代请假出示同乡京官印结的范围更广。顺治十七年（1660）议准，各级官员请假，需取同乡官印结，具呈堂上掌印官，勘实代题。①丁忧守制者需同乡京官印结。乾隆二年（1737）覆准，官员出继为人后，遇本生父母之丧概令回籍治丧，在京各官取具同乡京官印结，中书以上呈吏部具题，其余各官呈吏部注册。乾隆七年（1742）奏准，新选新补内外官员，如果在京获悉讣告，或者父母在京病故，取同乡京官印结，呈报丁忧，准其守制。②丁忧者取同乡京官印结之制延续到清末，如候选知县刘乃赓丁忧，取具同乡京官印结赴吏部呈明。③

终养、告近需同乡京官印结。康熙三年（1664）题准，符合终养条件的京官需取同乡官印结到吏部具题。嘉庆五年（1800）奏准，遇有亲老业经迎养在寓，在京候补候选人员，取具同乡京官印结，咨吏部存案，不用弃职终养。④直到晚清，一些官员在办理改掣近省与迎养时要提供同乡京官印结。⑤

官员在仕途中有时会更名、改籍。康熙三年（1664）题准，汉人官员更名复姓，取具同乡京官印结，准其更复。⑥清末仍可见更名时使用同乡京官印结的情形。杨开第被哈密办事大臣奏保免补

---

① （康熙）《大清会典》卷九，《吏部·文选清吏司·给假》，第25—27页。
② （乾隆）《钦定大清会典则例》卷二九，《吏部·稽勋清吏司·守制（终养附）》，第1—16页。
③ 《申报》1896年9月29日，第2版。
④ （光绪）《钦定大清会典事例》卷一四〇，《吏部一百二十四·终养·汉员告养》。
⑤ 《申报》1896年9月29日，第2版。
⑥ （雍正）《大清会典》卷二二，《吏部二十·稽勋清吏司·更名复姓》，第13页。

守备以都司尽先即补,缮单时将"开"字误书"闻"字,不得不取具同乡京官印结到兵部呈请更正。①顺治年间定,官员寄籍他省,愿改归原籍者,在京者取具同乡京官印结,吏部移咨该省。②乾隆三十八年(1773)加强对顺天府籍贯的管理,对不符合条件的寄籍人员限期强制改归原籍。正在赴吏部候补、候选人员,就近取结,准予更正籍贯,但仍需取具本籍同乡京官印结送吏部呈明,照例铨选。③

代奏是指有上奏权的机构与官员为无上奏权的中下级官员与民人出奏。其基本途径有两种,一是通过都察院代奏,二是京内各衙门的中下级官员可以通过本衙门堂官代奏。由于当时的信息条件,上书人的身份难以确定,即由同乡京官为上书人作身份保证。呈请代奏者取具同乡京官印结是为了防止冒滥。④晚清都察院为恩准予谥⑤、殉难殉节之事⑥,建忠义总祠、专祠⑦,讼事⑧,开办铜厂等代奏中均见呈请者取具同乡京官印结⑨。

明代办理荫子与封典等事项已经需要提供同乡京官印结,清代办理封赠、旌表、承袭等需取具同乡京官印结。康熙二十八年

---

① 《申报》1882年1月11日,第3—4版。
② (乾隆)《钦定大清会典则例》卷二九,《吏部·稽勋清吏司·改籍》。
③ (嘉庆)《钦定大清会典事例》卷一一七,《吏部·籍贯·改籍》。
④ 《申报》1898年10月29日,第14版。
⑤ 《申报》1872年5月11日,第4—5版;《申报》1873年2月13日,第4—5版;《申报》1873年2月26日,第3—5版;《申报》1873年5月9日,第4—5版;《申报》1873年8月30日,第4—5版。
⑥ 《申报》1876年12月13日,第3—5版;《申报》1876年10月7日,第4—5版;《申报》1877年3月15日,第4—5版。
⑦ 《申报》1872年6月14日,第4—5版;《申报》1883年9月6日,第12版。
⑧ 《申报》1883年11月20日,第12版;《申报》1876年2月28日,第4—5版。
⑨ 《申报》1872年8月20日,第4—5版;《申报》1874年12月26日,第4—6版。

（1689）规定，办理封赠咨送时需取具同乡官印结。①清代旌表需取具同乡京官印结，赴礼部具呈。②咸丰九年（1859）后殉难各员，议给世职，如原籍地方失陷，尚未收复，准其取具同乡实任京官印结在兵部呈明，予以办理。③刘裕恭办理恩骑尉承袭、夏宗彝办理承袭难荫等事项时使用了同乡京官印结。④

捐纳可获得做官资格，改变铨选程序，保障官员有晋升渠道，规避行政惩戒。不少报捐需要取具同乡京官印结。⑤如乾隆三十八年（1773）议准，大兴、宛平两县捐纳贡监及捐职人员，需取具同乡京官印结呈户部查核。⑥乾隆三十九年（1774）议准，凡捐复人员，如工部查明该员并无工程应追银两，该员切实甘结，并取具六品以上同乡官印结，送户工二部存案方准其上捐。⑦报捐指省等事的回避需同乡京官印结。⑧一些捐纳项目须提供同乡京官印结，并非因为捐纳而特别做出的规定，而是由于官僚制度运作某些环节本身的需要，如捐纳与非捐纳方式办理月选等铨选程序都要提供同乡

---

① （嘉庆）《钦定大清会典事例》卷一三，《中书科·职掌·封典限期》，第6页。
② （光绪）《钦定大清会典事例》卷四〇四，《礼部一百十五·风教·旌表节孝二》。
③ （光绪）《钦定大清会典事例》卷五八四，《兵部四十三·恩锡·袭次》。（光绪）《钦定大清会典事例》卷一四四，《吏部一百二十八·荫叙·难荫及加赠》。
④ 《申报》1877年9月22日，第3—4版；《申报》1889年9月8日，第12版。
⑤ 伍跃：《中国的捐纳制度与社会》，南京：江苏人民出版社，2013年，第129—139页。
⑥ （嘉庆）《钦定大清会典事例》卷三〇八，《礼部七十六·学校·例贡例监事宜》。
⑦ （嘉庆）《钦定大清会典事例》卷六八二，《工部二十二·营建通例·报销期限》。
⑧ （光绪）《钦定大清会典事例》卷四七，《吏部三十一·汉员铨选·本籍接壤回避》。

京官印结。

清代不仅延续了明朝制度,而且又有更多的衙门和出仕环节接纳了同乡京官印结。需要提供同乡京官印结的事项,顺治朝包括改籍、铨选、乡试、考职、请假等;康熙朝有改名复姓、回籍终养、封典期限、本籍接壤回避、顺天府乡试生监中试后填写亲供等;雍正朝包括太医院选补医生、拣选举人任职、拣选南漕官员、回籍守制、考序班等。一代代积累的基础上,到雍正朝已经建立起比较完备的同乡京官印结制度,清朝中后期对此有所补充,但无根本性改变。吏部、户部、礼部、兵部、刑部、工部、都察院、鸿胪寺、国子监、太医院、侍卫处等部门的运行均有需要同乡京官印结之处。出仕人员办理入学、科举考试、月选拣选考职、请假、告病、丁忧、告养、起复、更名、改籍、代奏、回避、封赠、捐纳等需要取具同乡京官印结。

二、朝廷对同乡京官印结之接纳与防范

(一)保证内容及意图

同乡京官印结广泛地嵌入官僚制度运作之中,同乡京官在构建印结制度的过程中发挥了关键性的作用,推动了保证制度的发展。朝廷接纳同乡京官印结,其目的是以同乡京官保证出仕人员籍贯、家庭状况和经历的真实、无误。

同乡京官印结对出仕人员的籍贯予以保证。乾隆曾论及同乡京官印结与籍贯回避制度的关系。乾隆四十二年(1777),户部官员带领浙江解饷官绍兴府通判张廷泰引见。乾隆皇帝听其所奏,似绍兴语音,便问其籍何处。张廷泰奏称:"幼曾随父至绍兴,住居数年,遂习其土音。"乾隆皇帝认为,其言未必可信。由于本籍人在家乡任官，与体制不符，乾隆皇帝要求投供时，在同乡京官印结内载明寄籍、祖籍，及实系本籍字样，以备查核。①出仕人员所言未必可信，而京官是对同乡的籍贯较为熟悉的人选之一，因此需要同乡京官出具印结保障出仕人员籍贯的真实性，进而保证籍贯回避制度的实施。除了籍贯回避制度，其他诸如顺天府乡试、官员改籍等也涉及出仕人员的籍贯问题。

同乡京官印结要查明同乡的家庭状况。同乡京官印结中通常需开列三代履历。如康熙五十七年（1718）规定：汉军、汉人、候选、候补和捐纳大小各官的同乡京官印结内，必须注明三代履历，有无过继。②嘉庆十一年（1806）议定，投考宗人府要出具身家清白，并无顶冒印结。③给事中夏献馨奏贱役人等蒙捐官职后，光绪皇帝要求："嗣后各直省出结官，于候选分发人员取结时，务将该员身家是否清白，确切查明，不得滥为出结，以杜朦混而重名器。"④拣选一些特殊职位官员时，京官须证明同乡的身家是否殷实。如盐场大使，及河工效力官员，必须为身家殷实之人，以免发生累商剥民及侵帑误工等弊病。⑤

京官出结时需对同乡的经历进行保证。道光九年（1829）规定："此后捐纳各官，例由本员具呈注册铨选者，即责成同乡京官出具确实印结，均令于文结内详叙捐生出身履历，此内如有降革人

---

① 《大清高宗纯皇帝实录》卷一〇三七，乾隆四十二年七月下己丑条，第22—25页。
② （雍正）《大清会典》卷一〇，《吏部·文选清吏司·汉缺铨选总例》。
③ （嘉庆）《钦定大清会典事例》卷一二二，《吏部一百九·书吏·考试供事》，第14页。
④ 《大清德宗景皇帝实录》卷五五，光绪三年八月上丁亥条，第9页。
⑤ 《大清世宗宪皇帝实录》卷七九，雍正七年三月丁巳条，第15—16页。

员报捐,并令将该员从前曾任何项官职,缘事降调案由,一并详细注明,以凭查核。"①道光十四年(1834),御史许球奏,实缺人员告假开缺,请严格对出结官的处分,以杜捏饰。道光皇帝谕:"嗣后京外实缺人员,无论何项请假开缺,着该管上司详查确实,并责成出结官出具并无规避营私甘结,方准开缺。"②道光年间,举人呈请拣选,取具同乡京官印结要声明有无就教。③

用同乡京官来保证出仕人员籍贯、家庭状况和经历的真实性主要有两大作用。

首先,同乡京官印结为官僚制度的运行提供了一个替代性保证渠道。人在京师,不及回原籍取具一些文件,或者原籍的文件尚未到京,此时出仕的一些程序已经开始办理等情形下,可用同乡京官印结替代其他证明文件先行办理相关手续。明朝办理推升、捐纳时,可以利用同乡京官印结提前办理相关事宜,而不必等文件到齐后再行办理。清代类似的事例更多。如在京的部分不及回籍起文者,可以取具同乡京官印结录科送考。再如举子丁忧,临场服满,取具同乡官印结后准许参加会试,贡监准许参加顺天府乡试。④

人已在京师,到京文件有误,出仕人员也可出具同乡京官印结加以改正,并续办相关事宜,不用回籍重新办理。康熙六十年(1721)题准,候选候补官员赴选文结内小有舛错,取具都统

---

① (光绪)《大清会典事例》卷一一五,《吏部九十九·处分例·滥行出结》。
② 《大清宣宗成皇帝实录》卷二五〇,道光十四年三月丙寅条,第3—4页。
③ 《大清宣宗成皇帝实录》卷三三五,道光二十年六月庚辰条,第25页。
④ (嘉庆)《钦定大清会典事例》卷二七一,《礼部三十九·贡举·录送乡试》。

咨文，同乡官印结，即可准许改正，不必再行驳查。①嘉庆四年（1799）奏准，官员在籍服满后，赴吏部候选，到京后，始知服满文被驳饬察议，准许该员就近将违碍缘由，据实声叙，取具同乡京官印结，赴吏部呈明办理。嘉庆十九年（1814）奏准，出仕人员服满文内未声明三代年岁存殁者，准许就近取具同乡京官印结，声明起复。②清末《申报》等处仍可见一些官员和吏部使用同乡京官印结办理服满起复的情况。③

捐纳用同乡京官印结即可免除回籍取文结。道光二十一年（1841）奏准，各项捐纳候选卫守备，若有未赴本籍起文者，取具同乡京官印结，赴吏部具呈，注册投供，铨选分发。坐补原缺卫守备，经该督抚咨送到吏部引见，奉旨后，即行捐免坐补原缺，取具同乡京官印结，即准予投供；如逾半年始捐，及捐后半年始投供，仍令回籍起文到吏部，方准投供。④

同乡京官印结作为替代性保证，使官僚制度运作多了一个备选方案，从而更加具有灵活性，它也一定程度上给出仕者提供了方便。

其次，同乡京官印结为官僚制度运作增加一道防弊屏障。

明清时期，由于科举发达、捐纳盛行等因素，导致出仕人员日趋复杂化。"捏饰""朦混""顶替""假冒""规避营私"等弊

---

① （乾隆）《钦定大清会典则例》卷五，《吏部·文选清吏司·月选二》，第1—53页。
② （光绪）《钦定大清会典事例》卷一三九，《吏部一百二十三·守制·官员起复》。
③ 陆元鼎、徐士英等人办理服满起复见《申报》1885年6月18日，第11版；《申报》1890年11月21日，第1—2版。
④ （光绪）《钦定大清会典事例》卷五七三，《兵部三十二·职制·双月卫守备选法》。

端影响腐蚀官僚制度的正常运行。嘉庆皇帝强调，"报捐者惟凭京官印结，及地方官文结，原所以杜假冒"①，"考试取具印结，原以杜顶替捏冒等弊"②。咸丰皇帝指出："近来捐例繁多，流品不一，全赖各省出结官认真稽查，以杜弊混。"③同治皇帝也认为："各省京官印结，系为防弊而设。"④朝廷意在用同乡京官印结防止"顶替""假冒"等违规违法行为。

同乡之间熟悉彼此的籍贯、家庭状况和经历等。官僚制度中使用同乡京官印结主要是借助同乡之间的熟络，以保证出仕者籍贯、家庭状况和经历的真实性，其意图是"杜朦混而重名器"。同乡京官印结的介入，使官僚制度多了一道防弊屏障。

（二）出结之漏洞

使用同乡京官印结主要基于出结官对取结者籍贯、家庭状况和经历有较为充分了解的假设。然而，空间距离和捐纳中银号包揽代人取结上兑等因素，有可能导致出结者对取结者相关信息的掌握并不充分。⑤

由于中国幅员辽阔，即便是同乡，出结官与取结者之间的空间距离过远，可能影响同乡京官印结保证的真实性。乾隆元年（1736），太仆寺少卿鲁国华奏称："候补候选者有与同乡之京官相去四五百里，甚至千里者，岂能备悉其人之生平。"由于候补候

---

① 《大清仁宗睿皇帝实录》卷三一，嘉庆三年六月甲午条，第35页。
② 《大清仁宗睿皇帝实录》卷一〇一，嘉庆七年七月下戊戌条，第17—18页。
③ （光绪）《大清会典事例》卷一一五，《吏部九十九·处分例·滥行出结》。
④ （光绪）《大清会典事例》卷一一五，《吏部九十九·处分例·滥行出结》。
⑤ 商人代办报捐参见伍跃：《中国的捐纳制度与社会》，南京：江苏人民出版社，2013年，第104—118页。

选官员铨选前后，被发觉有出身不正，行止有亏等情况时，出结官将受到惩罚，因此自爱者不肯轻易出结，有欲者反得借势抑勒。①道光皇帝指出："直省拔贡，各府州县俱有，而直省各府州县，不必尽有京官，云贵远省，京官更属寥寥。设使该拔贡应行复试，本州本县并无京官，即偶有一二京官，与该拔贡不相认识，甚或有意慎重，不欲滥行出结，亦所常有。若临场拘执，是该拔贡转因此不能入场，殊觉窒碍难行。"②同乡之间地理空间相对而言算是近的了，但是在交通不便，信息传播渠道不畅的时代，一省之内的同乡彼此也不一定能充分了解。

清代，银号、金店逐渐成为报捐的中介或者代办机构。捐纳中银号可以包揽代人取结上兑，在一定程度上消解了同乡京官印结的保证效果。嘉庆二十年（1815）掌广东道监察御史孙世昌注意到，出结之员有预用空白印结的情况出现，他指出："听银号包揽代人取结上兑，甚至出结者不知所结为何人，报捐者亦不知为何人之结，其顶冒与否，清白与否，皆未能知。"③道光九年（1829）御史达铺奏称："各直省人员投供赴选及报考报捐等事，向例取具同乡京官印结呈验，原以同乡素相识认，有无情弊，不能朦混，立法至善。乃近来例准出结各员，但系同乡，即并未识认之人，亦为出结，又有暗向银号勾通，不问有无违碍顶冒，含糊包揽，并有五城

---

① 《奏为候补候选人员同乡京官出结之例宜略为变通等情请饬部议复施行事》（乾隆元年七月十一日），中国第一历史档案馆藏，04-01-12-0004-072。
② 《大清宣宗成皇帝实录》卷三一三，道光十八年八月癸酉条，第3—4页。
③ 《奏请饬出结官员务须详慎勿致捐纳人员预用空白印结事》（嘉庆二十年三月初三日），中国第一历史档案馆藏，03-1567-001。

候补正指挥偶遇署事，多将空白钤印，以为日后售结之计。"①咸丰十一年（1861），御史高延祜指出："各省出结官皆虚应故事，有名无实，凡捐生取结，径由经手报捐上兑之人向印结局领取，皆系总理印结局之官代为填给，其出结之官与报捐之人不仅并未谋面，亦且并不与闻。"②其结果是一些身家不清白之人，蒙捐出仕，鱼龙混杂，清浊难辨。光绪年间有人称："印结之设，原为禁止顶冒，广东现有代验看结费名目，既任代验，何又用结，自相矛盾一至于此。"③捐纳中银号包揽代人取结上兑不仅使捐纳制度，甚至同乡京官印结制度的基础也受到冲击。

出结官不认识取结者或者不完全了解取结者的信息，使同乡京官印结保证内容的真实性受到挑战，与其初衷不相符，产生了诸多弊端。

取结者不认识出结官，也会生出一些弊病。如道光年间，直隶省一些贡监生向顺天府呈诉："生等皆系穷乡寒士，现无同乡认识出结之官，碍难考试。"④没有认识的出结同乡京官，取结者不得不托人代寻印结。

代寻印结常出现人托人的问题。如乾隆二年（1737），直隶南宫县武举郑柏龄托人代寻印结时发生了偷用印结案件。郑柏龄在兵部具呈拣选南漕效力，因无在京同乡官员相识，请熟人陈音代寻印

---

① 《大清宣宗成皇帝实录》卷一六三，道光九年十二月乙亥条，第14—15页。
② 《奏请饬令各省总理印结官认真稽查以杜蒙捐事》（咸丰十一年），中国第一历史档案馆藏，03-4431-084。
③ （清）唤醒梦梦子：《揭广东云南印结之弊》，《申报》1875年11月25日，第1版。
④ 《奏为乡试取具印结请量为变通事》（道光十九年八月初六日），中国第一历史档案馆藏，03-3669-049。

结。经过李玉章、莫麟等层层转托，最后由刑部湖广司经承朱邦英乘用稿印的时候，擅自盖印，后被发现是偷用印结。[①]嘉庆年间，王世瑨等请人代寻印结也是人托人，最后所托之人假造印结被发现。[②]道光年间的一起代寻印结案中，于重耀等四人托吴世芳等，吴世芳等托沈钊，沈钊托楼某等，转托多人，弊窦丛生。[③]

托人代寻印结案件中，书吏们采取偷印结、假造印结等违法途径为取结者提供印结，结果东窗事发，累及无辜。案件起因多为取结者不认识出结官，转而托人代寻印结。

情托与贿嘱等是影响滥行出结的重要因素之一。嘉庆皇帝注意

[①] 陈音是直隶涿州人，在兵部职方司当贴写书办，他要了郑柏龄三两银子，将银子二两零四分转烦李玉章寻人出结，剩下的九钱六分银子自用了。李玉章是大兴县人，从前在兵部堂上当过书办。十二日，他转烦同住的莫麟替他寻人出结。莫麟也是大兴人，在刑部江西司充当书办。李玉章给了他二两零四分银子，他给了朱邦英一两二钱银子，要他转求本官王组出结，剩下的八钱四分银子，莫麟自己用了。朱邦英是浙江绍兴府会稽县人，为刑部湖广司经承。他趁着用稿印的时候，私自用了一颗印，将印结交与莫麟。闰九月十三日晚，陈音到郑柏龄寓所拿出一张刑部湖广司额外主事王组印结。郑柏龄不识真假，至王组处拜谢，方知印结系偷出，恐有干连，为此据实呈首叩乞查断。刑部传提陈音等审讯。十月十三日审结。将朱邦英革役，徒二年，至配所杖八十折责三十板，递回原籍定地充徒；莫麟、陈音杖六十，各折二十板，革役李玉章四十折责十五板；武举郑柏龄以财求请出结，已经据实首明，免罪。《题为报湖广司已革经承朱邦英自首偷用印结一案情由单》（乾隆二年），中国第一历史档案馆藏，02-02-028-002032-0020。

[②] 刑部广东司主事孔广廉风闻有山东捐纳县丞王世瑨、主簿王宗沂于十月在吏部验照所用印结系孔广廉名。孔广廉没出此结，于是向王世瑨等人询问。王世瑨称，其印结托几姓转托吏部书吏沈姓代办。王宗沂称，其印结托吏部王姓代办。二十八日晚间，吏部书吏王宗海、邓其昌来孔广廉寓所求恩免究，当即被拿获。此案是王宗沂托王宗海，王宗海托邓其昌，邓其昌托沈六，沈六取得孔广廉印结。王世瑨托汲建和，汲建和托沈琢如，沈琢如托邓其昌，邓其昌托沈六。王宗海所取印结与刑部广东司式，字画显有参差，很可能是假造印结，而沈六也闻风潜逃。《奏为审办刑部主事孔广廉因印结不明将王宗海、邓其昌送究事》（嘉庆十四年十二月十一日），中国第一历史档案馆藏，03-2459-031。

[③] 《题为查议顺天学政吴文镕失察书吏代应试生员代觅印结议处事》（道光十五年八月十六日），中国第一历史档案馆藏，02-01-03-10167-017。

到,报捐者需要京官印结,"一遇情托贿嘱,即不免滥行出结"①。内阁考取供事,印结官李肆颂等出结数百张,嘉庆皇帝直言其弊:"内阁报考供事,司官出结,自二百张至七百张不等,断无一人认识如许多人之理,自系希得酬谢小费,遂尔滥行保结。"②

清代滥行出结屡禁不止,滥行出结案件层出不穷。乾隆年间,梁无党捐纳封典案发,吏部杨永谟照滥行出结,被降二级调用。③嘉庆时期,陈连为大学士庆桂契买家奴,他通过捐纳,签掣安徽试用通判。按照规定,家人常随是不应出仕之人,陈连被查,滥行出结各员被吏部议处。④嘉庆二十四年(1819),礼部奏参甘肃阶州训导蒋万柏违例取结会试,滥行出结之刑部主事同功元被议处。⑤咸丰九年(1859)戴尧天等在督察院呈控直隶临城县知县戴泽远以匪僧改名朦捐,户部咨称,戴泽远遵豫工事例报捐县丞,出结之同乡官系前任江西司郎中王三祝。次年吏部将失察身家不清,滥行出结之王三祝降一级留任,不准抵销。⑥

同乡京官印结与官僚制度结合之后,出现诸多漏洞和弊端,令保证制度面临挑战。

---

① 《大清仁宗睿皇帝实录》卷三一,嘉庆三年六月甲午条,第35页。
② 《大清仁宗睿皇帝实录》卷一〇一,嘉庆七年七月下戊戌条,第17—18页。
③ 《题为会议吏部主事杨永谟不行查明滥行出具河南捐职梁无党印结照例革职事》(乾隆二十五年二月二十三日),中国第一历史档案馆藏,02-01-03-05703-023。
④ 《大清仁宗睿皇帝实录》卷七八,嘉庆六年正月己亥条,第17页。
⑤ (光绪)《钦定大清会典事例》卷三三九,《礼部五十·贡举·起送会试》。
⑥ 《题为遵议查参前任户部江西司郎中王三祝为同乡戴泽远报捐滥行出结请给予降级留任处分事》(咸丰十年二月二十三日),中国第一历史档案馆藏,02-01-03-11320-048。

（三）朝廷对同乡出结之防范

为有效地保障官僚制度运转，朝廷出台相应措施，以防范同乡出结过程中出现的各种弊端。

首先，出结同乡京官有品级和部门之限制。

清代《会典》和《实录》中提及同乡京官印结出结官的品级，通常指六品、五品京官，不过也有一些别的规定。雍正强调盐场大使等出结之官必须为主事以上之员，其微末京职，概不准出结，① 偶尔也准七品京官出结。嘉庆五年（1800）奏准，如某省并无五六品京官出结，即令七品以下同乡京官图结，出具隔省五六品京官印结投递。② 嘉庆十一年（1806）议定，投考宗人府供事，取五品以下七品以上同乡京官印结。③

同乡京官印结上所盖印信为出结官的衙门所有，提供保证的不仅仅是京官个人，还包括了京官所在的衙门。虽然出结官多为五六品京官，不过并非所有五六品京官都能出结，出结者还受就职部门限制。嘉庆时期，翰林院编修等官不能为供事考试出结："翰林院为京员清秩，非行走司曹可比。若纷纷代供事出结考试，临期识认，于体制未协，嗣后各衙门供事，所有编修、检讨、庶吉士等官，不准出具图结。"④《清稗类钞》记载，京曹印官可出结者，为六部郎中、员外郎、主事、宗人府起居注主事、光禄寺署正、顺

---

① 《大清世宗宪皇帝实录》卷七九，雍正七年三月丁巳条，第15—16页。
② （光绪）《大清会典事例》卷一一五，《吏部九十九·处分例·滥行出结》。
③ （嘉庆）《钦定大清会典事例》卷一二二，《吏部一百九·书吏·考试供事》，第14页。
④ （嘉庆）《钦定大清会典事例》卷一二二，《吏部一百九·书吏·考试供事》，第16—17页。

天府治中粮马通判、大兴宛平两县知县；五六品京堂、给事中、御史因体制崇不能出结；翰林院修撰、编检、内阁中书因无印也不能出结。①清末，出结的京官范围有所扩大，一些新设机构有印信使用权的官员，如京师内城地方审判厅民科推事等也能出结。

有时出结官要求正途京官和实授官出结。光绪十年奏定，"贡监投考，责成各直省同乡京官正途出身不与乡试者出结"②。道光十二年（1832）奏准，"各省人员投供赴选，以及报考报捐等事，五城正指挥实授者，准其出结，其拣选候补署事代理者，不准出结"③。通常由正途出身京官管理、查核印结。吏部规定，印结向由该省出结京官等公举正途出身者查核。④参与出结的刑部主事李绍钧等指出，各省同乡京官向有公议保举正途之五六品京官一二员管理稽查之责。⑤

其次，对出结过程进行管理。

各衙门设立号簿查核是否出结。如雍正十二年（1734）覆准，"凡出结各官，务令本衙门设立号簿，将出过印结缘由，登记簿内，每至月终，按照数目缘由，汇送清册呈堂，咨吏部查核；如册内无名，即传赴选人员究问"⑥。

---

① 《清稗类钞·廉俭类》，第44—45页。关于翰林院官员不能出结原因，会典记载是体制问题。《清稗类钞》记载是无印，可能既无印，又体制未协才不让翰林院官员出结。
② （光绪）《钦定大清会典事例》卷一一〇〇，《国子监五·六堂课士规制·录送乡试》。
③ （光绪）《大清会典事例》卷一一五，《吏部九十九·处分例·滥行出结》。
④ 《申报》1896年9月29日，第2版。
⑤ 《申报》1893年2月27日，第1—2版。
⑥ （光绪）《大清会典事例》卷一一五，《吏部九十九·处分例·滥行出结》。

有一种同乡京官印结是通过现场识认确定京官与同乡的关系，同乡京官为顺天府应试者出结并需临场识认。乾隆五十四年（1789），"乡试生员，请令该督，每府派教官二员，到京识认。其国子监肄业贡监生，令助教等官识认，其不在监肄业者，取具同乡官印结，令出结官识认，其在部候选，及各馆誊录，亦令同乡出结官识认"①。嘉庆二年（1897）奏准，国子监官员子弟录科，取同乡官识认保结。②光绪十年（1884）奏定的《录科防弊章程》规定："贡监投考，责成各直省同乡京官正途出身不与乡试者出结，依期赴国子监识认，出结官不到，不准该考生入试，如查有买枪顶名扶同作弊，将出结官参处。"③传补教习和考职时需出具京官临场识认印结。光绪五年（1879）奏准："嗣后传补教习，令取具同乡京官识认印结，仍照旧自备亲供赴部验到，再行给咨赴学，验到之后，如查有到学迟延及别项情弊，即将该教习及出结官，一并分别议处。"④光绪年间，考职时，"凡在国子监肄业诸生，无论正途捐纳，均由六堂助教移付绳愆厅送考，并取具同乡六品以上京官临场识认印结二纸投递"⑤。直到清末参加吏部补行验看⑥；在吏部投供请拣之候选人员报到听候点名拣选⑦，新举人复试点名⑧，

---

① 《大清高宗纯皇帝实录》卷一三四四，第12页。乾隆五十四年十二月上。
② （光绪）《钦定大清会典事例》卷一一〇〇，《国子监五·六堂课士规制·录送乡试》。
③ 同上书。
④ （光绪）《钦定大清会典事例》卷三九三，《礼部一百四·学校·官学通例》。
⑤ （光绪）《钦定大清会典事例》卷一一〇〇，《国子监五·六堂课士规制·录送乡试》。
⑥ 《申报》1891年3月18日，第1—2版。
⑦ 《申报》1888年1月28日，第2版。
⑧ 《申报》1889年3月31日，第2版。

考试内阁中书等须出结同乡官前往识认。①

　　同乡官在考试等场所对取结者进行识认外，还要求在出结前详究取结者的来历。如同治十三年（1874）规定："取结人员，有无各项违碍情弊，出结官须先期查明，再行出结，不准于验看及引见后，呈请扣留执照。业经铨选分发人员，有身家不清等弊，续经出结之员查出，准其据实检举，宽免处分。"②

　　属于本部门铨选不许本部门人员出结。乾隆年间，御史胡翘元参奏签掣江西雩都县典史江鉴。起因是出具同乡京官印结者为吏部文选司司员杨焞，为此朝廷做出规定："吏部文选司司员，遇有铨选等事，嗣后概不准其出结，违者降二级调用，杨焞应照此例。各部院官员如遇承办事件，有自行出结者，亦照此议处。"③嘉庆五年（1800）奏准："各部院衙门司员，遇有本司办理事件，概不准其出结，如有率行出结者，照违令私罪律议处。"④

　　同乡京官可以为多人出结，不过在一些特殊情况下对其出结数目进行限制。如嘉庆十一年（1806）议定，投考宗人府供事，报名时投递，每京官一人，每次只许结送一人，所保既隘，姓名必真，除京官内尚有不愿出结者，计每次取结投考之人，必不致如前滥溢。⑤

---

①　《申报》1889年6月29日，第1—2版。
②　（光绪）《大清会典事例》卷一一五，《吏部九十九·处分例·滥行出结》。
③　《大清高宗纯皇帝实录》卷八七九，乾隆三十六年二月下戊子条，第4—5页。
④　（嘉庆）《钦定大清会典事例》卷九二，《吏部七十九·处分例·滥行出结》，第6页。
⑤　（嘉庆）《钦定大清会典事例》卷一二二，《吏部一百九·书吏·考试供事》，第14页。

最后，惩罚出结失误者。

出结事关出结者的道德良知，也负有保证责任。对出结官的失误进行惩罚是防止同乡京官滥行出结的主要手段。同乡京官出结，如因假冒蒙混等事被查，将针对不同出结事项和情节，给予出结者罚俸、降留、降调和革职等处罚。

罚俸属于较轻的处分。嘉庆二十二年（1817），发生了李履顺改名蒙混荐举事件。因此议定，官员更名蒙混，出结之同乡官，降一级留任；若无关铨选人员，有蒙混更名者，将出结之京官，罚俸一年。①比较严重的处分是将出结同乡官革职。顺治年间规定，官员寄籍他省，愿改归原籍，如查出假冒情弊，将出结官革职。②有的官员于父母疾笃之时，假捏出继归宗，更名复姓，豫为匿丧。乾隆四年（1739）覆准，更名复姓时如有假冒等情节，将该员革职治罪，出结官照代顶冒出结例革职。③

通常对通同舞弊的出结官处分严重，失察者处分较轻；对出结官处分重，如查结官减等。如同治元年（1862）议准："嗣后有身家不清，假冒顶替之人，报捐以前，另犯奸赃不法等事，因案发觉，其同乡京官滥行出结，应查照定例，从严议处。失察者，降三级留任，不准抵销。知情者，降三级调用，私罪。隐匿不举，并通同舞弊者革职，不准捐复。至总司查核之员，减等定拟，如查结官知情容隐，即议以降三级调用；通同舞弊者，仍革职，不准捐

---

① （光绪）《钦定大清会典事例》卷九四，《吏部七十八·处分例·官员更名改籍》。
② （乾隆）《钦定大清会典则例》卷二九，《吏部·稽勋清吏司·改籍》。
③ （嘉庆）《钦定大清会典事例》卷一一七，《吏部一百四·籍贯·更名复姓出继归宗》，第9页。

复。"①同乡京官被处罚,捐复是重要的救济手段,印结局有专门条款规定是否资助出结官捐复。②不准捐复即失去了这种救济的希望与途径。

违规出结而受处罚的规定对出结者有一定威慑力。光绪三年(1877)二月二十三日,广西丙子科新中举人牛光斗,取具户部主事龙继栋印结参加复试。二十四日,户部主事龙继栋呈称,牛光斗有身家不清之事,应该检举,将牛光斗印结撤销,以便查明办理。礼部奉旨斥革举人牛光斗。吏部奏请将户部主事龙继栋照出结官失察,不准抵销例,议以降一级留任,因属于自行检举,照原例减为罚俸一年,不准其抵销。③这个案例中,出结官龙继栋因为自行检举而受到较轻的处罚,他之所以自行检举或多或少迫于违规出结而受处罚的压力。

朝廷对同乡京官参与官僚制度的运作保持警惕,产生限制出结同乡京官的品级和部门,管理其出结过程,惩罚其出结失误者等措施,其目的是尽可能防止同乡京官出结的弊端。无论是取结者案发而牵连出结官,还是取结者诉出结官,抑或出结官之间互控,以及出结官自行检举,都使违法出结与取结的同乡面临被处罚的风险,这一定程度对滥行出结产生威慑作用,然而威慑并不意味能够杜绝滥行出结。

---

① (光绪)《大清会典事例》卷一一五,《吏部九十九·处分例·滥行出结》。
② 《结局现行章程(广东)》,京师京华印书局,宣统元年,中国社会科学院近代史研究所图书馆藏,第1页。
③ 《题为遵议户部主事龙继栋自行检举所出印结身家不清请照例降留事》(光绪三年六月十九日),中国第一历史档案馆藏,02-01-03-11828-003。

三、印结与乡谊之型塑

朝廷接纳同乡京官介入官僚制度运作，同乡京官则利用参与官僚制度运作的机遇顺势而为，收取印结费改善生活。办理印结过程中同乡京官往往商订各种印结章程，规范印结，逐渐衍生出印结局，它主要管理出结、收取并分配印结银。伍跃等对印结局的组织、功能和印结银的分配已有论述。① 本文则详其所略，侧重梳理印结费的演变，讨论同乡京官利用出结获取印结费以维持、改善生计时，印结费又是怎样引起同乡的利益博弈等问题。

（一）结费与京官生计

在明代文献中，尚未见同乡京官收取印结费的记载。清代，雍正皇帝曾提及获取同乡京官印结而交一定费用，这是关于印结费较早的记载。雍正八年（1730），雍正皇帝整顿盐政弊端时指出：吏部因人员不敷，"遂将监生捐纳职衔之人纳入盐场大使的拣选之内，今行之二年，众人渐启钻营之念，闻有央求同乡京官出结，而私相馈送者，此风断不可长"。② 同乡京官出具印结获取一些馈送已经被皇帝所知，可见这种私人之间的风气已经严重到被朝廷所关注的程度。清末一位笔名为唤醒梦梦子的官员指出，乾隆年间，有御史认为结费为陋规，曾多次奏请禁革。③ 嘉庆二十四年（1819），四川道监察御史龚铿奏称，风闻云南、浙江、山西、河

---

① 伍跃：《中国的捐纳制度与社会》，南京：江苏人民出版社，2013年，第156—157页。
② 《大清世宗宪皇帝实录》卷九八，雍正八年九月庚寅条，第13—14页。（清）梁国治：《钦定国子监志》（《景印文渊阁四库全书》）卷二。
③ （清）唤醒梦梦子：《揭广东云南印结之弊》，《申报》1875年11月25日，第1版。

南等省出结之员，"竟有借请封出结取利者"，请旨饬禁覃恩请封索取印结费。①这说明乾隆、嘉庆年间，同乡京官收取印结费似乎比较普遍，甚至演变为社会问题而遭到官员抨击。时人对印结费的理解存在分歧。关于印结费的性质，雍正皇帝认为印结费是由取结者主动馈赠的；嘉庆年间的龚镗认定是出结官索费取利；嘉庆皇帝指出："外任官员请封，例由同乡京官出具印结，即间有酬谢，系属交际私情，岂能官为限制。"②雍正皇帝强调此风断不可长；嘉庆皇帝却表示，不能官为限制。尽管有分歧，雍正皇帝和嘉庆皇帝仍有共通之处，都把印结费作为私相馈送、私人酬谢看待。

同乡京官印结经历了从个别情形的保证到大范围内的弥散，随着捐纳越来越多，具结与出结增加，出现了印结局。印结费也从最初具有私人馈赠性质，逐渐由印结局制定各种章程后使之制度化，收取、分配印结费成为出结过程的重要事项。道光年间，谢荣埭在奏折中指出，出结时设立"印结公局，每省各（有）掌管之人，得费随时分派，如数目（有）时增改，即私利说贴俨若例文"。③河南印结局有一册道光二十九年（1849）至咸丰二年（1852）的印结费账簿——《己酉等年印结簿》，对印结费的收取和分配都有详细记载。④由此可知，至少在道光年间，印结局对印结费的管理已经非常规范。咸丰至光绪时期，记载印结局管理印结费的文献不少，

---

① 《奏为覃恩请封同乡京官出具印结索费过多请旨饬禁事》（嘉庆二十四年三月初四日），中国第一历史档案馆藏，03-1640-018。
② 《大清仁宗睿皇帝实录》卷三五五，嘉庆二十四年三月丙申条，第6页。
③ 《奏为密陈收取捐生印结时有借端勒索事》（道光二十九年九月初十日），中国第一历史档案馆藏，03-2783-033。
④ 《己酉等年印结簿》，《清代吏部档案》卷七一，中国第一历史档案馆藏，转引自伍跃：《中国的捐纳制度与社会》，南京：江苏人民出版社，2013年，第149—156页。

除了奏折，还有如咸丰七年（1857）浙江印结局刊印的《公议印结条款章程》等。①

取具同乡京官印结多数要收取印结费，也有免费的。②京官为同乡出印结收取印结费，成为其收入之一。印结费的标准，通常由各省印结局讨论决定，各省之间也互有借鉴。如光绪年间，浙江京官曾公同酌议，常捐"援照安徽等省章程办理，核计各项捐银实数，取费十分之一"③。各省印结费的标准不同，且同一省份不同时期也会通过修订章程而收取不同的印结费。各省印结局通常按月将印结费均分出结京官。当然也有其他不同的分配方案。如清末直隶印结局中查结官按提成收取额费，剩余印结费由众官平分。查结官甚至每年可以分得管局费数千两，普通出结官每月大概分得20两银子。④

每个出结官所分印结费的多少，主要取决于各省印结费收入总数和参与分配的京官人数之多寡。据《己酉等年印结簿》所载数据可知，道光二十九年（1849）至咸丰二年（1852），河南省出结官平均每月分印结费22.5两，平均每年合计约270两。⑤李慈铭《越缦堂日记》所载数据显示，同治二年（1863）至光绪十五

---

① 见伍跃：《中国的捐纳制度与社会》，南京：江苏人民出版社，2013年，第157页。
② 如浙江印结局章程规定："捐纳各员铨选、过堂、领凭及分发、验看等结各就熟识同乡官取结，结费随同交局""局友改捐外官，其印结由局中公送，概不收费。"《重订浙江印结章程》，中国国家图书馆北海分馆藏，光绪十一年重订。
③ 《重订浙江印结章程》。
④ （清）唐烜：《留庵日抄》，中国近代史所图书馆藏。亦见王雁：《晚清直隶印结局管理机构研究——以唐烜〈留庵日抄〉为中心》。
⑤ 《己酉等年印结簿》，《清代吏部档案》卷七一，中国第一历史档案馆藏，转引自伍跃：《中国的捐纳制度与社会》，南京：江苏人民出版社，2013年，第151—156页。

年（1889），李慈铭每年所得印结费，最少为118两，最多达386两①，平均每年分得的印结费约170两②。

查结官与出结官都可以分到多寡不均的印结费，也有个别京官自己不参与分配印结费，如姚学塽不纳印结费，但这被认为"自开事例以来，所希见也"③。

出结京官所得印结费处于变化之中，不能视为稳定的收入来源。尽管如此，印结费仍有助于改善同乡京官生活。印结费能在多大程度上改善同乡京官生活，需要在朝廷俸禄制度的变迁之中加以体会考察，才能看出其重要性。从雍正二年（1724）起，外省官吏耗羡归公之后，加给养廉。乾隆元年（1736）起，京官照原俸加倍发放。原额称为正俸，加俸称为恩俸。当时五品京官俸银为160两，俸米为80斛，六品京官的俸银为120两，俸米为60斛。④有时因为财政困难，俸银和养廉银都减折发放，不能获得足额，致其俸薪常常不能满足生活需要。薪俸不能维持体面生活，京官往往要靠所分得印结费以改善生活。若出结的五六品京官每月分印结费为20两，每年将达200多两，则其印结费多于俸薪收入。下面以李慈铭、刘光第等人为例考察印结费对京官生活的影响。

李慈铭的收入包括印结费、养廉银、塾师束修、馈赠、润笔等名目，光绪九年（1883）开始有天津问津书院聘金、束修等。多数

---

① 张德昌：《清季一个京官的生活》，香港：香港中文大学出版社，1970年，第48页。
② （清）李慈铭：《越缦堂日记》，扬州：广陵书社，2004年。亦见张德昌：《清季一个京官的生活》，香港：香港中文大学出版社，1970年。
③ 徐世昌等编纂：《清儒学案》卷一二四，《镜塘学案》，北京：中华书局，2008年。
④ （光绪）《钦定大清会典》卷二一，《户部·陕西清吏司·文职官之俸·京官的俸银》。

年份俸银、俸米、养廉银、印结费四项收入中，其印结费所占比例在80%以上。而印结费在总支出中所占比例多在30%以上，有的年份仅印结费一项收入即可满足支出需要（详见表3—1）。

表3—1 李慈铭印结银与官职收入表[①]

年代	俸银（两）	俸米（石斗）	养廉（两）	印结银（两）	共计（两）	支出（两）	印结银占收入比例	印结银占支出比例
同治二年			8.8	143	151.8	598.4	94%	24%
同治三年			8.8	257.2	266	868.57	97%	30%
同治四年			4.4	119.1	123.5	839.55	96%	14%
同治十年			11.08	118.88	129.96	410.43	91%	29%
同治十一年			32.32	155.93	188.25	98.5	83%	158%
同治十二年			40	159.57	199.57	243.9	80%	65%
同治十三年			41.8	134.1	175.9	425.26	76%	32%
光绪元年			42.06	126.5	168.56	155.6	75%	81%
光绪二年			43.7	172	215.7	214.8	80%	80%
光绪三年			18.6	162.19	180.79	343.32	90%	47%
光绪四年			25.1	133.1	158.2	456.1	84%	29%
光绪五年			24.5	386.86	411.36	381.8	94%	101%
光绪六年	16	7石8斗	28	306.9	350.9	756.06	87%	41%

---

① （清）李慈铭：《越缦堂日记》。据张德昌：《清季一个京官的生活》，南京：江苏人民出版社，2013年，第65页。"表3—1"计算相关比例。

续表

年代	俸银（两）	俸米（石）（斗）	养廉（两）	印结银（两）	共计（两）	支出（两）	印结银占收入比例	印结银占支出比例
光绪七年	32	7石8斗	37.3	163.4	232.7	406.96	70%	40%
光绪八年	32	7石8斗	40.5	119.8	192.3	397.35	62%	30%
光绪九年	32	7石8斗	18.8	284.13	334.93	936.13	85%	30%
光绪十年	16		12	50.7	78.7	801.83	64%	6%
光绪十一年①				182.2	182.2	364.4		
光绪十二年②				119.8	119.8	239.6		
光绪十三年	125	15石6斗	10	337.6	472.6	1943	71%	17%
光绪十四年	160	15石6斗	90	72	322	1156.21	22%	6%

刘光第于1888年入京后，致其族叔的信函中，对在京生活费用做了描述："留京有家眷，每年非六百金不可，除去俸银五十余金（米数百斤），印结闲时长扯不过百余金，贤叔欲助二百金外，尚须二百金之谱。"③刘光第所列开支中印结费所占比例约六分之一。事实上，印结费对他生活的影响至巨，若无印结费，其日常生活难以维持。1889年的6、7、9、10月因为没有印结费，刘光第请

---

① 只记载了1、2、3、5、6、10、11月的印结银，其他月份缺。
② 只记载了2、3、10月的印结银，其他月份缺。
③ （清）刘光第：《自京师与自流井刘安怀堂手札》，收入刘光第集编辑组：《刘光第集》，北京：中华书局，1986年，第194页。

不起厨师，由婢女与其妻一起做饭。①1892年，感叹"结费太坏，用颇不敷"。②

国家低俸制度造成京官清苦，印结费是部分京官生活的重要支柱，因此它也是国家默许存在的陋规。印结费某种程度上缓解了财政支出的困境，但它也影响财政收入。

捐纳不是印结费的唯一来源，由于捐纳花样繁多，所需印结甚多，故捐纳成为印结费最为重要的来源。捐纳是明清财政收入的来源之一，过高的印结费有时影响报捐的积极性。道光年间，谢荣埭奏称印结费多于报捐正项，以"直隶省印结公局而论，如捐一从九未入之微职，自初捐并分发指省递捐至遇缺前注册止，共需结费一百七十余两。查定例从未双月捐银一百四十两，今此结费一宗转浮于报捐之正项"。③唤醒梦梦子指出其弊端："司理者不顾大局，止计目前，不独使结局所入日少，并使户部捐输日稀，朝廷之捐价日减，印结之陋规日加，是不仅与捐生为难，直与朝廷为难也。"④为鼓励捐纳，有人主张减少或者裁去印结费。清末因海防筹饷复议开捐，然而报捐并不踊跃，因是"诸富绅之裹足不前者皆因费多款巨，致生吝心……拟定将各省结局由官酌定结费，俾各减成，是亦为开源节流之一道也"。⑤光绪十二年（1886），李慈铭指出："近日户部百计求利，谓捐例既开，而无来者，由印结之费

---

① （清）刘光第：《自京师与自流井刘安怀堂手札》，第207—208页。
② （清）刘光第：《自京师与自流井刘安怀堂手札》，第232—234页。
③ 《奏为密陈收取捐生印结时有借端勒索事》（道光二十九年九月初十日），中国第一历史档案馆藏，03-2783-033。
④ （清）唤醒梦梦子：《揭广东云南印结之弊》，《申报》1875年11月25日，第1版。
⑤ 《申报》1885年3月23日，第2版。

太重，因议裁此费。"①

清后期关于减少甚至取消印结费的讨论引起对京官生活的担忧。光绪七年（1881），李慈铭在日记中对停发印结费一事发表评论："直隶、江苏、湖北、浙江、贵州久停分发。近日广东、广西、云南、湖南、江西、福建亦皆停结。此事将绝，吾辈首阳之期至矣。"②光绪十二年（1886），他又声称："凡户部上兑者概不须结，于是京官之恃此为命者，皆当立槁墙壁矣。"③《申报》记载："京官向借印结费为养赡资，自光绪五年停捐后，分发既少，印结无多，京员苦甚，或请假或请回籍措资者不一而足"；④"京官一年之中不过数斛老米，此外别无进项，所恃者京官结费，而停捐之后，每月所入能有几何"。⑤

印结费有利于改善部分京官清苦生活，这成为其长期存在的理由之一。御史谢荣埭认为，捐生取同乡京官印结是为京官设一谋利之途。⑥一位江苏武官也有类似看法。他指出："文员印结银两本非国家例定，不过以其宦途清苦，借此以谋饔飧。"⑦唤醒梦梦子认为："始以为捐官者家必富，出结官住京贫苦，各捐生力能报效国家，盍分余润以恤同乡，此亦亲亲仁民之理。"⑧一位掌河南道监察御史分析："各省京官索取结费，虎视眈眈，虽清班亦加收津

---

① （清）李慈铭：《越缦堂日记》卷一一，第8966页。
② （清）李慈铭：《越缦堂日记》卷一一，第8966页。
③ 同上书。
④ 《津贴京员》，《申报》1884年6月2日，第2版。
⑤ 《官禄篇》，《申报》1887年10月6日，第1版。
⑥ 《奏为密陈收取捐生印结时有借端勒索事》（道光二十九年九月初十日），中国第一历史档案馆藏，03-2783-033。
⑦ 《申报》1887年9月26日，第3版。
⑧ （清）唤醒梦梦子：《揭广东云南印结之弊》，《申报》1875年11月25日，第1版。

贴，结局必以进士出身者管理，遂为进士部员垄断之薮，徒以京官清苦，相沿已久，受之者众，未便议裁。"①

尽管出现过关于印结费存废的争论，印结费的收取一直持续到清末。以印结费的收取与分配为纽带，将具结同乡和出结京官等联为一个整体，促使同乡意识的凝聚。

（二）出结与同乡博弈

取结者与同乡出结京官之间直接的纠葛涉及出结的规则问题。两者的冲突有时比较激烈，以至于取结者起诉出结官。如咸丰年间，大兴县监生孙启盛等呈诉京官刘岱骏等十二人把持印结，阻挠考试。②刑部郎中刘岱骏等申诉，由于孙启盛等贡监籍贯于例均有违碍，是以未曾出结。③咸丰皇帝派顺天府会同直隶总督查明核议。咸丰元年（1851）八月初六日，大学士管理兵部事务卓秉恬等奏称："缘礼部条例于籍贯案件间有前后宽严未能划一者，臣等未便率行引断，致有畸重畸轻，相应请旨饬下礼部将此案折中情法之平，秉公办理。"④九月二十八日，大学士管理礼部事务杜受田等共同酌议："嗣后顺天考试出结不必限定人数，凡系土著俱准出结，并令该乡会试年春初，将土著京官职名呈明礼部、顺天府、国子监备查。如有寄籍未满年限，及已满年限而未经呈明，同乡官滥

---

① 《掌河南道监察御史崇侍御奏劾吏部假公济私片》，《申报》1905年1月20日，第2—3版。
② 《呈为诉直隶京官刘岱骏等人把持印结阻挠考试事》（咸丰元年），中国第一历史档案馆藏，03-4524-005。
③ 《呈为声明顺天辛亥恩科乡试遵例严发印结意在防止冒籍跨考事》（咸丰元年），中国第一历史档案馆藏，03-4524-006。
④ 《奏报遵旨查明大兴县监生孙启盛等呈控京官刘岱骏等把持印结一案情形事》（咸丰元年闰八月初六日），中国第一历史档案馆藏，03-4524-020。

为出结，廪生滥为出保，地方官滥为送考者，日后自行查明检举，照失察公罪例议处，如或别经发觉，即照徇庇私罪例议处。"①

印结费源于取结者，取结者与出结者围绕印结费等展开博弈。当印结费成为取结者的负担后，取结者在有限的范围内进行抗争。改籍他省捐纳，回原籍办理相关事宜，以规避较高印结费就是策略之一。清末从云南到京验看、引见，其结费张数多于贵州两倍，因此云南捐生多冒籍贵州，或冒籍大兴。②有的取结者以行贿降低印结费，有的则不欢而散，"有军功保举福建某道到京引见，始则索结费三千两，再三央求，且私略当时用事者，始允一千五百两。又有某太守到京引见，索结费二千两，许以一千五百两，仍不允，遂至角口大骂而散"③。

取结者的抗争，有时会促使印结局进行改革。1888年，直隶印结局发现直省报捐教职或佐杂者，因所交结费过多，避回原籍，由本籍州县办理赴选申文，详请顺天府转咨吏部，结费减省较多。直隶同乡京官经协商，不得酌减结费，"拟自十一月为始减为三分之一，以广招徕"④。

出结同乡京官内部围绕印结费的分配时有纷争。同乡京官组成的印结局中有查结官与出结官。同乡京官的纷争有时围绕查结官的推选而展开。

---

① 《奏为遵议直隶京官与贡监生为考试印结互禀一案事》（咸丰元年九月二十八日），中国第一历史档案馆藏，03-4524-073。
② （清）唤醒梦梦子：《揭广东云南印结之弊》，《申报》1875年11月25日，第1版。
③ 同上书。
④ 《申报》1888年2月6日，第2版。

光绪年间直隶同乡京官为公举查结官而发生矛盾。①更换查结官时通常由京官联衔向吏部等衙门呈报一次，以凭查核。围绕查结官孙承烈病故后由谁接任问题，不同的直隶京官出面先后四次向吏部具呈。②亲历事件的唐烜认为："通省京官分结者，常百三四十人，一人岁计二百金上下，管局官已获万金之利矣。是以往往前后瓜代，辄起争端，以余利太厚也。去冬捐道府者，无月无之，而州县正印官，月辄十余人，约略计之，月可入万金或逾之，而众人所得仅二十金上下。局中按四五千金分账，所□（原文缺）没亦甚矩矣。方□□（原文缺）之后，京宦大半窘迫，唯持此以糊口，乃垄断先登蝇欲分润，人言啧啧，固其宜也。曩年李慕皋太守、刘耀庵比部，相继为之，皆拥厚资以去。"③

光绪四年（1878），浙江印结局围绕印结费的分配发生内部纷争。李慈铭评论道："吾浙印结局以部曹之进士出身者轮管，朋占渔利，出入不谨……自丙子冬季，忽议进士月增四分之三，而京官之告假出京者，又私侵蚀之，至三四十分。去冬又议定：凡入银者每百两，外加十二两为盈余，而分给同人，则不足京平之数。"④

无论是直隶还是浙江，同乡京官围绕查结官而出现的纠纷，其矛盾主要因由印结费分配不均所致。

出结官之间因利益而互控。如光绪四年（1878），四川同乡京官的出结官之间因印结而发生纠纷。四川京官刑部主事童华国向都察院呈称，刑部郎中刘正品窃其印结，串通和泰银号严震，捏名淮

---

① 这次直隶管结官之争的具体过程见王雁：《晚清直隶印结局管理机构研究——以唐烜〈留庵日抄〉为中心》。
② 《申报》1896年9月29日，第2版。
③ （清）唐烜：《留庵日抄》第三册，第24页。
④ （清）李慈铭：《越缦堂日记》卷一一，第7751—7752页。

商陈仁熙在户部递呈愿捐赈银，请颁准引私卖，得印结银四百两，并私取该员印结七十张。很快，四川省京官户部郎中陈南等联名向都察院呈称，陈仁熙捐助山西赈银取结赴户部具呈，四川京官公同商议，将童华国印结填给陈仁熙，户部未经准行。陈仁熙因同乡有修补义园会馆等事，自愿捐银四百两，经户部传讯，陈仁熙并无欺蒙等情。光绪皇帝派都察院堂官会同刑部查办。刑部等衙门当即遴选人员会同查办，讯明后奏称，童华国控刘正品窃结得贿，是怀疑畏累所致，且于未经传讯之先，即具呈首悔到案，应免坐诬，不先详细确查，遽行控告，究有不合；刘正品未向童华国商说辄将其印结填用，亦属非是，应均照不应律各拟笞四十。①

取结者与出结官、出结官与查结官，以及出结官内部时有分歧与冲突，导致了同乡京官之间的分化。

借助同乡京官印结保障官僚制度的运行，至迟在明中叶已经开始了。清代，同乡京官印结涉及的部门和群体更多，相关规定更加细密。官僚制度运作的众多环节都需要提供同乡京官印结，办理捐纳所需同乡京官印结常源于此。

官僚制度运作接纳同乡介入，意图利用都市社会熟人网络以保证出仕人员籍贯、家庭状况和经历的真实性。一省同乡之间空间距离往往小于京师与各省的距离，同乡之间的熟悉度通常超出非同乡，借助同乡京官印结有利于京师衙门了解、核对各省出仕人员的情况。有时取结者利用同乡京官印结代替其他证明文件，也可解决

---

① 《题为刑部主事童华国妄控刘正品窃伊印结得贿依律分别议处事》（光绪五年正月二十五日），中国第一历史档案馆藏，02-01-03-11914-063。

京师与各省往返不便等问题。明清时期，出仕人员尚无大规模的区域性流动，借助同乡京官为出仕人员保证，不失为保障官僚制度运作的有效途径之一。近代社会流动增强，现实社会的诚信问题日益严重，人们不断探索各种保证方式来解决诚信问题。因此，同乡京官印结的历史，虽然随着清朝的灭亡而终结，但其替代品仍影响着当代生活，如介绍信、证书、证明等都属于其衍生品。官僚制度运作接纳同乡介入，又对其加以防范。即使同在京师，亦有同乡互不相识，更何况同乡之间空间距离有时超出其交往圈。因此，取结者与出结者可能互不相识，同乡保证的基础并不总是牢固的。加之人情、利益等因素或多或少影响其出结的真实性。鉴此朝廷采取种种措施以限制出结官，对出结过程进行管理，惩罚失误的出结官。

朝廷接纳同乡京官参与保证，而同乡京官却在出结过程中逐渐发展出一套印结费制度。印结费改善了部分京官生活，然而，印结费过高，或多或少影响取结者捐纳的积极性。时人据此力主减少印结费，甚至提出废除同乡京官印结。朝廷意图借助同乡京官印结以保障官僚制度运行，收取和分配印结费却成为一部分出结官员瞩目的焦点，朝廷与同乡京官之间出现些许对焦错位。

同乡介入官僚制度运作，在同乡官参与保证的过程中，同乡群体与同乡观念又不断被形塑。

同乡之间频繁地、源源不断地取结与出结，加强了出结官与取结者之间的交往与关联。不少取结者来自故乡，缘于出结，京官与家乡的联系增多。为了便于出结，出结官结成了同乡群体的组织——印结局。推选查结官，制定、修改印结局章程，收取与分配印结费等活动密切了同乡京官之间的交往。同乡京官印结凝聚了同乡群体，增强了同乡观念。明清时期，同乡京官印结在官僚制度运作中的弥散促成了同乡观念和同乡群体的勃兴。

出结官对印结费的索需过度，势必导致出结官与取结者之间的紧张乃至冲突。京师同乡中五六品官具有出结资格并获分印结费，其他人不得均沾利益。查结官与普通出结官之间存在巨大的利益差距，同一省份不同地域同乡京官之间也存在竞争。这些因素又使同乡群体内部时有张力与博弈，敦睦乡谊亦非一贯常态。

第二节　会馆禀请与衙门给示

在地方层级，乡谊流动与官府治理的互动过程中出现了会馆禀请和衙门给示晓谕，它们共同参与构建了清朝基层社会法秩序。

清朝的律例对户婚田土这类民间细故规定极少，然而因民间细故而起的纠纷却又纷繁复杂，那么基层社会法秩序的维护何以可能呢①？对这个问题的回答路径之一是围绕官府如何处理纠纷进行。其中关于官府处理纠纷的依据又存在三种意见：有的认为官府处理纠纷没有确定的规则。滋贺秀山以"情、理、法"——即"人情""天理""国法"——来概括地方官员的考虑因素。其弟子寺田浩明进一步指出，针对围绕民事利益而发生的争执进行裁决时，能够作为一整套具有具体内容且在程序上得到了实定化的规则

---

① 《现代汉语词典》中的"法律"定义如下：由立法机关或国家机关制定，国家政权保证执行的行为规则。然而国家不是从人类出现就开始有的，那么没有国家的社会里靠什么维持秩序；立法机关是西方近代逐渐出现的，没有引进近代立法权概念的社会靠什么维持秩序；人类学家霍贝尔认为，特殊的强力、官吏的权力和规律性是构成法律的因素。本书借鉴了法人类学对法律的看法，为了区别于现在通用的法律概念，权且把由民众禀请与官府给示所构成的规范称之为法秩序。

而被予以适用的实体规则本身,无论在国家还是在民间都是不存在的。①有的认为国家依据法律审判。黄宗智与滋贺秀三、寺田浩明等学者针锋相对,反对"教谕式调停"的说法,认为"听讼"是依法保护权利的审判,无论援用律例与否,判决的法律依据都是无可怀疑的。他仅仅揭示出律例中隐含的法律原则在事实上得到了体现,对"听讼"的依据仍然没能给出令人满意的答案。有的认为官府处理民间细故时常以民间法为据。朱勇指出,地方官吏处理各类案件过程中,常常首先考虑宗族法处理这一环节,或者维持宗族法的处理意见,或者批回由宗族重新处理。②陈亚平认为,州县官员在审理"州县自理词讼"案件时采纳行会条规、惯例为裁量准则,而不是依据只有原则精神意义的国家法,这成为清代基层司法审判中的常见现象。③以上学者主要围绕基层官员解决纠纷过程中的依据进行讨论,这当然是非常必要的。然而,法律一方面可以作为解决纠纷的依据,它通常局限于那些已经发生了的纠纷;另一方面,因为法律的存在可以使纠纷不发生或少发生。由此看来,仅仅从审判领域着手讨论秩序的维护还不够,于是,从如何构建法秩序的角度进行探讨便尤为重要。相关研究通常采取两分的策略,或从朝廷法典的制定,或从乡规民约、家法族规以及行规的形成进行探讨。④构建法秩序时真的那么公私分明吗?是否存在既不完全属于

---

① 滋贺秀三等:《明清时期的民事审判与民间契约》,北京:法律出版社,1998年,第194页。
② 朱勇:《清代宗族法研究》,长沙:湖南教育出版社,1987年,第175页。
③ 陈亚平:《清代法律视野中的商人社会角色》,北京:中国社会科学出版社,2004年,第97—98页。
④ 梁治平、朱勇、冯尔康、陈亚平等研究了习惯法、家法族规、乡规民约以及行规,不计其数的学者探讨了朝廷正式颁布的法典。

官，也不完全属于民，而是既属于官又属于民的法秩序呢？①

一些学者已经注意到了会馆与官府关系，如王日根强调会馆的社会整合功能，邱澎生认为会馆馆产在官府立案过程中是由下而上的制度创新，而商会是知识精英鼓吹的外来模式，与中国生活现实脱节。还有不少学者从会馆、商会等团体出发讨论公共领域。陈伟等根据同治六年新会知县聂尔康所作《冈州再牍》中关于会馆的记载，论证了晚清地方官府与会馆之间的关系。随着地方政府对会馆的依赖性加强，会馆成为具有某些行政性功能的结构，弥补了地方政府职能上的缺陷，政府甚至将会馆纳入官方轨道。但晚清商人团体实力急剧增强，会馆希望摆脱政府的控制，由此形成会馆与地方政府之间冲突与合作并存这样一种独特的互动，即超出法律框架之外的控制与反控制。②事实上，讨论这些模式的前提是会馆与官府在哪些方面发生了关系。官府与会馆发生关系可能是以官府的名义，也可能是以一些官员个人的名义进行。同样，会馆与官府发生关系时，他们找的对象也可能是官员，或者是衙门。与会馆发生关系的官员有同乡官与非同乡官之分，同乡官又可细分为辖区官府中的同乡官与其他地区、其他衙门的同乡官。

本节将尝试利用北京、江苏和上海的会馆碑刻资料以及会馆志书等材料对上述问题进行探讨。限于篇幅，此处仅对会馆禀请和衙门给示比较集中的两个领域进行考察，主要讨论馆产备案和榜示规则。

---

① 与黄宗智讨论司法过程中的第三领域不同，本节力图展现基层法秩序的形成。
② 陈伟、栾洋：《晚清的会馆与地方政府——咸同年间新会葵扇会馆的个案研究》，《重庆社会科学》2007年第11期。

一、恒久与损益

会馆作为对异地同籍商人管束的社会组织，其创立须向官府申请批准，"凡创设会馆公所，先由知县衙门许可"。①会馆馆产纠纷与馆产保护是会馆中最经常的事件之一。顺治年间上湖南会馆（北京）就曾发生馆产失而复得的事件。

湖南人骆思恭于明季锦衣卫掌印时捐银同诸乡绅创设了上湖南衡永郴二府一州会馆，坐落北京草厂十条胡同。不意之后数年，上湖南并无一人到京。该会馆最初被一个叫王肇庆的官员占住。顺治九年，湖南举人李熙明等提起诉讼，官府将会馆断回上湖南。李熙明断回会馆后，费用殆尽，由于曾借镶黄旗蒋某银两，遂将旁馆交付旗人收租，致使黄冈王泽宏翰林于顺治十三年正月强据正馆。王泽宏以守馆长班勾引旗人霸占会馆等情况，呈送南城察院，希图驱逐赁住旁馆之人。审断称，王翰林系湖北人，住不得上湖南会馆，旗人不许取讨房钱，待上湖南人来交付与其管理。后来骆思恭的后代骆祚昌自南回京具呈领馆未果。湖南中试举人王家珏等到京后，于顺治十五年三月二十三日当堂力争，将会馆退回衡永郴三属。王翰林同意至秋退馆。后又几经交涉，该年冬天上湖南会馆才回到上湖南人手中。自顺治九年提起诉讼，至顺治十五年冬，相持七年之久，始复故业。②类似上湖南会馆馆产失而复得的故事，版本众多，主角频换，这也是令无数会馆揪心之事。众多的会馆文献都

---

① 彭泽益：《中国工商行会史料集》，北京：中华书局，1995年，第92页。
② 《上湖南会馆传书·呈约书札》卷二，中国社会科学院近代史研究所藏，第1—3页。

称："自古创业难，守业更难，而保守公业尤难"①，"从来最难经理者莫如公产。"②会馆设计了各式各样保护馆产的方案。将馆产禀请官府备案即为其一。

邱澎生指出，18、19世纪苏州、上海等地逐渐出现将会馆、公所这类商人团体公产予以立案的一种法律规范，这种过程犹如法律规范的一种"由下而上的演化"，是一种出现在传统中国的特殊"制度变迁"模式。③邱澎生所提出的"公产立案"说给人以启发，但仍有不少问题需要进一步考察，如会馆禀请与官府给示保护馆产是如何镶嵌在一起的，又怎样促成地方社会法秩序的构建？

邱澎生主要考察了苏州、上海等地的"公产立案"。从现在所发现的资料来看，会馆禀请官府给示保护馆产的事例多发生在苏州、上海等地。但我以为，这绝非一个地方性现象，因为在北京的会馆也曾有类似的事件发生。苏州的一块碑上有下面一段文字："乃乾隆四十六年期终满，照簿点交，计买置沈明佩、沈诏安、沈际昌南濠三处行房绝契八纸，遗逸无交。经董事进士马登云、客长洲同姚振宗呈明江苏臬宪秦批：仰吴县立案。郡宪胡批准据情立案各在案。今议将所有前后置买祀产，一概详镌于石，以当契据。"④这是潮州会馆禀请官府给示保护馆产的事例。而时间更早的事例，如北京的泾县会馆在雍正八年即获得顺天府宛平县保护会

---

① 《北平泾县会馆录》卷一，中国社会科学院近代史研究所藏，第1页。
② 同上书，第23页。
③ 邱澎生：《公产与法人：综论会馆、公所与商会的制度变迁》，朱英、郑成林主编：《商会与近代中国》，武汉：华中师范大学出版社，2005年，第54—82页。
④ 苏州历史博物馆等合编：《明清苏州工商业碑刻集》，南京：江苏人民出版社，1981年，第340—345页。

馆馆产的告示。①汉口山陕会馆所在地的后堤外，有大量属于会馆地权的空地，被附近居民"任意搭建篷屋，希图独占"，会首上书湖北督粮道张公，该道专门出示告示："嗣后如有无知棍徒在于隙地搭盖篷屋，企图侵占并有作贱庙宇情事，许即扭赴地方官禀究，毋得徇隐并干挚究"，并勒石警示"各宜凛遵毋忽，特示"②。

会馆馆产主要为会馆房屋与义冢田地。买卖房屋与田地一般立有契约，即房契与田契。契约分白契和红契。民间未钤印的契约为"白契"。诉讼时，白契的产权证明效力将受到影响，甚至被否定。红契是到官府纳税，官府盖印的田契、房契。红契具有法律效力，得到国家法律承认。会馆置办馆产，常赴官府投税领取红契。如咸丰元年的《重修长春会馆碑》（北京）载，乾隆五十四年，工部侍郎德某施助空地一块，在北京城地面沙土园、四至分明。报明批准。所盖殿宇房间、遵例赴县投税、过民红契纸一张。③按说，将所置房屋，土地到官府纳税领取红契，即算是在官府备案了，然而会馆不满足于此，它还拿红契等去官府禀请立案，官府则给示晓谕，会馆通常将给示晓谕刻碑以垂久远。

会馆禀请官府给示保护馆产是担心馆产归属权的变动，追求馆产的恒久。为此，他们主要考虑了哪些影响馆产归属权的因素呢？上述泾县会馆馆产"事隔年湮，乏人祭扫"而被人侵占，后经诉讼才由宛平县官府判归会馆管业。其他会馆禀请给示保护馆

---

① 《北平泾县会馆录》卷二，中国社会科学院近代史研究所藏，第2页。
② 《汉口山陕会馆志》，第1页，转引自宋伦：《明清工商会馆的产生及其社会整合作用——以山陕会馆为例》，《兰州商学院学报》2003年第5期。
③ ［日］仁井田陞等：《北京工商ギルド资料集》第1辑，第11页。

产的理由如下："诚恐日久废弛，业经呈县勒石在案"，①"商民偶聚萍踪，往来无定，诚恐印契历久朽烂，且或流传失落，难保无失管被占情事"，②"历年久远，经理馆务之人，纷纷更易，遂致所置业产各契，全行散失，所存何处，无从追溯"，③"生等均在客旅，未便私执公据"，④"将来事经众手，时阅多年，诚恐契据失凭，占侵不免，恐日久无案可稽，禀请备案给示勒石"。⑤会馆的忧虑主要基于两个因素，即时间流逝与人员流动。所谓"日久废弛""历年久远""历久朽烂""时阅多年""日久无案可稽"，以及"不意历年以来"等都是在讲时间流逝。而"上湖南并无一人到京""商民偶聚萍踪，往来无定""经理馆务之人，纷纷更易""生等均在客旅""将来事经众手"则与会馆的特点紧密相关，因为会馆人员流动大。至于印契"流传失落，难保无失管被占""所置业产各契，全行散失""契据失凭，占侵不免，恐日久无案可稽"等都在讲馆产恒久的问题，多为时间流逝与人员流动带来的后果。利用碑刻等载体记录馆产，在会馆看来不失为解决时间流逝与人员流动的一个好方法。泾县会馆馆产纠纷，数载以来，悬案未结，最后解决悬案的关键证据就是找到了义冢碑记："今已亲至地界查勘，而泾川义冢碑记二座现存冢墓。累累抛残枯骨犹在，是诚泾邑义冢，希图奸占无疑。"可见碑刻在保护馆产中所起作用非同小可。会馆完全可以自行将馆产等内容刻于碑上，为何要禀请

---

① 上海博物馆编：《上海碑刻资料选集》，上海：上海人民出版社，1981年，第256—257页。
② 同上书，第249—250页。
③ 同上书，第233页。
④ 同上书，第335—336页。
⑤ 同上书，第344—345页。

官府给示呢？另一方面，官府为何乐于给示呢？从禀请的具体目标与官府的回应中似乎可以发现一些端倪。

嘉庆九年秋，上海潮州会馆董事孝廉陈玉暨粮户万世丰等请于官，将祭业存券勒石，上海县知事给谕勒示。嘉庆十三年秋，碑石毁。嘉庆十五年春，新馆落成，万世丰等复谋觅工刊刻，以垂久远。①嘉庆十六年五月，潮州会馆粮户万世丰等禀请官府核明印契、著房造册、盖印存卷，仍于会馆勒石。上海县正堂苏——满足了潮州会馆的禀请，将据呈印契、照单核明造册、用印备案，合行给谕勒示。官府同意将会馆馆产备案，馆产产权归属便得到官府的确认。官府给示共有三层意思，第一层意思是要潮州会馆董事粮户人等"嗣后永准成规，恪守祭业"。潮州会馆最关心的是官府用印备案，本来想得到权利，给示在赋予他们权利的同时，附加了一些他们应当履行的社会责任。第二层意思是告诉潮州会馆"如能再有营积，契买市房，以充祭业，仍仰赴县呈明造册备案"。官府的着眼点不仅在此时的造册备案，他还对将来的事情进行规范。第三层意思是向潮州会馆许诺，馆产"倘或失管被占，以及不肖盗卖情事，许即指名禀候……宜凛遵毋违"！②会馆担心的馆产安全问题，官府也同意给予保障。会馆禀请与官府给示所确定的秩序因此有了官府强制力的保证实施，与那些仅仅属于会馆或其他民间团体的内部规范相比，其效力是不可相提并论的。

官府并不一味对禀请呈文做加法，即在同意禀请的基础上附加别的给示内容，有时它也做减法。

---

① 上海博物馆编：《上海碑刻资料选集》，上海：上海人民出版社，1981年，第250—252页。
② 同上书，第249—250页。

切协盛等商号，均籍隶福建泉州漳州两郡，在上海贸易。历年久远，经理馆务之人，纷纷更易，遂致所置业产各契，全行散失，所存何处，无从追溯。虑及泉漳两郡来上海贸易人数众多，良莠不齐，难保无从中觊觎，藏匿原契，私行盗卖情弊，不可不预为防范。道光十一年，泉漳会馆司月金协盛号等公议将会馆所置房屋、田地，查照底簿，照录清册，呈案备考。他们向上海县禀请"俯念福建泉漳会馆业产，各契散失无存，叩赐给示勒石，永为会馆香火公产，不准盗卖。如日后查出原契，一概作为废纸，不得借词争执，以杜后患"。上海县正堂温同意了给示勒石的禀请。给示内容仅仅承认"所有后开房屋、田地，永为会馆公产，不准盗卖，以垂久远"。对禀请中的内容"如日后查出原契，一概作为废纸，不得借词争执，以杜后患"却不置可否。①温知县的给示其实很谨慎，也很微妙。因为原契是否会被找到，尚不能肯定，如果原契出现并有人据以争夺产权，该如何处理呢？温知县对此点禀请不置可否，实际为自己和后任留有一定余地。

会馆向官府禀请馆产备案，其目标相对单一，主要指向馆产的归属权，官府的给示大体承认会馆对馆产的所属权并承诺给予保护。会馆禀请榜示的规则各式各样，官府的给示又将如何呢？

嘉庆二年的《上海县为钱业晴雪堂房产谕示碑》讲述了钱铺禀请官府将房租永作修葺之资事。钱铺魏廷钧等向松太兵备道李道员呈称："上邑城隍庙创建西园之后，东园欠打理而倾倒。"乾隆四十一年，经方维馨、王聚安同魏廷钧议定，同业公捐修理，并绝

---

① 上海博物馆编：《上海碑刻资料选集》，上海：上海人民出版社，1980年，第233—235页。

买晴雪堂房屋一所，以作修费。因公费浩繁，租息不敷，垫银兴修。后因西园已经阖邑行铺捐造齐全，是以魏廷钧等会议，将此房租（未）敷，随时捐补，众议一致同意，并呈请一体缴县勒石。松太兵备道的批示为："合亟据词转饬，仰县即便查明此案，买房出租契据，原议永作邑庙之产，清（查）存案，（以）垂久远，仍取碑摹送查。"上海县汤知县查明吴沛思、魏廷钧等呈出的晴雪堂房契。他的批示为："除出示晓谕外，合行勒石。为此仰邑庙主持、甲邻……悉听钱业吴沛思等将晴雪堂房租永作修葺之资。如有地方好事之徒，借……随时禀县拿究。"①

魏廷钧等禀请目标是希望官府同意把他们会议的决定勒石。松太兵备道同意魏廷钧等刻碑请求，不过要上海县查明具体情况。官府的处理方案可以分为三项，其中有两点与禀请目标是一致的。上海县查明馆产后，同意勒石，此其一。给示内容从正面强调听任钱业吴沛思等将晴雪堂房租永作修葺之资，此其二。警告地方好事之徒不要侵犯会馆，许诺如有侵犯随时禀县拿究，此其三。这第三项是禀请中没有的内容，是官府主动加上的。将自置的晴雪堂房租永作修葺之资，原本钱业会馆内部决议，官府给示在承认这个决议的同时，还牵涉邑庙主持、甲邻以及地方好事之徒等，甚至要求这些人共同维护会馆的上述决议。禀请与给示的过程，不仅使一个会馆的规则具有了官府的权威，而且实际上还将它扩大到社会层面。从官府的角度看，这也并非难以理解。官府原本就是一个全能的管理机构，动用其强制力保护会馆规则的实施，无非在行使其钱谷职能

---

① 上海博物馆编：《上海碑刻资料选集》，上海：上海人民出版社，1980年，第256—257页。

时,兼及刑名而已。这与馆产备案时的给示大同小异。

同治九年,与上海县的邻府苏州府为哗布染坊业建立公所议定章程办理善举的给示晓谕,与上海县为钱业晴雪堂房产所作谕示结构相似。

苏州府元和县的浙绍公所建立后规定,将哗布染酒钱内,每匹提取二文,交公所暂为收存,"自立之后,倘有失业诸司,报明姓氏,竟向公所内寄寓。或有年老病故等情,绝无亲友依赖者,查明之后,买棺成殓,安送归乡"。浙绍公所担心改易前章,向苏州府禀请"示谕勒石,以垂久远"。苏州府给示晓谕,要各该地保及哗布染坊同业人等知悉:"所有职员□(原文缺)开设哗布染坊,邀集各坊在于元邑莲花兜建立公所,议于哗布染酒钱内,每匹提出二文,交存公所,以作经费,办理前项同业善举。"[1]官府对禀请中所提出的规则基本没作任何改动,给示复述了该规则并强调"务各遵照,妥为经理,以垂久远"。[2]给示另外还对该规则实施提出保障措施:"如有地匪棍徒阻扰滋扰,许即指禀拿究。地保徇纵,并惩不贷。"[3]这里很明确地提到了地匪棍徒以及地保,他们并非会馆中人,却被要求配合会馆规则的实施。会馆规则经官府的给示而成为该地的一项规范。

下面这个故事发生在上海县,又是关于房租的使用规则。我们将看到,官府给示并不总是允诺给会馆以保护,有时它还给会馆提些要求。嘉庆十二年,浙绍士民顾其祥等到上海县衙禀称:"浙绍

---

[1] 苏州历史博物馆等合编:《明清苏州工商业碑刻集》,南京:江苏人民出版社,1981年,第83—84页。
[2] 同上书,第83—84页。
[3] 同上书,第83—84页。

公捐，将房召租，除完粮白之外，余为中秋酹愿之用，源源承理。同业终有废兴，是举可随永久。除将契据投税外，理合呈请给示勒石，谨竖邑庙，以昭善后。"顾其祥等人的禀请目标在于官府同意房租为中秋酹愿之用，并给示勒石，为达此目标他们又特意表明态度，房租将完粮白和契据投税，这可以保证官府的收入。上海县正堂苏首先肯定了顾其祥等人的禀请，同意给示勒石："据禀置房取租，以作邑庙酬神公用，殊甚嘉尚；准即给示勒石可也。"他的给示还提出两点要求，一是要求"浙绍各士民等遵照，即便公举诚实董事一人，经理收纳房租"；二是"每岁酬神，务其诚敬，慎毋始虔终怠"①。这两点给示显示官府似乎管得很宽，连会馆如何收纳房租，酬神态度是否诚敬都要管。房租不仅关乎会馆的中秋酬神，而且官府也有收益，他自然要关心董事是否得力。官府的职能之一在于教化，对会馆酬神的指导不正是在履行教化职能吗？

当然，一些官府给示并不改变禀请要求。

光绪己丑，祝其公所绅士花翎一品封职许恩普赴京祝嘏，合镇绅董信寄上海坐庄字号，央请许恩普就便整顿公所。许恩普至申，适届万寿期近，无暇及此。1899年复奔京祝嘏，因义和团事件，滞留上海。许恩普等公议，仍照旧规，头门楼上下十间，准妥人看门，以住散客。而二门以内，不准再住散客，以免扰累。坐庄字号，全行搬进公所，以房租作公积。以后管理各事，均归南庄字号值年，轮流商办，别人不得过问。许恩普等"再四筹议，准情酌理，为公起见，为呈碑文，禀乞恩准，赏示刊碑，以垂久远，并檄

---

① 上海博物馆编：《上海碑刻资料选集》，上海：上海人民出版社，1980年，第207页。

县同示勒石"。光绪二十年十二月八日，道宪要县知事查明并给示："据禀祝其公所二门内房屋不准再住散客，俾坐庄字号搬进，以房租作公积，归南庄字号值年轮管，众情是否允洽，仰县查明给示。"上海县正堂汪接到道台批示后，认为许恩普等所议，"系筹裕公积，修理公所起见，揆厥舆情，应无不洽"。于是对该青口号帮人等合行给示晓谕："嗣后该公所二门内房屋，由坐庄字号搬入，务各照输租金，作为公积正用，仍归南庄字号值年轮管，以昭公允，各宜遵照，毋违。"①这个故事中，会馆准备好了碑文请官府给示刊碑，官府的给示基本采纳了会馆的意见，未做别的改动。看来，官府并不一定要对禀请内容进行增减。

现在所见碑文中，如祝其公所那样主动呈碑请示的占绝大多数。许多会馆的禀请是否应官府要求而来，我们不得而知，不过，我们还是发现一些禀请是遵官府谕令而呈送。

上海县的蔡长发等系专做旧花，黄懋记等系半做旧花。蔡长发等与黄懋记等互控，争管清芬堂旧花公所。上海县正堂裴断将清芬堂专归蔡长发等经管。嗣据黄懋记等以司董陈秋浦等经收房租，不办公事，且无账目缮清等情况，控经裴知县复断，新旧花业轮当，但双方没同意甘结。后来上海县正堂陆莅任，蔡长发等以被串冒夺，黄懋记等以曾输公捐，控争到县。光绪十六年，陆知县提两造集讯，认为蔡长发等11家旧花是其专业；黄懋记等7家旧花是其兼业，清芬堂向为旧花公所，裴前县原断清芬堂应归专业旧花者经管，最为平允。仍断令将清芬堂仍照向章，归专业旧花者经管。陆知县指出，黄

---

① 上海博物馆编：《上海碑刻资料选集》，上海：上海人民出版社，1980年，第306—307页。

懋记等7家既系兼业旧花,之前有5家输过庙捐,谕令"陈建勋等于每年敬神之期,准兼业者一体入所拈香"。最后,陆知县令蔡长发等遵照堂谕,缮就章程,呈候给示晓谕,借免争执,而息讼端。蔡长发等接受了陆知县的谕令,拟就章程,呈请给示勒石遵守。陆知县的给示与此前的堂谕相呼应。他除批示外,合开章程,给示勒石晓谕。他的给示重申了此前的断案要点,要旧花专业暨兼业旧花人等知悉:"尔等须知清芬堂系旧花公所,现经本县断令,仍照向章,归专业旧花者经管。并准兼业者一体入所礼神。嗣后务须各照堂断及后开章程,恪守遵办,以垂久远,而联友谊。公所创业维艰,毋再争执营私,是为至要。"①官府公布的章程共十条,第一条即规定"清芬堂系旧花公所,应归专业旧花司年经管";第八条规定"闭歇改业或兼业,及不入行者,一概不准干预公所事宜。如其有心敬神,许一体入所拈香"。章程与前述堂谕、给示一脉相承。旧花公所向官府禀请给示的章程出台颇为复杂。首先是旧花专业暨兼业旧花人之间互控,争管清芬堂旧花公所,经裴知县两次断案而未结。接着是陆知县照顾了争控双方的利益和要求,要他们双方定出章程,当然,章程的最重要内容是陆知县所定。蔡长发等人的禀请到县后,陆知县同意了禀请,以官府的名义公布了章程。我们看到,章程是会馆和官府互动中产生的。在注意民间团体的规则被官府采纳公布的同时,还要注意到官府在规则产生过程中曾起到的重要作用。章程的内容采纳了公所和官府双方的意见,综合了上海县的前后任知县的意见,遵照了向章,也考虑了新情况。因此,这是争执双方和官

---

① 上海博物馆编:《上海碑刻资料选集》,上海:上海人民出版社,1980年,第360—362页。

府都认可的一个方案，有利于建立起相对稳定的社会秩序。

以上观察可以发现，馆产备案与榜示规则的过程中，会馆禀请与官府给示存在不少相似之处。会馆的禀请意在借助官府的力量保持馆产或规则的恒久。给示对禀请内容所做损益则反映了官府对自己职能和利益的整体考虑。官府承诺对馆产或规则的保护使禀请与给示所构建的法秩序具有了官府的强制力。

二、旧章与成案

通过禀请与给示，构建了一种规范。很明显这种规范是建立在一个个具体的案例之上的，那么这种规范的效力是否仅仅局限于这个案例呢？对旧章与成案的讨论也许可以帮助我们找到答案。

会馆馆产代代有兴废，新置馆产后再去官府造册备案也是常有之事。

吴兴会馆（江苏）于光绪十八年间，将房屋契照并缮册二本，禀请知县"分别存储盖印，当蒙批准，并给示晓谕"，又将抄册一本盖印给发会馆。光绪二十三年十二月，吴兴会馆续置金绶若祖遗市屋一所。所有都图、间数，载明大契。旋于光绪二十四年将大契呈请官府照章完纳税银，官府钤印。吴兴会馆于光绪二十五年遵照旧章，"将续置金绶若出售印契一纸，并上首废契六纸，旧印照一纸，连同印册，呈请宪台大人分别存储，并请注入档册，仍将印册一本钤印给领，俾资执守，以昭慎重"。吴县知县验明加印。[①]光绪十八年将馆产到官府存储盖印，官府给示晓谕。到光绪二十五年

---

① 苏州历史博物馆等合编：《明清苏州工商业碑刻集》，南京：江苏人民出版社，1981年，第48—52页。

吴兴会馆"遵照旧章"而禀请馆产备案时，光绪十八年的案例便成了"旧章"。新置馆产不断备案成了"旧章"，一系列"旧章"逐渐形成了惯例。可见"旧章"具有一定约束性，使馆产备案具有一定延续性，成为一种制度。另外，还须注意吴兴会馆的禀请其实还隐含另一个"旧章"，即契纸须先完纳税银，才能禀请将馆产契纸到官府存储，注入档册，将印册钤印给领。吴兴会馆光绪二十四年将契纸完纳税银，官府钤印，实际是旧有制度中的领取红契。先领红契，才有光绪二十五年的馆产备案。新的备案制度实施时，并没有废除旧有红契制度，而是以旧制度为前提，新旧并存。

会馆禀请馆产备案时常借鉴其他会馆和团体保护契据的经验。换言之，其他会馆或团体保护契据的方式也成了旧章，并被援引。

光绪十八年，吴县为盖印给发吴兴会馆（江苏苏州）公产照契抄册给示晓谕时便借鉴了上海、江西等会馆和义庄的经验："苏州府吴县正堂凌，为盖印给发执守事。据该董禀称云……现闻上海、江西等会馆，所有产业契据等项，皆因公产，系轮流经管。恐难一律慎密，均须禀缴县库存储。另录置产簿二本，呈请盖印。一存县档，一存会馆，永远执守，历无贻误。今吴兴会馆产业，事同一律。既查存上海、江西等会馆成案，并核与义庄公产契据，可以存司盖印，例章大略相同。合将所业各契照缮二本，禀乞分别存储，钤印给领，俾资执守。并请给示晓谕，以昭慎重，等情。并呈契照八张，抄册二本到县。据此，除批示给示晓谕，并将呈到契照储库，抄册存案外，合将抄册一本盖印给发。"[①]

---

① 苏州历史博物馆等合编：《明清苏州工商业碑刻集》，南京：江苏人民出版社，1981年，第45—46页。

在吴兴会馆看来，他们的产业应该与上海、江西等会馆成案事同一律：产业契据等项缴县库存储，另录置产簿二本，呈请盖印，一存县档，一存会馆。同时与义庄公产契据保存方式例章大略相同，可以存司盖印。吴县正堂凌的处理方式正如吴兴会馆所认为的那样，与上海、江西等会馆成案事同一律，契照储库，抄册存案，将抄册一本盖印给发；这当然也与义庄公产契据保存方式例章大略相同，存司盖印。当时存在上海、江西等会馆成案，又有吴兴会馆援引成案，表明像上海、江西等会馆这样保存会馆馆产的方式已经被会馆和官府认同，成为一种惯例了。义庄公产与会馆馆产保存方式的通用，则反映了官府对契据保管的给示已经模式化、制度化，它已不局限于某个会馆，或是义庄公产。邱澎生指出，会馆公产立案借鉴了官府处理家族义庄、善会善堂公产的经验。[1]实际上，当时社会上类似的事例比比皆是[2]，看来一种新的产权保护制度已经从社会中生长出来[3]。

新的馆产备案制度的形成不仅依赖已有产业契据保管的旧章、惯例，而且与当时官府处理会馆的其他类型禀请所积累的经验有关。

道光十六年，上海县徽宁公堂分立思恭堂局，捐置25保13图，麋字圩各号田29亩8分2厘4毫，作为义冢。董事职员叶承修等将地

---

[1] 邱澎生：《公产与法人：综论会馆、公所与商会的制度变迁》。
[2] 见苏州历史博物馆等合编：《明清苏州工商业碑刻集》和上海博物馆编：《上海碑刻资料选集》等。
[3] 另外值得注意的是，正如邱澎生所指出的那样，有些会馆、公所在将公产立案时，已演变出不需发还公产契据的办法，而是将契据等项缴县库存储，另录置产簿二本，呈请盖印，一存县档，一存会馆。这与道光二十一年上海的江西会馆"一并发还"公产契据的办法不同，也与完税领取红契不同。从领取红契到禀请馆产备案加印，再到契据等项缴县库存储，另录置产簿二本，呈请盖印，一存县档，一存会馆，是否成了馆产保护，或者进一步说是产权保护的演化趋势呢？尚待进一步研究。

绘图造册禀请官府"查勘通详,将田拨入官字图承粮"。上海县正堂黄亲诣勘丈,通详各宪批准立案。并谕饬该堂董等竖石钉界,将埋葬事宜次第举行外,合行给示勒石。给示内容在禀请中似乎找不到相关字眼,它主要针对该地保邻、看管人等:"如有棍徒在于冢地,纵放牛羊马匹践扰,以及砍伐柴草树木,侵削地亩者,许即指名禀县,以凭严拿究办。该保邻等如敢徇庇滋事,定干察究,均各凛遵毋违。"①不过,这倒和14年前另一个告示内容很接近。道光二年,上海县有一个为徽宁公堂冢地不得作践的告示。根据徽宁公堂董事胡案源等禀请,上海县许知事除谕饬外,合行示禁。为此示仰该堂董事及地保人等知悉:"嗣后如有地方奸徒,纵放牛马羊只,在冢作践,盗伐树枝,以及窃毁堂路石料,并让脚夫把持勒索,违议留难情事,许堂董事分别指名禀县,以凭严拿究办,决不姑□!该地保等徇隐,一经访闻,定即照究。各宜凛遵毋违。"②两个给示的差别很小,窃毁"堂路石料"换成了"侵削地亩者","脚夫把持勒索,违议留难"一项被去掉。道光二年的禀请意在"勒石示禁",而道光十六年的禀请主题词则是"置田作义冢"。不同的禀请,相似的给示耐人寻味之处在于,馆产归属权方面的给示可以用禁示的方式来表达。官员用同一套语言来处理不同的禀请,说明他们关心的问题可能是一致的,他们把馆产归属权这样的经济问题归入治安之类的社会问题上来思考。

会馆馆产主要是一个产权归属问题,但并非不涉及社会治安

---

① 上海博物馆编:《上海碑刻资料选集》,上海:上海人民出版社,1980年,第231—232页。
② 苏州历史博物馆等合编:《明清苏州工商业碑刻集》,南京:江苏人民出版社,1981年,第230—231页。

等。不少会馆都为馆产的事禀请官府示禁。如积善堂公所这样禀请示禁的例子比比皆是。戴鼎昌等籍隶浙江金华府，建有积善堂公所。他们诚恐事经创始，或有阻扰情事，环求晓谕等情到县。光绪六年八月二十九日，上海县正堂莫除批示外，合行出示晓谕。为此示仰该地保田邻人等知悉："积善堂公所系职监戴鼎昌等集资建造，停厝棺柩，余地为义冢，事属善举。自示之后，毋许无知之徒，借端滋事。"①禀请馆产备案是保护馆产的方法，禀请官府给示示禁也意在保护馆产。禀请馆产备案时，会馆通常没有明言请官府示禁，但他们未尝不想官府在给示中加上一些示禁的内容。官府在给示时顺便示禁，对会馆而言可谓一举两得：一个禀请使馆产得到双重保护。

以上考察了馆产备案的旧章与成案，那么，会馆将一些规则向官府禀请勒石给示后，禀请和给示是否会传播开去呢？

清代，浙江人在江苏经营烛业者颇多。下面故事中的主角即为在苏州府和松江府经营烛业的浙江人，其中道光三年，浙江烛业人士在苏州府的吴县创建东越会馆。松江府上海县的阳仁泰等烛铺于同治六年五月向王知县禀请禁办需索，王知县同意给示禁办。但行头名目，当时未请禁除。同治七年阳仁泰等又联名禀请上海县朱知县禁除行头名目。他们在禀请中称："前闻省城绍帮烛业行头陈□（原文不清晰）等，已蒙□□□（原文不清晰）会同拿办，其行头名目并奉勒石永禁。又经绍帮烛业瑞丰泰等，及会馆司董职员潘义昭同禀长洲县，移请叶升宪一体示禁在案。为敢抄案，环求一体给

---

① 苏州历史博物馆等合编：《明清苏州工商业碑刻集》，南京：江苏人民出版社，1981年，第386—387页。

示永禁。"①

上海烛业的阳仁泰等所闻省城之事，当指同治六年元长吴三县禁革借称行头名目聚众勒诈烛铺做手。同治年间，苏州府元和县、长洲县、吴县等地烛铺一业，每被陈老七、王阿五等借称行头名目，扰索店铺做工，聚众勒诈。烛业做工杜季魁等喊控陈老七等自称行头，向杜季魁等做手索贴钱文，供他们食用。一不遂意，即肆凶诈骇。官府为此提讯禁革，枷责递籍，出示谕禁。苏城烛铺绍成等担心陈老七等人复萌故态，另生波端，禀请给示勒石永禁。同治六年十二月十九日，江南苏州府元和县正堂历、长洲县正堂蒯、吴县正堂田除详明府宪立案外，合行给示勒石永禁，令辈素烛业并店伙做工人等知悉："所有该业行头名目，现已永远禁革。嗣后如再有人混称，仍向该烛业并工伙人等勒索凶扰，许即指名具禀，或拗获解县，以凭分别严究，决不宽贷。"②

上海县朱知县收到阳仁泰等禀请后，认为："烛业行头名目，前准长洲县移请示禁，当经前出示禁革在案。"并于同治七年六月合行给示勒石永禁。为此示仰宁帮烛业并作内做工人等知悉："嗣后该业如有混称行头名目，向该烛业并工伙人等需索诈扰，许即指名具禀，或拗获解县，以凭分别严究。决不宽贷。"③

上海烛业的阳仁泰等禀请中，援引了所闻省城之事。而上海县朱知县明确提及长洲县示禁一事，他的给示与同治六年十二月十九

---

① 上海博物馆编：《上海碑刻资料选集》，上海：上海人民出版社，1980年，第131页。
② 苏州历史博物馆等合编：《明清苏州工商业碑刻集》，南京：江苏人民出版社，1981年，第275—276页。
③ 上海博物馆编：《上海碑刻资料选集》，上海：上海人民出版社，1980年，第131页。

日,江南苏州府元和县正堂历、长洲县正堂蒯、吴县正堂田的给示不仅内容基本一致,而且连字句也极其相似。上海的宁帮烛业把发生在苏州府的案例援引到上海,上海县的知县竟然做出了与苏州府同行类似的给示,表明禁止行头名目向烛业并工伙人等需索诈扰不再属于苏州府下某个县的规则,它已经成为更大地域的规则。这一规则的扩散在不断重复的会馆禀请和官府给示中得以实现。

馆产备案和榜示规则或沿袭旧章惯例,或借鉴其他会馆经验以及其他类型禀请的给示,旧章与成案的效力已经超越了个体经验,在更大范围里发生影响。

三、断裂与延续

旧章与成案表明一些规则在延伸,然而现在所见资料讲述会馆禀请馆产备案和榜示规则,官府给示的故事多发生在苏州、上海等地。我们不禁要问,这些规则仅仅是地方性的吗?其他地方情况如何呢?换言之,禀请与给示所构建的规范在地域上是断裂的,还是存在延续?

我们首先来比较在北京和上海发生的两个禀请与给示。

安徽泾县旅京人士担心旅榇无归,于是立冢瘗葬,以为久远之举。不料事隔年湮,乏人祭扫,佃户任天爵等抛毁坟茔。雍正五年,泾县举人吴岭来京赴选。访知冢迹,欲复义举,提起控诉。任天爵等因事败露,勾结旗人刘起凤坚称,泾县义冢是拨补旗地。顺天府正堂孙嘉淦受理此案后,咨查厢(镶)蓝旗复称,并无该地档案。孙嘉淦亲至地界查勘,在冢墓发现泾川义冢碑记二座,累累抛残枯骨犹在。他认定,此地确为泾县义冢,希图奸占无疑。于是除将任天爵、刘起凤等鞭责发落,盛云举饬递原籍安插,并追任天爵折卖坟屋价银给还吴岭外，应将此地断归吴岭管业，仍为泾川义冢，以结此案。宛平县知县王国英接到孙嘉淦的牌示后，出面严饬晓谕："所有泾邑义冢遵照宪断，给与举人吴岭查照旧碑界址清理管业，如有不法奸徒仍行侵地占房，阻扰违断，该地方并吴岭立即禀报，以凭按法重惩。毋违。特示。"[①]100多年后，地处上海的刘知县对江西会馆的给示与宛平县知县王国英对泾县会馆的给示有惊人的相似之处。

道光二十一年，江西会馆在上海设立时，也将其馆产向上海县立案。江西商人袁章熙等，劝捐购基，起造会馆，并将所有上首原契及田单共拾纸，并马姓卖据一纸，前后十一纸，禀请上海县知事"恩赐饬房立案，永远备存，以杜后无更变之虞"。而上海知县曾承显的给示为："准于存案，买契一纸，候发房收税，粘尾盖印，饬回；各契单一并发还。"之后数年，江西会馆凑捐置买店栈田地数处。咸丰九年，职员袁章熙等再度禀请将原契底簿存案，求赐给示，勒石久远。如同上述吴兴会馆禀请中隐含的那个"旧章"，袁章熙的禀请也强调"均经禀明税契"。上海县刘知县差不多同意了所有禀请内容，除将呈到原契发房存案，并将底簿印发外，合行给示勒石。刘知县如同其他许多官员一样，在对会馆的给示中讲述了一番保障会馆馆产的措施："为此示仰该地甲人等知悉。此系江西会馆职董凑捐置买店栈田地，自示之后，毋许侵占，倘敢故违，许即指名禀县，以凭提案究治！决不姑宽，各宜永遵，毋违。"[②]

雍正年间的北京和咸丰年间的上海，官府对会馆馆产的给示有

---

① 《北平泾县会馆录》卷二，中国社会科学院近代史研究所藏，第2页。
② 上海博物馆编：《上海碑刻资料选集》，上海：上海人民出版社，1980年，第344—345页。

以下相似之处：首先，强调了馆产归属。一为"所有泾邑义冢遵照宪断，给与举人吴岭查照旧碑界址清理管业"；一为"此系江西会馆职董凑捐置买店栈田地"。其次，提出了如果发生侵犯馆产事件的相应处理措施。一为"如有不法奸徒仍行侵地占房，阻扰违断，该地方并吴岭立即禀报，以凭按法重惩。毋违"；一为"自示之后，毋许侵占，倘敢故违，许即指名禀县，以凭提案究治！决不姑宽，各宜永遵，毋违"。最后，值得注意的是，两个给示使用的术语也很类似："如有……立即禀报""倘敢……许即指名禀县"；"以凭按法重惩""以凭提案究治"等。看来，这些术语通行于各地官府的给示中。

会馆禀请馆产备案时，官府给示甚至在全国范围都有可能存在一致。这不难理解，因为给示通常都是在衡量是否承认会馆对馆产的归属权，答案一般都是肯定的。规则就不一样了，改动的余地很大，而且各地的规则完全可能不一样。下面将考察全国范围内都存在的牙行规则，看看禀请与给示所构建的同一类规则在不同地方是断裂还是延续？

明清时期，会馆，特别是那些同乡同业的会馆，与牙行纠纷不断，时有对簿公堂之事。牙行又称牙行经纪，无论是在中介买卖双方完成交易、评定商品成色与价值，以及换算各地度量衡等方面，牙行都提供了重要的中介服务功能。牙行还代替官府征收营业税和契税，并从中抽取一部分佣金。

乾隆十八年所立《公建桐油行碑记》（北京）载有会馆与牙行纠纷，获官府牌批事。[①]

[①] ［日］仁井田陞等：《北京工商ギルド资料集》第2辑，第316—317页。

山西的桐油行因牙行捏词叠控，卷入一场官司之中。会馆是否动用了官府中的同乡关系，文献没有予以说明，不过他们还是比较满意官府的判决，盛赞都宪大人"执法如山，爱民如子，无事听断之烦，而宵小之奸洞悉"。牌批显示了官府的态度："凡一切不借经纪之力者，俱听民自便，毋得任其违例需索，扰索铺户。"官府强调了两点：一、会馆是否需要经纪，俱听民自便；二、牙行毋得任其违例需索，扰索铺户。官府之所以做出此判断，大约与其两项最主要的职能有关，即钱粮与刑名。会馆称他们做买卖，"必本客赴通自置，搬运来京，报司上税，始行出卖"。"报司上税"对于官府是个关键，这是钱粮的保障。官府需要牙行的一个重要因素，就是牙行可以帮官府收税。既然商人们自己能保障官府的税收，那么，满足他们的禀请，做出"不借经纪之力者，俱听民自便"的批示也是理所当然了。"至于久而相安，人人称便之事，更不容平地生波，以滋扰累也明矣"的说法颇能打动官府。"相安"是每个官府治理的目标，"平地生波"则属于官府所管"刑名"范围内之事。于是禁止牙行违例需索，扰索铺户成为官府的必然选择。

牌批显然有利于会馆，根据第一条，会馆可以选择不要牙行，从而使交易秩序回归到以前的状态。根据第二条，牙行违例需索，扰索铺户是违背官府意志的，将受到官府的制裁。牙行会馆之所以立碑就是要向世人展示官府的牌批，甚至有向牙行示威的意味：官府的判决保护会馆的利益不受侵犯！

上述桐油行与牙行的纠纷发生在北京，那么其他地方情况如何呢？乾隆五十三年的《江南海关为商船完纳税银折合制钱定价告示碑》（上海）载有闽广会馆禀请监督江南海关兼管铜务分巡松太兵备道张榜示事。①

乾隆五十三年，闽广会馆董事陈切锦等向松太兵备道衙门禀请榜示不久之前官府对他们所呈违税银一禀所确定的规则。当时官府的批示为"着照前禀，夏税每两作七百二十文，冬税每两作六百一十三文完缴"。可知是衙门照会馆的禀请，确定了冬夏税额。会馆本次禀请的要点在于获得官府的"榜示"。会馆要求官府"榜示"的理由从两方面予以说明，针对众商称："虽蒙批定，未奉明文，众商难以周知，数目不能划一。"针对税牙道："恐商船入闽抵次，税牙阳奉阴违，留难捏报，致使舡不得验货，货物发霉，商人坐困。"道衙门对会馆这次禀请做出处理意见。官府同意了会馆的请求，为会馆出示晓谕。该晓谕确认商船完货税应通过牙行："尔等进口商船，应完货税，将钱交牙易银代缴"，同时规定了具体完税标准："除免加一之外，七折税银，每两给足钱七百二十文；五折税银，每两给足钱六百一十三文；画一办理。"晓谕的这部分内容对官府而言意味着通过牙行可以收取到商船的货税。为保护船商利益，维护交易秩序，道衙门的晓谕又警告牙行等"倘敢任意多索，留难捏报，扰累客商，一经察出，定行重究"。与此同时，官府要求船商等"不得再行折扣短少"。给示对船商折扣短少和牙行任意多索这种破坏市场交易规则的行为提出警告，看来前述具体完税标准很可能是官府折中了船商和牙行双方利益的一个方案。

乾隆十八年所立《公建桐油行碑记》和乾隆五十三年的《江

---

① 上海博物馆编：《上海碑刻资料选集》，上海：上海人民出版社，1980年，第68页。

南海关为商船完纳税银折合制钱定价告示碑》中，官府的给示晓谕基本上同意了会馆的禀请内容，并且对牙行扰累客商的行为提出警告，极力维护市场交易秩序的稳定。官府两个给示晓谕也存在不同之处，即对于牙行制度的态度上，一个认为是否需要牙行听民自便，一个强调必须通过牙行完税。

下面我们再看另一组事例。

道光十五年的《新建靛行会馆碑记》（北京）载："念我行坊铺，从无取牙用之说……自乾隆庚戌，有外牙索诈，滋扰诬控成讼之由。是以我行公议，派人充当靛行经纪四名。凡有自置自用之靛，每车仅取用银数钱，聊充输纳国课。应如敬神之需。"① 靛行会馆与牙行发生纠纷，官府如何处理没有明确记载，不过一个结果是靛行会馆公议后派人充当靛行经纪四名。可见衙门处理会馆与牙行纠纷时，对牙行进行了改造。

道光年间，上海泉漳会馆的福建船户陈振盛、金源丰等装载棉花回闽，遵列入港择牙保税，出港则具舱单请验给牌。一月两潮，顺水行舟。不料税牙顾诚信、李裕昌、郑同兴"把持私创，不遵古则，所有船牌投行，乃自粘阄分派，客主莫悉，且久不报验，必汇十号，方肯请验。各客船装货请验出口，而牙行搁不报关。即报验挂发，又兜留照牌不交，必等皆报皆发，方肯给付。一行未报，则三行不举；一牌未出，则众牌不交。若向领牌则捏挂号未发"。泉州会馆向官府禀请："随客择主，（先报先验），□□（原文不清晰）即交。恩准示饬各税行，遵例随船投行报验。"道光二十年八月十四日苏松兵备道给示发泉漳会馆："为此示仰各税牙知悉：嗣后

---

① ［日］仁井田陞等：《北京工商ギルド资料集》第2辑，第362—363页。

凡遇该商船户等进口，随客投行，先报先验，毋得仍前汇报。如有装货出口，一经挂号发出牌照，应即随时交给，不得稍有留难，致该船户等守候滋累。自示之后，如敢故违，定提严惩不贷。"①官府的给示基本满足了会馆的要求。对牙行不遵古例的企图加以遏制。

道光年间，北京的例子在说明如何改造牙行制度，上海的例子则讲述了怎么维护牙行制度的"古例"。

纵观各色会馆禀请与官府给示晓谕，我们似乎看不到官府对牙行制度统一的规定。衙门在处理会馆与牙行纠纷时对牙行制度有三种态度。一是如乾隆十八年对桐油行的批示，会馆是否需要经纪，俱听民自便；二是像道光十五年对靛行会馆的给示，对牙行制度在一定程度改动；三是如道光二十年泉漳会馆所收到的给示，各守旧章。就地域而言，无论是乾隆时期还是道光年间的例子，北京和上海官府给示对牙行规则的态度都有不一致的地方。从时间看，在北京，乾隆十八年和道光十五年禀请与给示所构建的牙行规则有不一样的地方；在上海，乾隆五十三年和道光二十年也不一样。

禀请与给示虽然有以上种种不同之处，然而，同大多数其他禀请与给示一样，给示通常都承诺对社会秩序的保护。这种承诺有什么渊源呢？大清律例有几处针对牙行埠头的规定，分别散见于"市司评物价"②"把持行市"③"私充牙行埠头"④等条。"私充牙行埠头"的"条例"便规定："旗、民遇有丧葬，听凭本家之

---

① 上海博物馆编：《上海碑刻资料选集》，上海：上海人民出版社，1980年，第71页。
② 田涛、郑秦点校：《大清律例》卷一五，《户律》，北京：法律出版社，1998年，第268—269页。
③ 同上书，第269—271页。
④ 同上书，第267—268页。

便，雇人抬送。不许仵作私分地界，霸占扛抬，分外多取雇值。如有恃强揽夺，不容本家雇人者，立拿，枷号两个月，杖一百"；凡在京各牙行"若有光棍顶冒朋充，巧立名色，逼勒商人，不许别投，拖欠客本，久占累商者，问罪，枷号一个月，发附近充军。地方官通徇纵者，一并参处"；各处关口地方，有土棍人等，开立写船保载等行"合伙朋充，盘踞上下，遇有重载雇觅小船起剥，辄敢恃强代揽，勒索使用，以致扰累客商者，该管地方官查拿，按律治罪"。[①]以上律例的基本精神在于防范牙行埠头扰累客商。以上"恃强揽夺""逼勒""累商""恃强代揽""扰累客商"等字眼正是基层官员们给示中时常出现的词语。给示原来在贯彻大清律例的精神。由于律例的效力是全国性的，即使在牙行制度这个充满地域性、充满断裂的领域内，断裂的底部也存在延续，那就是防范牙行埠头扰累客商，保障商人的正常贸易秩序和执行官府的税收、治安秩序职能。

禀请与给示所构建的规范一方面在传播中延续，另一方面传播也存在断裂，这是维护社会秩序为前提的断裂。

会馆中立有一座座碑刻（或是会馆其他文献），碑文的前面部分刻着会馆的禀请，后面部分则是官府的给示，禀请与给示结合在一起便构成一份完整的文件，勒一块碑无疑宣示了一项法秩序的诞生。无数这样的碑刻连接起来，不就构建出了基层社会的法秩序吗？这样的法秩序，既不同于国家正式颁布的律例，也不同于基层社会内部的各色规范。与国家正式颁布的律例相比，其构建不需要

---

① 田涛、郑秦点校：《大清律例》卷一五，《户律》，北京：法律出版社，1998年，第267—268页。

那么复杂的程序,会馆禀请加上官府给示合在一起便成了一项新的法秩序;其内容更接近社会生活本身,它具体地规范了户婚田土等民间细故。同基层社会内部的各色规范相比,它又多了官府的给示,甚至国家律例的内容也贯穿其中,从而具备了特殊的强力、官吏的权力和规律性这些构成法律的因素。正因为这样的法秩序结合了基层官员与民间团体的意见,官员在处理相关纠纷时常以之为判断依据,民众才能更好地遵循与自己生活息息相关的成文规范。无论是不断提到的遵照旧章,还是异地援引成案,都说明了在不经常使用国家成文法的情况下,会馆禀请和官府给示构建的法秩序,成了基层社会秩序得到维护的重要工具。

官府和会馆对这个法秩序既有共识,也存在分歧。会馆禀请馆产备案或榜示规则,官府给示,对会馆、对官府而言是互惠互利的事情。

会馆禀请将馆产在官府备案或是榜示规则,意在强调馆产所有权的恒久和规则的持续有效。如果官府同意给示勒石,不仅证明了会馆对馆产的所有权或是会馆曾经制定了某项规则,更重要的是使会馆的主张具有了官府的背景。光绪年间的一个《糖帮章程》对此有很好的说明:"窃以法之自上立者曰禁曰防,而自下拟者曰规曰约,其名异其实同也。然下拟之规约,非慭以上出之禁防,垄断之夫,终必有冒不韪而逾之者,其何以计久长而昭炯戒。我帮同志诸人,鉴前车之屡覆,翼后效之可图,爰议定章,请官核准给示刊碑,是盖取诸禁防之严,以助夫规约之行者。"[1] 随着会馆禀请与官府给示的互动,自上所立禁防之法与自下所拟之规约结合在

---

[1] 彭泽益:《中国工商行会史料集》,北京:中华书局,1995年,第582—583页。

一起，于是一个新的社会秩序被构建出来。会馆利用官府的强制力量，增强了其权威，从而使馆产或规则更能得到制度性保障，免受侵犯。它利用官府的象征意义增强会馆的诚信，吸引人们出钱出力支持会馆运作，促进会馆的稳固发展。这恐怕是不少会馆热衷禀请将馆产备案或榜示规则的重要意图。这里存在与寺田浩明所揭示的结构很不一样的情形。寺田浩明在《权利与冤抑》一文中指出，清代衙门的诉讼往往开始于为了"耸动"地方官"视听"的所谓"验伤讯究"请求，而一旦诉讼走上轨道，暴行伤害的侧面就被推向后景，而最初似乎只是作为背景情况的经济性争议则逐渐成为诉讼的中心，争执的焦点于是发生了推移。①寺田浩明认为，通过冤抑的主张，意在权利为民众在诉讼中的策略之一。而会馆禀请馆产备案或榜示规则中，我们可以看到民众对维护自己经济利益毫不掩饰。

官府的给示通常对禀请内容做出损益。馆产的归属权涉及经济利益，官府对馆产备案的禀请通常还许诺要采取措施保障馆产不受侵犯。榜示规则的禀请中，多数例子也是会馆力图维护经济秩序，而官府给示除了承认规则、修改规则外，也加入以强制力保护规则实施的承诺。表明地方官心目中维护会馆经济利益与维护社会秩序挂上了钩。面对馆产备案或榜示规则的禀请，官员所扮演的角色是全能的，既管钱谷，又管刑名和教化，而非专业化的财产登记官员或规则记录员。官府给示一再强调保护会馆馆产和规则不受侵犯，不仅是其角色使然，而且其优势地位正是由于它所具备的强制力，因此它乐于展示这种强制力，也不得不靠展示这种强制力来维

---

① 滋贺秀三等：《明清时期的民事审判与民间契约》，北京：法律出版社，1998年，第217—218页。

护自己的权威,维护一方平安。然而,官府并非不关心自己的经济利益。会馆禀请馆产备案的前提就是完纳契税。不仅如此,对馆产备案或榜示规则的给示可能还需缴纳一定费用。光绪三年三月十三日,靛业公所的支出账目中有一项是"付请示建造(又具词请永禁白拉)",他们为此花费了洋银36元正。①光绪二十一年所立《苏城烛店助款借款及抽收油资数目碑》上也记载,烛店"立案请示"等总共支用洋银376元6角。②官府给示费到底按照什么标准收取,尚未见到明确数据,不过官府收取给示费当无疑。

　　一些研究者已注意到宗族和行会为加强其权威和在遇有争讼时易于获得官府支持,屡有将已经制定的族约、行规呈官宪验明批行者。③朱勇指出,嘉庆以后,普遍出现州县衙门批准宗族法的现象。宗族组织将制定通过的成文宗族法送交州县衙门,正印官阅后即发文批示,以官府名义承认该宗族法的效力,并保证其执行。④陈亚平也认为,国家基层政权在法定权限内将商业行帮的条规和惯例备案,使之合法化,结果是大量的民间商业惯例上升为地方性和行业性的法规,民间商业行为的制度化过程得以迅速实现,并且这种制度得到了国家权力的认可和支持,制度化成果得到有力的保障。⑤就会馆馆产立案而言,邱澎生认为主要都是商人自行摸索或

---

① 上海博物馆编:《上海碑刻资料选集》,上海:上海人民出版社,1980年,第371—373页。
② 苏州历史博物馆等合编:《明清苏州工商业碑刻集》,南京:江苏人民出版社,1981年,第275—276页。
③ 梁治平:《清代习惯法:国家与社会》,桂林:广西师范大学出版社,2015年。
④ 朱勇:《清代宗族法研究》,北京:法律出版社,2017年,第174页。
⑤ 陈亚平:《清代法律视野中的商人社会角色》,北京:中国社会科学出版社,2004年,第99页。

是仿效其他既存社团组织得来，地方政府大都只是被动因应。陈亚平等学者的看法不无道理，但他们对会馆这类民间团体与官府的互动过程观察并不太仔细，没看到官府在和会馆共同构建这些制度时的丰富面向。他们既没有仔细分析官府对会馆所禀请内容的损益，也没看到官府对一些禀请规则的重要指导作用，更没充分论证民间商业惯例如何上升为地方性和行业性的法规。禀请与给示中的恒久与损益，旧章与成案，断裂与延续正是对以上不足的弥补。

禀请背后可见会馆活跃的身影，此乃毋庸置疑之事。实际上官府的立场也十分灵活，官府的给示有时对禀请并不改动，有时顺便加入了自己的诸多意见，或承诺采取措施保障禀请的执行，或对禀请的实施提出要求。更有甚者，会馆禀请的规则竟然根据官府的谕令而呈请，规则内容根据官府谕令而拟就。官府在给示中所做的损益，分明是他们在用心参与创造一种新制度，构建一种新秩序，并非只是被动因应。禀请与给示所建构的规范可以说不完全属于官，也不完全属于民，也可以说它既属于官又属于民。最后所固定下来的规则中，官与民谁的因素多，谁的因素少，已经不太重要了，关键是，官府的深度参与，使会馆规则打上官府的烙印，从而具有了官方的权威，并成为社会遵行的规则。

构建基层社会法秩序的过程中，会馆和官府都参与其中，双方都力图实现自己的主张，最后的方案常常是综合了官民双方的意见。这样的法秩序是社会生活的产物，而非由专门的律学人才构想出来；它由基层官员和民众创造出来，而非专门的立法机构制定。在没有近代宪政观念的社会里，法秩序自有其产生方式，那些按照西方近代法学概念讨论，诸如中国传统社会秩序的学者似乎该反思一下自己的讨论前提。官民合作创造法秩序的方式即使在现代社会也未尝没有可借鉴之处。

禀请与给示所构建的法秩序还有一个重要特点，即会馆禀请多涉及自己的经济利益，官府给示通常把钱粮、刑名、教化等当作一个整体加以考虑。在今天这样一个强调科层制，强调分工的社会里，批评清代社会里官员给示的牛头不对马嘴，批评民刑不分的整体性思考，看似理直气壮，其实并没有太多的说服力。基层社会法秩序的构建很重要的一环就是官府及其强制力的介入，所谓"取诸禁防之严，以助夫规约之行者"便深深地道出了禁防的价值所在。给示内容通常一是承认禀请内容，二是宣布采取严禁措施保护禀请。仅仅承认禀请，无非确认产权归属或是会馆的某项规则，而官府对这些禀请内容考虑似乎不够。纠纷不多的情况下这些规则还应付得过来，如果随着场域进一步扩大，是否需要一些比较完善的规则呢。严禁需要官府的强制力和地保等社会力量支持。官府的强制力和地保等社会力量的能力到底有多大，如何发挥保障作用呢？从这些角度反思禀请与给示的不足恐怕比单纯批评民刑不分、以刑名方式处理钱粮更有意义。

第三节 政府对会馆的管理、改造与接收

政府建立对会馆等同乡群体的管理制度存在一个漫长的过程。明初以来近500年的时间里，会馆等同乡组织活跃于众多的城镇。明清以来，会馆等同乡组织不仅实现了自我管理，建立起内部管理制度，成为城镇社会治理的重要力量，也逐渐被纳入治国范围。不过，直到民国时期国家对会馆等同乡群体才开始建立起比较规范、

完备的管理制度，会馆等同乡群体内部制度也做出调适。探讨历史上国家如何治理会馆等民间团体，不仅可以推进会馆史、政治史研究，而且对处理当今民间团体与政治的关系具有借鉴意义。

以会馆等同乡群体为中心的研究亦有部分论著讨论国家如何整顿、接收会馆等同乡群体。王日根、张宗魁描述了1915—1956年北京会馆的整顿历程。[①]国家政权建设是观察、解释近代中国的一个重要路径。杜赞奇等讨论了国家政权向乡村的渗透扩张，会馆等同乡群体研究采取了类似的视角，围绕会馆等同乡群体在内的上海旧式社团探讨国家政权对城市社会的控制也取得了一些研究成果。郭圣莉指出，新中国成立初期中国各类旧式社团的湮灭过程展现了中国共产党独特的国家政权建设逻辑以及新的国家政权对城市社会的重构进程。[②]阮清华、陈彬认为，新中国成立初期中共通过接管上海的社团实现了对城市社会强有力的控制。[③]杨丽萍指出，新中国成立前后通过对上海旧式社团的清理整顿，基层社会的统治权威全面实现了从民间统治精英向平民阶层和中国共产党组织的转换。[④]本书试图以北京、上海等地的会馆为基础，观察政府对会馆等同乡团体的管理到底发生了什么样的变化，会馆等同乡团体又是如何因应这种变化的。

---

① 王日根、张宗魁：《1915—1956年北京会馆的整顿历程略论》，《中国社会经济史研究》2010年第2期。
② 郭圣莉：《革命与国家的双重逻辑：城市社会空间的嬗变——解放初期上海社会团体的湮灭考察》，《华东理工大学学报（社会科学版）》2010年第1期。
③ 阮清华、陈彬：《中共对城市社会的控制分析——以解放初期上海的社团工作为例》，《兰州学刊》2006年第12期。
④ 杨丽萍：《建国前后上海旧式社团的清理整顿——兼论基层社会统治权威的转换》，《江苏社会科学》2012年第5期。

一、维持秩序

（一）清代官府通过会馆维护秩序

尚少见明清时期官府制定专门的法律条文对会馆进行管理，不过官府在管理各项事务过程也会涉及会馆。维护秩序是官府管理会馆的主要内容。清代官府通过会馆维护秩序主要围绕会馆的馆所与同乡群体而展开。

清代官府将会馆的馆所纳入监管范围。清代，时有无业游棍、役满书办、讼师等藏身会馆，会馆成为治安防范的重点区域之一。雍正五年，令步军统领等部门，访察各会馆等处的无业游棍，及役满书办："凡系无业游棍，及役满书办，令步军统领，都察院，顺天府，严饬所属地方文武各官，将各会馆、庙宇及幽僻胡同等处，实力访察，尽行驱逐回籍，毋许一人潜迹京城。"①

嘉庆二十年，嘉庆皇帝令步军统领衙门等部门密访严拿城外各会馆庙宇中藏匿的讼棍："御史孙升长奏严拿讼师以儆刁风一折，所奏是。狱讼之繁，多由讼师从中构衅，播弄愚民，拖累良善，并或句通胥吏，把持官府，种种鬼蜮伎俩，为害滋甚，如该御史所奏，来京上控各呈词，字迹语句，如出一手，是其明证。朕闻都察院衙门附近，即有山东讼棍窝留其间，包揽词讼，城外各会馆庙宇中，亦有藏匿者，著步军统领衙门顺天府五城，一体密访严拿，获犯即交刑部严审重惩。"②

---

① （雍正）《大清会典》卷一五五，《刑部律例六（户律一）·户役》，第35页。
② （光绪）《钦定大清会典事例》卷一一二，《吏部九十六·处分例·严禁讼师》。

为了加强对会馆的控制，道光二十八年，御史程德麟奏请京城各省会馆一体编查保甲。都察院、顺天府等遵旨议准："各省会馆，其现有京官在馆寄居者，即与官宅无异，仍宜遵照旧定保甲章程，令本官自行严查。"[①]此后，会馆照客店庙宇之例，编查保甲，添设门牌。官府对会馆如何管理投寓之人、看馆之人等也进行了比较详细的规定。第一，各省投寓士子，候补候选官员，仆从人等，均由看馆人询明来历，填注循环簿，每月送官府查验一次。第二，如有无籍之徒，冒充职官生监，匿名混迹，看馆人应查不查，应报不报，一经发觉，从重治罪。第三，看馆之人，责令各省掌馆官绅，慎择老成，不得以无业游民，滥充斯役。第四，倘有聚赌贩烟等弊，即将该馆主事人治以失察之罪，仍严饬五城司坊大宛两县，无分畛域，逐馆稽查，以杜混淆而免遗漏。

另外，会馆还承担一些临时事项。咸丰三年，北京的会馆被要求接送湖北会试举人。该年，太平军占领湖北大部分地区，湖北巡抚关防下落不明。各省举人赴礼部参加会试，向例在省起文，入京城时验文放行。于是，有人奏称："现在湖北巡抚关防，尚未查出，恐有匪徒冒充该省举人，假造文书入城者，请旨严查。"咸丰皇帝谕军机大臣等，"派委妥员，于入城时，查明湖北举人，如有执持该省巡抚公文，赴部会试者，即令指出素识之同乡京官，或居住之会馆，派役妥行送往，仍不得稍滋扰累，并不得因有此旨，致将各省会试车辆概行搜查，致启胥役刁难讹索之弊，倘有情节不符，或实在情形可疑者，即著严行究办，以杜假冒而戢奸宄"[②]。

---

① （光绪）《钦定大清会典事例》卷一〇三三，《都察院三十六·五城·保甲》。
② 《大清文宗显皇帝实录》卷八三，咸丰三年正月下，第10—11页。

不仅官府对会馆治安加以防范，会馆本身也非常重视馆舍的安全。乾隆时期，河间会馆（北京）就规定，来客要登记，而且"或容留匪人，或郡属书手潜入会馆客寓，冒充眷录，招摇撞骗，或藏设戏具，及家人赌博、酗酒等事，值客查明通知值年，即照例辞去；同居之人，如有循隐，一并辞出"①。"会馆乃冠裳之地，不得蓄藏赌具、招引优伶及唤入缝衣妇女，约束家人不得酗酒生事，违者，不敢留主人寓馆"②。泾县会馆（北京）③、绩溪会馆（北京）④、上湖南会馆（北京）均有类似的规定。⑤很难确定会馆受官府之命而制定这些规定，还是官府受会馆的启发而提出上述治安防范措施。不过，可以肯定的是，无论会馆还是官府都希望会馆这个城市中的重要空间场所没有匪人、赌博、酗酒、嫖娼、招摇撞骗。

除了作为城市的物质空间，会馆还是联系同乡群体的纽带。官府利用会馆管理与之密切相关的同乡群体，要求会馆董事协助清查沿海不安本分者。广东潮州等府的失业游民，多觅食外省，千百成群。咸丰年间，以充当潮勇为名，纷纷航海，由乍浦、上海等处登岸。其中良莠不齐，往往聚众滋事。咸丰五年，苏州发生潮勇抢夺行李之案。咸丰皇帝认为："虽将该犯马泳风等拿获正法。而现

---

① 《河间会馆值年值客规条》，北京市档案馆编：《北京会馆档案史料》，北京：北京出版社，1997年，第68—70页。
② 《河间会馆住会馆客寓规条》，北京市档案馆编：《北京会馆档案史料》，第71—72页。
③ 《泾县会馆新议馆规》，北京市档案馆编：《北京会馆档案史料》，北京：北京出版社，1997年，第280—282页。
④ 《绩溪会馆规条》，北京市档案馆编：《北京会馆档案史料》，北京：北京出版社，1997年，第283—286页。
⑤ 《上湖南会馆新议章程》，北京市档案馆编：《北京会馆档案史料》，北京：北京出版社，1997年，第544—546页。

在寄食游民，尚复不少。"令怡良等："严饬地方官查明此项广勇内，有并非官雇，不受约束，或私贩违禁货物，不安本分者，责成地方各官，督同会馆董事清查惩办。"①

官府利用会馆管理同乡群体，进而维持进出口贸易的秩序。嘉庆十一年，两江总督铁保等议奏防海章程中要求上海所设闽广浙江会馆董事审辨商船进出口："上海地方，设立闽广浙江会馆，各有董事多人，凡商船到口，先令董事审辨。果系真商出具保结，准其进口。迨销变完竣，置货而回或商民雇募出口，何省之船，即由何省会馆出结，计口酌给米粮，然后放行。倘有假冒进口私运出口等事，该董事一并治罪。"②天津海关也由会馆董事出具保单、查验放行。道光年间，山东乐昌县知县廖炳奎，充当天津闽粤会馆董事，私行出具保单，给付闽粤商民，令经过关津海口查验放行，并于双峰等栈，容留烟贩及吸烟人犯。拿获廖炳奎后，处以杖一百，流两千里。为此，道光十八年谕："闽粤会馆董事，有稽查约束之责，嗣后著责成天津府，饬令闽粤商民公举老成公正之人，报明承充，取具甘结存案。如有贩卖鸦片烟土烟具者，该董事不行举首，或竟通同舞弊，即著照例加等治罪。"③

清末民国时期，政府对会馆的管理更加系统化。1905年，清朝民政部民治司对会馆进行了调查，这是官府对北京会馆较早的一次调查，为进一步加强对会馆等同乡群体管理提供了基础。④

---

① （光绪）《钦定大清会典事例》卷七七四，《刑部五十二·兵律关津·私越冒度关津》。
② 《大清仁宗睿皇帝实录》卷一六七，嘉庆十一年九月下，第21—22页。
③ 《大清宣宗成皇帝实录》卷三一五，道光十八年十月，第13—15页。
④ 《清末北京外城巡警右厅会馆调查表》，北京市档案馆编：《北京会馆档案史料》，北京：北京出版社，1997年，第798—818页。

（二）民国时期维护会馆秩序

为维持公安，保护公产起见，1915年，京师警察厅颁布了《管理会馆规则》。[①]京师警察厅的告示指出："近年以来各省人士之来京者日见增多，而各会馆居住之人亦逐日形复杂，揆厥情形几于杂同无异，若不订立规则，俾各馆皆有任事负责之人，不独影响于地方治安，亦与各馆之整理进行至有关系。"[②]

该规则要求各地在京会馆由旅京同乡人员在京同乡中公举董事、副董事进行管理。各会馆推举出董事后，将人员名单送至警察厅备案。为加强对住馆人员的管理，该规则将七种人作为应禁止住馆并报警察局的对象，即"携带违禁品及枪支子弹者""语言动作形迹可疑者""违犯烟赌等禁令者""招致娼妓到馆住宿或侑酒弹唱""患传染病者""审知为未发觉之匪人或犯罪之在逃者"。此外，对于会馆馆役、董事及住馆人员违反规则的处罚，京师警察厅也在《管理会馆规则》的第十一条、第十二条、第十三条、第十四条分别作了具体规定。规则要求会馆董事将有妨碍地方治安行为的人向警察署报告。备案和报告是京师警察厅管理会馆的两

---

① 20世纪以前，北京没有正式的市政管理机构，清朝时期，北京市政属于顺天府所管辖的宛平、大兴两县县令共同负责管理，清廷的步军统领衙门、刑部、工部也联合参与管理。1902年成立内城工巡局，1905年成立了外城工巡局，很快两个机构合并成"内外城巡警总厅"，巡警总厅对民政部负责。1911年，民政部改为内务部，京师警察厅（民国初年巡警总厅改为此名）仍然直接隶属于内务部。至1914年市政公所成立之前，京师警察厅是北京的管理机构。1914—1928年，北京由两个机构进行管理，市政公所与京师警察厅，前者负责城市的总体规划和基础设施，后者集中负责维持秩序、征收捐税、人口调查、消防和商业管理。1928年，设北平特别市，成立了社会局、公共安全局、财政局、公用局和卫生局五个局，京师警察厅改组为公共安全局。

② 《京师警察厅颁布管理会馆规则》（1915年），北京市档案馆编：《北京会馆档案史料》，北京：北京出版社，1997年，第1页。

个切入点。

至1918年3月，京师警察厅决定对《管理会馆规则》进行修正，将原来第二条增加"但各省省馆因有特殊情形认为必要时，得酌添董事"一句，以此来协调有特殊情形之省馆各地区的不同利益。同时，将原第三条中董事的任期改为两年，并且可以连选连任。这在一定程度上为董事处理馆内事务提供了有效的时间保证。1918年3月，京师警察厅修正《管理会馆规则》，改变的仅仅是会馆董事人数和任期，并不涉及政府与会馆的关系。

1915年《管理会馆规则》出台后，部分会馆随即制定了新的管理章程，如福建的邵武会馆（1915年5月）、仙溪会馆（1915年6月），广东的嘉应会馆（1915年8月）、番禺会馆（1917年5月）、安徽的望江邑馆（1915年5月）。1918年，京师警察厅对《管理会馆规则》修正后，各地在北京的一些会馆也做出了反应：如安徽的泾县会馆在1921年、1926年，休宁会馆在1922年，江苏的江阴会馆、武进会馆在1929年制定了新的规章制度。

《管理会馆规则》要求各会馆公举董事和副董事，作为会馆的负责人，管理会馆，并向警察厅备案，则直接影响了管理会馆制度的变革。

1915年8月1日，《嘉应会馆规约》（北京）规定，董事副董事如因事不克担任时，应另行公举，并遵照管理会馆规则第四条（各会馆推举出董事后，将人员名单送至警察厅备案）禀报警厅备案[①]。旅京山东同乡会于1925年8月在山左会馆开会，改选吕海寰为

---

① 《北京嘉应会馆规约》（1915年），北京市档案馆编：《北京会馆档案史料》，北京：北京出版社，1997年，第580—583页。

该会会长,之后呈报警察厅核准备案。①1929年6月,《江阴会馆为改订会馆规约致社会局呈》(北京)中写道:"本馆于4月21日报准开会,旋于5月4日复请开会各节在案……自应呈报备案。为此,具文呈请,并检粘江阴会馆规约二十条一纸,并乞饬存备案。"《江阴会馆规约》载明,会馆"除遵照北平市公安局现行管理会馆规章办理外,另订本规约以资遵守","本规约于大会议决后施行,并呈报公安局备案"。②

1917年5月制定的《番禺会馆章程》(北京)规定,"本馆照警察厅所颁管理会馆规则第二条,公举董事副董事一人","董事副董事对于本馆一切事务应照警察厅管理规则第四条担负完全责任","违背本章程第四、五、六、七条者,得查照警察厅管理规则第十二条办理","本馆对于住馆人遇有违犯警察厅管理规则第八、九、十等条事项时,应由董事查照警察厅管理规则办理","馆役遇有违犯规则所规定者,应由董事查照警察厅管理规则办理","本馆章程如有未尽事宜得随时修正续报警厅备案"。③番禺会馆把会馆内部的很多事项都与警察厅联系在一起。

1915年以后,北京的会馆住馆规约多数添加了一条禁约,禁止有以下行为者住馆:有妨碍同寓安宁之举动者;携带违禁物品及诡秘之行为者;吸食鸦片、聚赌及其他不正当之行为及营业者;招致

---

① 《京师警察厅关于吕海环确为山东族京同乡会会长的复函及直隶、热河广西教育厅厅长北京教育会会长等就职致京师学务局的函(附:教育会职员名单)(第33页)》(1925年),北京市档案馆藏,J004-001-00254-A_P1-5。
② 北京市档案馆编:《北京会馆档案史料》,北京:北京出版社,1997年,第161—163页。
③ 《番禺会馆章程》(1917年),北京市档案馆编:《北京会馆档案史料》,北京:北京出版社,1997年,第584—585页。

娼妓到馆住宿，或侑酒弹唱者；有传染病者。这些禁约主要是根据京师警察厅1915年的管理会馆规则而制订。会馆住馆的上述规定反映了政府对会馆管理规则在实践中得以贯彻执行，也展现了会馆对政府管理制度的积极应对，通过改善本身的规则来适应新局面、新形势。

不仅在各会馆的章程、规约中看到"管理会馆规则"的影响，而且实际办理相关事项时，"管理会馆规则"也已经成为办事必备依据。

不过，一些会馆等同乡群体也并未严格执行京师警察厅所颁布的修订规则。此外，有的会馆在新修订的规定颁布十年后，方制定新的管理规则，这反映出一些会馆对待政府加强会馆管理的消极态度。

1928年，国民政府定都南京，北京改名北平市。于是政府机关纷纷南迁，商业随之萧条，大批政客、商人等在京人士也都撤离北京，会馆内所剩人员寥寥无几，甚至无人看管，有的还出现盗卖馆产的情况。北平市政府出台了一些措施加强管理北京的会馆等同乡群体。

1930年3月26日，经北平市政府批准，北平市公安局发布了《北平市公安局管理会馆规则》，共十六条，主要内容与1918年的《修订管理会馆规则》大体相同。此次修订对会馆之管理组织形式有所调整，规定由各会馆公举董事或委员负责，管理体制由原来的董事会制变成了两种。将会馆同乡内的公举人连同被举人一起纳入公安局的管理范围，均要经过公安局的核准备案。市政府扩大了对会馆内部人员的管理范围，进一步加强了对会馆内部人员的了解和管理。

政府法规公布后，一些会馆对简章等进行相应修改并向公安局备案。1932年3月,"江苏旅平同乡会为报规约致社会局呈"中写道:"缮具名单,检附规约,备文呈恳鉴核,准予备案。"①1932年7月,"吉林旅平同乡会简章"规定:"查照公安局十九年四月布告会馆规则,参酌修订之","本简章经会员大会通过后,由本会呈请社会局核准备案施行之"。该简章还附注:1932年7月12日,"奉北平市社会局批,呈暨附件均悉,应准备案"②。1936年8月3日,"辽宁旅平同乡会为改组并报会章草案致社会局呈"中写道:"拟定会章草案三十二条,理合连同会章,具文呈请鉴核,准予备案,以便进行,实为公便。"③一些同乡组织把规约、章程向社会局呈请备案,并在规约、章程中明确写道,是查照会馆规则而修订的。虽然如此,一些同乡组织的规约、章程中并不完全贯彻政府所颁布管理会馆规则的有关内容。如1936年2月的《滦密二十二县旅平同乡会简章》除了第二十二条规定"本简章自呈准主管官署立案后施行"外,没有一条内容直接涉及主管官署。④

1937年卢沟桥事变后,日本侵略者占领北平,对北平控制长达八年。在此期间,在北平先后建立了"中华民国临时政府""华北政务委员会"等伪政权,也成立了"新民会"等汉奸组织。"新民会"成立后,于1938年10月发出通知,饬令各社会团体向伪政府当局的社会局、警察局登记,"详细填明各项,并要将各馆的组织章

---

① 北京市档案馆编:《北京会馆档案史料》,北京:北京出版社,1997年,第166—169页。
② 同上书,第149—152页。
③ 同上书,第123—127页。
④ 同上书,第73—75页。

程送达审核，以便派员辅导"。①

日本控制北京时期，多次颁布会馆等同乡群体管理方面的法令。这个特殊时期的特点是伪政权和日本的机关介入了会馆的管理。1937年10月12日，"满洲同乡会筹备代表郭湛清等为组织满洲同乡会并报会章致社会局呈"（北京）中便指出："筹备一切除呈北平维持会，北平市政府，日本陆军机关，北平市警察局外，所有拟组织满洲同乡会各理由，理合检同会章一份，具文呈请鉴核，俯准备案。"②满洲同乡会申请备案的机关除了伪"北平市社会局"外，还有"北平维持会"，伪"北平市政府"，日本陆军机关等。

1942年12月28日，"江苏旅京同乡会为修正章程致社会局呈"称："8月11日接奉钧局第97号令开，案奉市公署训令，内开，准内务总署咨，查近来呈请立案之民众团体，其机关及人员名称，与现行之官制，每相混淆。兹为明定标准，借杜冗滥起见，制定划一民众团体机构及人员名称办法，除呈华北政务委员会备案外，相应检同该项办法，咨请查照，转饬所属，遵照办理。"③江苏旅京同乡会备案涉及的机关除了伪社会局外还包括伪"华北政务委员会"等。

1941年，吉州二忠祠（北京）向警察局申请举行同乡大会称："吉州二忠祠举行同乡大会，仰届期派警监视具报，并通知日宪队。"而伪"北京特别市"市长余晋龢令警察局传知特务股届时派员前往监视照料具报，并通知日宪兵队。在会后所派人员的报

---

① 北京市档案馆编：《北京会馆档案史料》，北京：北京出版社，1997年，第11页。
② 同上书，第128—131页。
③ 同上书，第175—179页。

告中:"奉此遵于本月六日当派巡官松林,带同长警前往监视,自十一时十五分开会,计到会彭鹤鸣等七人,因到会人数不足,并未讨论会务……除已通知日宪队外,理合呈报。"①1942年,吉安县旅京同乡会董事彭鹤鸣为召开同乡大会,举行祭祀,讨论会务,改选职员,恳请伪"警察局"核准派员监视。而伪"警察局"联络日本宪兵队一同前往监视:"准予开会,并通知日本宪兵队外城队,本月四日当派警官于德海,特务系股员周维廉带同长警前往监视。"②

1943年10月8日,伪"北京市特别市"警察局发出通告,制定了《北京各省会馆整理要纲》十四条。③与1930年3月26日北平市公安局发布的《北平市公安局管理会馆规则》相比,该要纲特意强调是依据伪内务总署监督民众团体办法制定。公举人、被举人都要呈报伪"北京特别市警察局"核准备案。各会馆应先组织同乡会,县馆之同乡会由旅京之本县人组织之;府馆之同乡会,由旧时同府各县馆之同乡会各选二人组织之;省馆之同乡会,由同省旧时各府馆之同乡会,各选一人组织之。各省馆同乡会成立后,由省馆同乡会公举董事若干人负责整理该省会馆;府馆同乡公举董事负责整理该府的会馆;县馆同乡会公举董事负责整理该县的会馆。

1943年,伪"北京特别市"政府还出台了《北京各省会馆管理机构整理办法》。该整理办法规定:"各会馆选举董事、副董事,应先拟具章程,分报社会、警察两局批准后,先选评议,由评议选

---

① 北京市档案馆馆藏,J184-002-00142,第24页。
② 北京市档案馆馆藏,J184-002-01531,第5页。
③ 《北京各省会馆整理要纲》,北京市档案馆编:《北京会馆档案史料》,北京:北京出版社,1997年,第16—18页。

出新董事、副董事。票选同乡会职员或会馆董事、副董事时，均应呈请区分局派员监视。同乡会职员及会馆评议、董事、副董事举定后应将名单分报社会、警察两局核准备案。"①

有关会馆整理的文件颁布后，北京各省会馆为适应当局的政策，有同乡会进行组织管理的，根据整理纲要进行修正，如吉林旅平同乡会、辽宁旅平同乡会、江苏旅平同乡会、南通旅平同乡会、江西省的上新旅平同乡会、江西南丰旅京同乡会、江西同乡会等等；无同乡会的会馆，纷纷成立同乡会，向警察局、社会局申请核准备案。

抗日战争胜利后，北京再次改称北平。由于日本人的投降，北平的社会权力再次面临重组。加之各色人士进入北平，导致社会人员成分更加复杂。因此，北平市政府、警察局加强了对各社会团体的监视。作为社会人员流动住所的会馆，更是政府严密监视的对象。

1946年8月，北平市市长熊斌签发了《北平市会馆管理规则》。②该规则要求会馆均须组织理事会管理。组织理事会须呈报警社两局核准备案；选举理事时，须报由警、社两局派员监视。政府与会馆关系方面，该规则出现了一些新的变动。如会馆每年一、七两月将会务报告分呈警、社两局备查；会馆如违反一些规定，将由警社两局会同宣告封闭；会馆集会时，均应由理事会先期呈报警局等。对住馆人员的防范仍然存在。理事会对于住馆人，有下列各款之一者，应随时报告该管分局核办：妨碍同居人之安宁不服管理人之劝

---

① 《各省会馆管理机构整理办法》，北京市档案馆编：《北京会馆档案史料》，北京：北京出版社，1997年，第21页。
② 北京市档案馆馆藏，J002-003-00589，第47—50页。

告者；言行可疑者；携带违禁物品者；吸售烟毒者；招致娼妓或赌博者；患急性传染病者；发觉犯罪有其他犯罪行为者。

会馆可分为同乡会之会馆与无同乡会之会馆二种，会馆管理规则内对于此点未能明白指出，以致时有同乡会与会馆争执纠纷，缠讼经时，无法核办。为此，1947年5月，社会局向市政府呈文，拟将会馆管理规则加以修正。修正案主要增加第五、六两条。第五条规定，凡在本市组有同乡会者，其会馆登记选举事宜即由同乡会依规定办理；如同乡会会员大会议决由该会理事会自兼者，应即视为该会馆之理事，但不得由该同乡会理事会职员个人名义处理会馆事务。第六条规定，凡综合各县之同乡会，不得以该理事会兼管单独性之会馆；单独一县之同乡会，不得超越范围，代理非本县之会馆或与他县合组之会馆。含有全省性质者亦同；省同乡会不得管理非全省性之单独各县会馆。北平市政府同意了社会局的修改意见。①

1947年，北平市社会局、警察局鉴于"会馆名称、地址及管理人姓名等，均无法查考，指导方面不无困难"②，故通知北平市各会馆必须填写登记表，进一步对会馆的情况进行核查。针对会馆管理中遇到的一些具体问题，1948年3月，市政会议通过了《修正北平市会馆管理规则》。在1947年5月颁布的《北平市会馆管理规则》基础上，对同乡登记等方面进行了规范。第一，登记同乡手续，在每次选举之先，在报章通告登记，至少连续三日，于开会选举前检同该项报章及登记名册分呈警、社两局备查。第二，在平同乡登记后，如人数过少，或者无同乡在本市，委托省同乡会代管会

---

① 北京市档案馆馆藏，J002-003-00589，第51—58页。
② 北京市档案馆馆藏，J002-002-00268，第1页。

馆。代管之会馆，如有收益，代管人不得动用，应存储市银行生息滚存，每六个月连同代管情形，呈报警、社两局备查。如有工程修理，应由代管人呈请警、社两局会查核准，方得办理，事竣并应报请验收。第三，会馆理事会依该会馆原有之名称刊制篆文方形图记，正面长宽各四公分，边缘宽三公厘，拓具印模，呈报警社两局备查，其由同乡会直接管理之会馆，即用该同乡会之图记。第四，北平市政府对会馆住馆人员的控制有所加强。《规定》要求各会馆住馆人员有人事异动时，理事会要按住馆人的异动性质，依照警察机关与户政机关查报户口要项八点之规定，分别报告该管警察分局及户籍机关，进一步对人口的流动进行严密的监视，加大了对社会秩序的整治。[1]

各个会馆对会馆管理规则做出不同的应对。一些会馆条文中关于政府所颁布会馆管理规则的新精神着墨较少，甚至没有。如1947年11月18日的《汾城试馆同乡理事会章程草案》[2]，1947年12月17日的《正定会馆章程》[3]，1947年11月的《晋翼会馆简章》[4]，1948年2月4日的《津南试馆理事会简章》等，除了在结尾处规定"本章程自呈请警社两局核准后施行"外，主要内容没有一条涉及主管官署[5]。

更多的会馆将政府的会馆管理规则划入自己制定的各种章则、

---

[1] 《修正北平市会馆管理规则》，北京市档案馆编：《北京会馆档案史料》，北京：北京出版社，1997年，第32页。
[2] 北京市档案馆编：《北京会馆档案史料》，北京：北京出版社，1997年，第102—103页。
[3] 同上书，第76—78页。
[4] 同上书，第104—106页。
[5] 同上书，第79—80页。

章程、简章之中。1946年10月29日制定的《洪洞会馆管理章则》（北京）遵照"北平市会馆管理规则"第二条之规定组织理事会管理。会馆理事会应于每年一、七两月，召开理事会全体会议，并呈报警、社两局备查。住馆人员有人事异动时，应由理事会常务理事依照户口调查，随时转报警察分局，不得任意增减。有左列各款之一者，不得寄住本馆：妨碍同居人之安宁不服管理人之劝告者；"言行可疑者"；携带违禁物品者；吸售烟毒者；招致娼妓或赌博者；患急性传染病者；发觉有其他犯罪行为者。违反前条之规定者，由理事会报告本区分局勒令迁出。①1948年4月1日的《深县旅平同乡会为报管理细则》规定，集会呈报警局批准，始得举行。强行居住，或限期届满，借故拖延不迁者，皆得由本会报告警局，勒令迁出。人员有异动时，转报警察局备案；有左列情形之一者，本馆得随时报告警察局核办；呈请主管机关批准后，公布施行。②1948年1月2日的《蒲州会馆管理简章》（北京）规定，人员有异动时，转报警察局备案；有左列情形之一者，本馆得随时报告警察局核办；呈请主管官署核准备案后施行。③

首都由北京南迁至南京，日本控制北京，抗战胜利后国民政府重新掌控北京，北京市每次重大变动，政权对各个同乡组织加强管理的措施之一就是登记备案。抗战胜利国民政府重新掌控北京后，同乡组织登记备案过程可以仁钱杭州等会馆为例加以说明。

仁钱杭州两会馆（北京）均曾于1948年元月底接到社会局的批

---

① 北京市档案馆编：《北京会馆档案史料》，北京：北京出版社，1997年，第99—101页。
② 同上书，第81—83页。
③ 同上书，第107—109页。

示："兹检发会馆管理规则一份，仰即遵照拟具章程呈候核办。"仁钱杭州同乡会公议："当应遵所发之会馆管理规则办理。"1948年10月25日，将拟订的仁钱杭州两会馆章程各一份，具文一并汇呈社会局鉴核。①

1948年11月9日，仁钱杭州两会馆接到社会局第二三九一号批示："呈件均悉，兹检发修正会馆核示单一份，仰即遵照缮正具保，并即分别登报，登记同乡，造具名册，连同报纸呈核。"1948年11月16日，仁钱杭州两会馆将馆章暨抄呈，同乡登记人名清册，以及登报报纸各一份，一并呈送社会局，请准予备案，并呈报开会选举理事日期。两会馆已择于11月18日下午一时，在前外虎坊桥杭州会馆内举行。除分呈警察局外，请社会局委派人员到场监视选举。②

社会局派职员王立勋到场监视选举。王立勋参加完仁钱杭州两会馆的选举会后所递"签呈"指出："十一月十八日下午一时，赴前外虎坊桥杭州会馆监视仁钱、杭州两会馆同乡大会选举职员……"③

11月30日，仁钱杭州两会馆也将是日选举投票得票人数情形分别开列清单，备文具报社会局，请求鉴核备案。理事会已于是月二十八日在各该会馆开成立会，并启用图记，也一并呈报。④

12月14日，社会局局长批示："准予备案。"⑤

1947年10月6日，云龙会馆（北京）在给北平市政府社会局的

---

① 北京市档案馆编：《北京会馆档案史料》，北京：北京出版社，1997年，J002-002-00261，第13—14页。
② 同上书，J002-002-00261，第25—26页。
③ 同上书，J002-002-00261，第42页。
④ 同上书，J002-002-00261，第48—51页。
⑤ 同上书，J002-002-00261，第55页。

呈文中这样写道:"本会筹备会前奉钧局八月二十九日崇三(36)字第一一三三号批示,饬组织理事会管理云龙会馆,并呈准召开成立理事会在案。遵于本年十月五日午后二时,假前外抄手胡同十二号,召开成立会,蒙钧局派王科员立勋莅会指导,并监视选举,当修正通过云龙会馆章程,并票选理事会理事。开票结果刘绍濂、廖大渊、刘国钧三人当选为理事,并选举理事廖大渊为常务理事,均各记录在卷。除分呈警察局及各本县有关机关核备外,理合检同章程、名册及刊用之图记式样,呈请鉴核,准予备案,实为公便。"附呈包括会馆章程一份,理事名册一份,图记式样一份。①

1947年11月6日,《陕西省商雒镇山南等五县旅平同乡会为报商山会馆管理章程草案致社会局呈》指出:"敝会于10月19日召开成立大会,蒙钧局代表王君立勋及市党部代表赵君冠五莅会指导,相继致辞……并有南城稽查处及外四警察分局派员监视。理合检同……呈请钧局准予备案。"②1948年1月2日的《蒲州会馆为筹组管理委员会并拟具简章致社会局呈》(北京)写道:"拟具北平蒲州会馆管理委员会组织简章及筹备人名单一份,呈请鉴核示遵。"③1948年4月1日的《深县旅平同乡会为报管理细则致社会局呈》指出:"依据本市政府颁布北平市会管理规则,拟订本会会馆管理细则一份……呈请钧局鉴核,施行,准予备案。"④1947年12月17日的《正定会馆理事会为报组织章程致社会局呈》(北京)写

---

① 《云龙会馆理事会为报会馆章程致社会局呈》,北京市档案馆编,《北京会馆档案史料》,北京:北京出版社,1997年,第405—407页。
② 北京市档案馆编:《北京会馆档案史料》,北京:北京出版社,1997年,第671—672页。
③ 同上书,第107—109页。
④ 同上书,第81—83页。

明:"理合检同章程及理事名册备文呈请钧局鉴核,备案。"[1]

不仅北京的同乡组织如此,在云南等地的同乡组织亦然。如在云南等地的同乡组织开会选举理事,当地政府要派员监视,需要履行一些备案手续。1943年1月10日,为了遵照新制,湖南旅滇同乡会在湖南会馆永和礼堂开会,将同乡会会长改为理监事制,并选举第一届理监事。指导员杨蔚军在所呈《改制报告表》中描述了开会经过及结果:"由大会临时主席团依次输充主席,并由主席团推荐理监事之名单,逐一介绍于大会,并由大会补充人选,即开始选举潘远暄、张默涛等为理监事,组织理监事会。及会后复选常务理事、理事长。乃由我监视宣誓后,该理监事继开联席会议,商讨会务。"指导要项为:"经省党部代表李干指导,选举合法手续,并将改选结果宣布被选人及票数依次选为理监事,继由我指导,由理事选出常务理事,再选理事长,由监事选常务监事。"在附记中指出:"该同乡会第一次大会签名出席人数约共二百多人;该同乡会于事前一礼拜曾在各报登载一礼拜之久,召集各同乡开紧急大会登事。"[2]1943年1月,湖南旅滇同乡会致昆明市政府的立案申请与杨蔚军所呈《改制报告表》对会议过程的描述大体相似。[3]

仁钱杭州等会馆的备案过程大体是:社会局检发会馆管理规则

---

[1] 北京市档案馆编:《北京会馆档案史料》,北京:北京出版社,1997年,第76—78页。
[2] 《昆明市政府社会局奉派出席指导各团体开会报告表》,昆明市档案馆,32-3-244,转引自胡月红:《"湖南旅滇同乡会"档案资料整理》,《西南古籍研究》,2011年。
[3] 《湖南旅滇同乡会呈请准予立案示遵事》,昆明市档案馆,32-3-244,转引自胡月红:《"湖南旅滇同乡会"档案资料整理》,《西南古籍研究》,2011年。

给各会馆，各会馆准备备案的各种材料，社会局再批示，各会馆开会，社会局委派人员到场监视选举，监视人员回去写"签呈"，各会馆汇报开会情形并递交新的备案材料，社会局批准备案。

二、管理社团

（一）明清官员对会馆的规范、引导

明清时期，官府对会馆并没有一个十分明晰的政治定位，也没有把会馆作为社团或者社会组织专门制定法规加以管理，同乡官参与倡建、管理会馆却是一个很普遍的现象。很多时候，参与会馆创建、管理的同乡官本身就是当地职官，他们的言行某种程度上反映了官府对同乡群体、同乡组织的规范、引导。

中国不少会馆由同乡官员倡导建立。通常是一些比较重视乡谊的官员到某处做官，召集旅居该处同乡聚会，士商一唱一和，常常有创建、重修会馆之议。且不论北京的大多数试馆，即使是那些主要由商人参与其间的会馆，也往往离不开官员的参与。

陈嘉言在《湖广会馆经过事略总序》（北京）中说："京师为首善之区，四方仕宦萃集于此，故各直省会馆林立，省馆而外，又分设郡馆邑馆，皆自其乡人之有力者发起之。"谁是乡人之有力者？以湖广会馆为例："湖广会馆者，南北两省联络而成，规模阔达，创建于嘉庆丁卯年刘云房相国、李小松少宰两先达。至道光十年庚寅，蒋丹林尚书、何仙槎侍郎重修之……光绪十八年壬辰岁，谭文卿侍郎、张次珊京卿二次重修。"[①]他所列举的这些创建者、重修者均为官员。如果说京师为首善之区，四方仕宦萃集，官员参

---

① 北京市对外文化交流协会、北京市宣武区地方志编纂委员会编：《北京湖广会馆志稿》。

与倡修会馆极其自然，但是在南方的商业发达地区又如何呢？

道光二十一年，上海县事虔南曾承显撰写了《创建豫章会馆劝疏碑》。得知各省栈商如福建、广东、山东、山西等都建设会馆，曾承显"讶吾乡之躬是业者偏天下，而于此独缺然建造，心实异之"。同乡商人道出了未建会馆的原因："吾乡人之业于是者有年矣。数十年来，盖未尝遇乡之先达官是邑也。今欣奉嘉庇，适购馆基……"①可见官员对于创建会馆的重要性。

众多的会馆碑刻都记载了官员参与建造会馆。光绪三十二年，创修山东会馆的过程近似江西会馆。《创修山东会馆碑记》记载了众多官员一起修建会馆。吕海寰撰文称："余自光绪甲午，承乏镇道，丙申权摄沪关，则常进吾乡之商于斯者，询以利弊。既稔知来者之多，与旅居之不易，每思辟地为馆，以生合群之力，而联涣散之情。""汪瑶廷观察时宰上海……汪君谋立会馆，众以为然。王瑞芝君等首倡……适今江西巡抚海丰吴公仲怿，以管电政驻节斯土，闻之亦乐观厥成。"②可见上海的山东会馆也是官员倡导，商人响应而建。

同乡官员在许多会馆的创建过程中往往起到了关键性的作用，一些会馆在同乡官员的直接倡导下建成。不仅倡导修建会馆，在修建会馆的过程中不少官员还给会馆捐银施地。

康熙六十年《正乙祠公议规约》（北京）载会中诸友有出仕者要捐银："吾行公所，敬神以聚桑梓。有联络异姓以为同气之

---

① 上海博物馆编：《上海碑刻资料选集》，上海：上海人民出版社，1980年，第333—334页。
② 同上书，第195—196页。

义……会中诸友有出仕者，捐银十两。如不给者，量力捐助。"①乾隆八年，重修北京临襄会馆时有官员施银：南城兵马司正堂李元龙布施银24两。②光绪十四年重修北京临襄会馆亦然，翰林院陈积德堂施银20两，户部主政曹施银20两。③咸丰元年《重修长春会馆碑》（北京）记载工部德侍郎施助空地一块。④

会馆建成后通常要举行一个重要的仪式——立碑。今天我们能了解会馆，很大程度需依赖忙碌于会馆碑刻的各色官员，透过他们撰写的碑文我们了解了会馆的历史和它所处的时代。

很多会馆碑记由官员撰写。嘉庆十四年《重建仙城会馆碑记》（北京）由都察院副都御使顺德温汝适撰。⑤道光年间的《泉漳会馆兴修碑记》（上海）由知江南建平县事里人林谦晋撰。⑥光绪二十年的《重修玉行长春会馆之碑记》（北京）由巡视南城事务掌山东道监察御使孟继壎撰并书。⑦

康熙五十一年的北京《正乙祠碑记》请同乡官赐进士出身翰林院检讨浙江诸起新撰写。正乙祠修成后，同乡请诸起新撰写会馆的本意在于："恐其始末之不彰，经界工费之弗详而悉，或至久而不可问也。"诸起新却大加发挥，讲了一通故旧之思，怀土恋本之情："然而吾乡之人，去其族里而居于是者，有岁时，有伏腊。少

---

① ［日］仁井田陞等：《北京工商ギルド资料集》第1辑，第95—97页。
② ［日］仁井田陞等：《北京工商ギルド资料集》第2辑，第154、172页。
③ ［日］仁井田陞等：《北京工商ギルド资料集》第2辑，第172页。
④ ［日］仁井田陞等：《北京工商ギルド资料集》第1辑，第11页。
⑤ 李华：《明清以来北京工商会馆碑刻选编》，北京：文物出版社，1980年，第15—16页。
⑥ 上海博物馆编：《上海碑刻资料选集》，上海：上海人民出版社，1980年，第235—238页。
⑦ ［日］仁井田陞等：《北京工商ギルド资料集》第1辑，第14—18页。

者、壮者、老者、怅怅然失所依附。而苟得一地焉、醻酒酬神、敦枌榆之好、而因以追溯其宗党里族。曰某山某水某之所居与游也。某田某里某之所生与长也。因而屈指其人、孰在孰亡、孰得孰失、岂不胝胝乎生故旧之思而动其怀土恋本之情也哉。庄子云：'故国故都，望之畅然。'而况见见闻闻者乎。余是以重乡人请，而为文以记之，以见吾乡人之所以为此者，非徒为客居之观美，以见居于是者之不可忘所自来也。诗曰：'维桑与梓、必恭敬止。'余于斯祠，见之矣。"①

北京正乙祠有多块碑皆由官员所撰。如乾隆四十八年的《重修正乙祠碑记》由顺天府尹胡宝撰文②，同治四年的《重修正乙祠整饬义园记》由翰林院编修徐昌绪撰并书。徐昌绪所撰碑文继承了诸起新的写作意图，强调"国家盛时，贾者尚敦于义，士大夫可知矣"。③

会馆请官员撰写碑文，而官员借题发挥，阐述会馆的文化意蕴不仅仅是正乙祠特例。康熙五十四年《创建黄皮胡同仙城会馆记》（北京）由都察院左佥史张德桂撰。商业活动中的牙行是插在买卖双方中间的机构，它常常在买卖双方谋得利益，对外地的客商苛刻的勒索时有发生。客商们为了保护自己的利益，往往组织会馆，以团体的力量反抗牙行。张德桂首先追溯了仙城会馆的建立原委："始里之辐辏京师者，则有若挟锦绮者、纨纻者、绢縠哆啰苎葛者，莫不曰：吾侪乃寄动息于牙行，今安得萃处如姑苏也。既尔裹

---

① ［日］仁井田陞等：《北京工商ギルド资料集》第1辑，第94页。
② 同上书，第97页。
③ 李华：《明清以来北京工商会馆碑刻选编》，北京：文物出版社，1980年，第14—15页。

珠贝者,玻璃翡翠珊瑚诸珍错者,莫不曰:吾侪久寄动息于牙行,今安得若处如湘潭也。既尔荤药之若桂若椒者,果核之若槟若荔者,香之若速若檀若美人迩若鹧鸪斑者,莫不曰:吾侪终寄动息于牙行,今究安得萃处如吴城也?几数十年,是图会馆也。"①接着张德桂开始讲述会馆与利、义、牙行的关系:"惟有斯馆,则先一其利而利同,利同则义洽,义洽然后市人之抑塞吾利者去,牙侩之侵剥吾利者除。"②在张德桂的笔下利、义与会馆、牙行开始联结在一起。

同治元年正月《重建仙城会馆碑记》(北京)载:"翰林院编修顺德李文田,字仲约,时官京师,嘉其美举,书之于右,并为铭辞。"③乾隆三十七年《吴间钱江会馆碑记》称:"堂之中祀神,以义合者宜有所宗也,封疆大吏暨藩伯监司,咸书额以张其事,盖体圣天子通商惠旅之至意。"④

官员介入撰写碑文赋予了会馆立碑的多重意义。首先,会馆的碑由官员撰写,使会馆似乎与官府建立某种联系,从而可以借助官府的名头保护自己。其次,官员提升会馆的文化价值,使会馆存在具有更多的正当性、合法性。同乡官撰写碑文在尽同乡之情、收取一定钱财的同时,使官方的意识形态得以宣扬。

会馆建成后,会馆的日常运转与官员是否有关系呢?官员通常会出面帮助解决会馆遇到的问题,不仅如此,有些官员还亲自主持

---

① 李华:《明清以来北京工商会馆碑刻选编》,北京:文物出版社,1980年,第15页。
② 同上书,第15—16页。
③ 同上书,第21—23页。
④ 苏州历史博物馆等合编:《明清苏州工商业碑刻集》,南京:江苏人民出版社,1981年,第19—20页。

会馆的馆务。

道光十五年《（浙江）鄞县会馆碑文》（北京）称："（会馆久经颓废）国初时，吾乡大理卿心斋陈公，始力整理，阖邑赖之。"①宣统元年陕西拣选知县陈凤标撰并书《重建临汾会馆碑记》（北京）称："推余主是馆，兼委序于余。"②前者的口气似乎是官员主动参与整理会馆馆务；后者则有会馆请托于官员，官员出面管理会馆的意味。当然，这两种情况都存在于会馆的管理之中。

道光二十六年，上海县知事定海人蓝蔚文撰并书《四明公所义冢碑》。蓝蔚文在公事之暇，详询上海四明公所的条例情况，四明公所随即请文于蓝蔚文，蓝蔚文允其立案，并为之志，以镌诸石。③

光绪二十六年，《上海县为祝其公所事务归南庄值年告示碑》讲述了花翎一品封职许恩普整顿祝其公所之事。④祝其公所的这个故事，是全镇绅董信寄上海坐庄字号，央请官员许恩普就便整顿该镇的公所。许恩普联络了其他同乡官员，如花翎浙江候补知府龙锡恩、安徽司刑部主事程应闶、河南候补县丞谢显忠等，提出整顿公所的意见，并请道宪赏示刊碑，以垂久远，并檄县同示勒石。道、县均同意了许恩普的请求。

四明公所和祝其公所整顿会馆馆务的起因略有不同，一为官员主动关心会馆馆务，一为会馆请官员整顿会馆馆务，然而提议一

---

① 李华：《明清以来北京工商会馆碑刻选编》，北京：文物出版社，1980年，第96页。
② 同上书，第108—109页。
③ 上海博物馆编：《上海碑刻资料选集》，上海：上海人民出版社，1980年，第259—260页。
④ 同上书，第306—307页。

起，之后发生的诸多事情无论是会馆还是官员，都互相配合，积极互动，促成会馆管理的改善。值得注意的是，上海县知事蓝蔚文在公事之暇，详询上海四明公所的条例情况，后来蓝蔚文允其立案则成了公事；许恩普滞留上海，顺便整顿会馆，当请道宪和县知事"赏示刊碑"，无疑利用了其公职身份。官员与会馆发生关系最初基于私的同乡关系，当会馆与官府发生关系时，由于当事人具有官府中人的身份，使公事下面镶嵌了私的同乡关系，也使私的同乡关系以公事面目示人。

官员参与修建、管理会馆，在为会馆提供方便的同时，也在改造会馆的精神和理想，推动会馆朝组织化、社团化方向迈进。

（二）民国时期会馆作为社团予以管理

1915年，京师警察厅颁布的《管理会馆规则》对会馆有了一个比较明确的定义："凡在京城建有馆舍，用各省及各郡县名义，为旅京同乡集会之所，均为会馆。"此时，更多强调的是会馆的物质空间性质，而不是其社团性质。管理会馆等同乡群体有其独特性，与国家的转型和整个社会团体的管理密切相关。

南京国民政府建立后，开始系统进行社会团体立法，对原有社会团体法律进行改组，会馆等同乡群体的社团性质被凸显。国民政府加强对社会团体的改组与法令建设有其很深的政治背景。在国民党由革命党向执政党转型以后，党民关系由动员体制转变为控制体制，国民党从而由一个动员型革命党蜕变为一个以政治控制为主的执政党。

1928年10月，国民党制定了《中国国民党训政纲领》，规定了训政时期以党治国的原则，确立了国民党一党专政的训政政治体制。在这一制度背景下，国民党对包括商会、同业公会在内的民众团体重新进行了制度建构。1928年8月召开的国民党二届五中全会和1929年3月召开的三大进一步从制度层面改变和调整了大革命时期国民党民众运动的指导方针。国民党要重新建立"党群"关系，由过去的重动员、破坏改为重引导、建设。因此，国民政府建立后，立即开始对社会团体进行整顿，出台了一系列法律。包括《人民团体组织方案》《修正人民团体组织方案》（1930年7月17日）等众多法规。对社会团体进行系统整顿，对人民团体的组织原则、组织程序、训练计划以及与国民党、国民政府之关系均作了明确规定，确立社团在国家体制中的地位是构建国民政府党国体制的重要内容。

对于人民团体的设立程序，国民党三届二次全会通过了《人民团体组织方案》规定，"凡欲组织职业团体"和"欲组织社会团体者"，"先向当地高级党部申请许可"。"接受申请之党部，应即派员前往视察。如认不合，当据理驳斥；认为合法时，即核发许可证，并派员指导。"许可证内载明将来组织之团体，必须遵守下列事项："接受中国国民党之指挥。""除例会外，各项会议须得当地高级党部及主管官署之许可，方可召集。""发起人领得许可证后，得组织筹备会，推定筹备员，并呈报主管官署备案。"筹备会"拟定章程草案，呈请当地高级党部核准，并呈报政府后，始得进行组织"。"团体组织完成，其章程经当地高级党部复核后，呈请政府备案。凡人民团体，应在党部指导、政府监督之下组织之"。①

---

① 参见冯静：《中间团体在现代国家形成中的政治功能研究》，博士学位论文，复旦大学，2007年。

各地政府不久便开始贯彻执行国民党中央对社团管理的要求。如1931年9月,上海市社会局训令绍兴七县旅沪同乡会:"奉市政府令发中央执行委员会常会通过人民团体之改组或组织有未尽依照法令规定者,及未能依照规定期限改组或组织成立者办法两项,饬即转饬所属一体遵照。"①

会馆等社会团体的活动多按照人民团体组织方案进行。绍兴七县旅沪同乡会1933年9月24日呈请市党部于大会开会时派员出席指导,25日函请市社会局派员监视选举大会开会时派员出席指导。10月13日社会局批:"来函已迟,不及派员。仰将开会情形及当选委员姓名履历列表具报候核可也。"10月16日,绍兴七县旅沪同乡会向上海市社会局呈报了执监委员会成立、正副委员长及常务监察就职等事。10月25日社会局批:"呈悉。"1934年10月,绍兴七县旅沪同乡会向中国国民党上海特别市执行委员会呈称,定于本月7日下午2时举行常年大会。10月6日,中国国民党上海特别市执行委员会复函:"本会特派赵尔男同志出席指导。"②

有时同乡会等社团对《人民团体组织方案》的规定理解不准确,相关部门还予以纠正。滦密二十二县旅平同乡会呈请备案过程,公安局特意指出,应遵照《人民团体组织方案》,在社会局查核立案。1936年2月28日的"为组织滦密二十二县旅平同乡会并报简章致社会局呈"讲述了同乡会向社会局呈请备案的缘由和经过。滦密二十二县旅平同乡会先是缮具简章,呈请北平市公安局备案。

---

① 《上海市社会局训令第15207号》(1931年9月23日),上海市档案馆藏,《绍兴七县旅沪同乡会档案》,Q117-5-1。
② 《1932年10月2日开第22届常年大会记事》,上海市档案馆藏,《绍兴七县旅沪同乡会档案》,Q117-5-6。

北平市公安局批示称："呈暨简章名单均悉，饬查该会宗旨与简章所定，尚无不合，应准予筹备，除令区外，仰仍遵照人民团体组织方案，另行呈请社会局查核立案，以符定章。"根据北平市公安局批示，滦密二十二县旅平同乡会才向社会局备案。①

1942年2月10日，国民政府公布了《非常时期人民团体组织法》。②该法律第二条规定："人民团体之主管官署在中央为社会部，在省为社会处，未设社会处之省为民政厅。在院辖市为社会局，在县市为县市政府，但其目的事业应依法受该事业主管官署之指挥监督。第十二条规定，人民团体之章程应载明左列事项，名称、宗旨、区域、会址、任务或事业、组织、会员入会出会及出名、会员之权利与义务、职员名额权限任期及选任解任、会议、经费及会计、章程之修改。"③

各地会馆等同乡群体呈报手续多遵照当地政府的会馆管理规则，其实当地政府的会馆管理规则多根据国家的社会团体管理规则而制定。一些会馆等同乡群体明确指出，依照政府的会馆管理规则及人民团体组织法而草拟会馆的简章。如1948年3月25日，安徽旅平颍州同乡会呈文北平市政府社会局称："依照会馆管理规则及人民团体组织法草拟理事会简章十条，是否能行，敬祈鉴核示遵。"④

1948年7月1日，北平市社会局颁发的《社会团体组织须知》等文件对社会团体组织的呈报手续、章程的主要内容以及注意事项

---

① 北京市档案馆编：《北京会馆档案史料》，北京：北京出版社，1997年，第73—75页。
② 北京市档案馆馆藏，J002-002-00191，第22—25页。
③ 北京市档案馆馆藏，第22—25页。
④ 北京市档案馆馆藏，J002-002-00266，第115—117页。

等都有详细的规定。呈报手续是，备具呈文附带发起人或筹备人名单及组织章程，向社会局呈请候调查核准后，再举行成立大会，选举职员。章程内容包括：名称、宗旨、区域、会址、任务或事业、组织、会员入会出会及出名、会员之权利与义务、职员名额权限任期及选任解任、会议、经费及会计、章程之修改等。[①]注意事项如下：1. 团体经核准后召开成立选举职员大会，应先将日期地点呈报社会局，请派员监选；2. 章程及会员名册、职员略历等应于成立后呈报社会局，以便转送目的事业主管官署备查；3. 团体图记由社会局刊发，自备刊资缴领，会员证，旗帜，会牌等式样成立后由社会局颁发自行照制；4. 立案证书由社会局汇案颁发。[②]各会馆等同乡群体的具体操作大体依据政府的会馆管理规则、社会团体管理规则而展开。

（三）中华人民共和国对会馆的政治定位

民国时期会馆等同乡群体被纳入社团予以管理，中华人民共和国建立初期，北京市人民政府民政局认为"会馆本不属于社团性质"。不过，事实上，会馆等同乡群体又被纳入了社团管理范围之内。

新政权从革命立场、阶级立场定位过去的同乡社团，认为它们是封建组织，为一般没落官僚、失意军阀以及占有权力地位的少数人们所把持。北京市民政局的会馆工作总结报告指出，会馆"也系封建社会的产物……其内部虽有董事会理事会的组织，只是负责保管原有财产，并无其他作用。会馆本不属于社团性质。不过在调查

---

① 北京市档案馆馆藏，J002-002-00191，第10—11页。
② 北京市档案馆馆藏，J002-002-00191，第10—11页。

了解当中，多数会馆在过去为一般没落官僚、失意军阀以及占有权力地位的少数人们所把持。解放后一些反动分子或难逃或隐蔽，以致会馆形成无人负责状态，房屋年久失修，坍塌倒坏，无人过问，我们今后主要方针，是为了保持会馆财产不致遭受破坏，并拟定会馆财产暂行管理办法，以期不使会馆房屋坍塌破坏损伤社会财富，同时也为了解决市民的住房问题。"①同乡会"在解放前有137个单位，其中大多数为日本投降后，各地逃亡地主所组成，在解放后大多数地主返回原籍，多自行解体。现在所存在的为数很少，纯系地区性的封建组织，是同乡聚会的一种场所，多半为过去没落的官僚或失意军阀所把持，一般均需要改组"。②

会馆等同乡组织在社团中占有重要地位，社团管理对此也不能视而不见。北京市人民政府民政局指出，"自4月9日开始至今已申请登记者371单位……伪政府时总计613个单位。据了解这次登记减少的主要原因，不外乎解放后，因社会情况不同，反动的、违反新民主主义政策的各种社团，不敢申请登记，也有的因负责人逃避自行解体了。如同乡会原137单位，现在已申请登记者13单位，占总数10%。会馆据统计391单位，申请登记的只有40个单位，占总数12%。两者尚未申请登记的共475个单位"。会馆和同乡会共528个，在613个社团中占86%，可以说，同乡社团是民政局管理的主体。

北平解放之初，恢复和维护北平市的社会秩序迫在眉睫。为防止反革命分子破坏，保障人民民主权利，1949年3月25日，北平市

---

① 北京市档案馆编：《北京会馆档案史料》，北京：北京出版社，1997年，第40—45页，第54—57页。
② 同上书，第40—45页。

军管会发出布告:"本市社会团体甚为庞杂,并有少数团体为反革命分子所利用,进行各种破坏活动。兹为保障人民民主权利,特颁布《北平市军事期间暂行登记办法》,并指定本市人民政府民政局进行审查登记。"①在布告的附件中,北平市军管会制定了《社会团体暂行登记办法》,要求所有已成立或将成立的一切社会团体,均须依照该办法,向民政局申请登记。经审查合格,发予临时登记证后,方为合法存在之团体,并享受法律之保护。

已成立的各种社会团体,必须填写申请书。要真实详细地填写名称、宗旨、组织章程等;发起人及主要负责人的姓名、住所、过去和现在的职业、过去和现在的政治主张、政治经历及其与各党派团体的关系,各级负责人的姓名、简历及会员人数与名单,经济来源与经济状况。新成立的社会团体申请登记发给临时登记证后,始得成立。

申请登记过程如有含混隐瞒或重要变动而隐瞒不报者,一经察觉,即撤销其登记证,并视其隐瞒的内容如何,依法予以惩处。取得临时登记证的社会团体,不得有违反人民政府法令及反对人民民主事业的活动,违者撤销其登记证,并依法予以惩处。

4月,北平市人民政府民政局局长史怀璧根据北平市军管会的要求发布通告,要求各社会团体应于期限内进行登记,否则皆以非法社团论处。会馆等作为社团,被通知到民政局进行审查登记。民政局第一次办理各种社团申请登记的时间为4月9日至5月15日。原在国民党统治时期成立的各种社会团体应于期限内去民政局申请登

---

① 北京市档案馆编:《北京会馆档案史料》,北京:北京出版社,1997年,第37页。

记，逾限未登记或未批准其为合法团体者，一律禁止活动，并以非法社团论处。新中国成立后新成立的各种团体，应于期限内去社会局申请登记，经审查合格发给证明后，始得在社会上开始进行活动，否则也一律以非法社团论处。[①]

北平市军管会对社团发起人及主要负责人过去和现在的政治主张、政治经历及其与各党派团体的关系，十分关注，而且要求取得临时登记证的社会团体不得有违反人民政府法令及反对人民民主事业之活动，逾限未登记或未批准其为合法团体者，一律禁止活动，并以非法社团论处，把社团的政治性放在一个比较高的位置。

会馆等同乡群体的规则中开始强调政治性。1949年4月25日《番禺会馆为报会馆规章致民政局呈》（北京）中规定："董事等为会馆负责人，当以人民政府为依归，对于住馆同乡，有领导及监视之责。如有反动派及不良分子当报告人民政府处理之。"[②]对住馆同乡的治安防范中出现了"反动派"这样带有政治性的字眼，为过去规章所少见。

1951年8月，北京市民政局强调，要肃清存在于会馆内部的封建残余；把营私舞弊的旧机构，改造成真正的社会公益团体；整理会馆的旧组织，是一场消灭少数人操纵、贪污、剥削的斗争。民政局采取的会馆工作措施隐约可见当时国内形势的变化。中华人民共和国成立初期，对旧政权下的机构、人员进行改造。1950年发生了大规模的"镇压反革命"运动。对会馆等同乡群体进行改造，是对全国旧政权下的机构、人员改造的一部分，多少也能感受到"镇压

[①] 北京市档案馆编：《北京会馆档案史料》，北京：北京出版社，1997年，第39页。
[②] 同上书，第606—608页。

反革命"运动的影响。发动广大同乡来组织管委会是群众动员方式在会馆等同乡群体整顿中的运用。1951年下半年,全国开始了反对贪污、反对浪费、反对官僚主义的"三反"运动。北京市民政局会馆整理中提出杜绝贪污浪费等话语适逢"三反"运动的前夜,大有山雨欲来风满楼之感。

为了响应政府号召,各省还成立了省会馆财产管理委员会,会馆财产管理委员会特别强调政治秩序的维护。

北京会馆财产管理委员以民政局为主管机关,由中国人民救济总会北京市分会领导。1951年11月21日制定的《热河省会馆财产管理委员会筹备会简章》(北京)规定,"本会以北京市人民政府民政局为主管机关,在业务上并受中国人民救济总会北京市分会之领导","本会应将会馆财产收支状况,每月向旅京同乡公告,并汇报民政局救济分会备查","本会对会馆财产,如有营私舞弊情事,得由旅京同乡检举,报请主管机关依法惩办"。① 1952年9月3日的《贵州省会馆财产管理委员会章程(草案)》(北京)规定,该委员会以民政局为主管机关,由中国人民救总会北京市分会领导。②

会馆财产管理委员会的任务之一是传达并执行政府的法令及政策。1951年6月12日制定的《河北省会馆财产管理委员会简章》(北京)规定,其任务之一是"传达并执行政府法令"。③ 1951年10月11日制定的《广东省会馆财产管理委员会章程》(北京)规定,其任务之一是"传达并执行政府之法令及政策"。④

---

① 北京市档案馆编:《北京会馆档案史料》,北京:北京出版社,1997年,第95—96页。
② 同上书,第647—648页。
③ 同上书,第92—94页。
④ 同上书,第609—613页。

各会馆财产管理委员对会员有政治要求。1952年9月3日的《贵州省会馆财产管理委员会章程（草案）》（北京）规定，无政治问题者，均可登记为本会会员，享有权利和尽义务。①1951年10月11日制定的《广东省会馆财产管理委员会章程》（北京）规定，政治清白，无反革命行为者才有代表资格。②

政治立场成为会员是否具有选举权和被选举权的先决条件。1950年10月制定的《湖南省会馆财产管理委员会章程》（北京）规定："具备左列四项资格中第一项及其他三项资格中之任何二项者，并有被选举权。一、政治关系清白，思想前进者。二、从无贪污浪费，能与贪污分子做斗争者。三、对办理会馆业务有贡献或有兴趣。四、信孚素著，热心公益愿为人民服务者。"③该会委员"如有贪污渎职情事，经组成分子检举，查明属实后，得呈报民政局除名议处"④。1952年9月26日的《成潼叙夔泸会馆财产管理委员会为报组织章程草案致民政局呈》（北京）指出，该章程是根据中央人民政府公布之社会团体登记暂行办法等拟定。反革命分子被政府管制者，在"三反""五反"中有严重贪污行为者均无选举权及被选举权。⑤

三、保护馆产

从政权建设、革命角度观察政府与会馆等同乡群体的关系往往

---

① 北京市档案馆编：《北京会馆档案史料》，北京：北京出版社，1997年，第647—648页。
② 同上书，第609—613页。
③ 同上书，第574—577页。
④ 同上书，第574—577页。
⑤ 同上书，第644—646页。

更多关注治安防范、政治秩序的维护，对馆产保护不够重视。从明清直至20世纪50年代，会馆馆产保护都是政府治理会馆的重点。而且1949年之后，会馆等同乡群体旧有管理者逃亡，通过社团登记和镇反运动基本解决了会馆等同乡群体管理人员的政治身份，所以政府治理会馆等同乡群体是以馆产管理为主。这是政权建设、革命角度难以观察到的面相。

（一）民国对馆产的保护与整理

清代，通过会馆禀请与衙门给示使官府介入会馆的馆产保护。（详见第三章第二节）进入民国之后，政府采取了多种措施对会馆等同乡群体的馆产进行保护与整理。会馆等同乡群体到政府主管机关备案是保护会馆馆产最基本的措施，这和清代会馆禀请与衙门给示一脉相承。

1915年，京师警察厅颁布《管理会馆规则》，其目的之一是保护公产。《管理会馆规则》规定，对于无法确定董事及责任人的会馆，由警察厅进行管理或暂予封锁，等举定董事后再行发还。

1937年卢沟桥事变后，旅京人员流动加速，会馆管理混乱。会馆馆产纠纷增加，引起旅京人士的关注。旅京江西人范尚公等注意到，全国各省县在京会馆公产多经主持会馆之人私行典卖。他担心，"似此等事层出不穷，一经同乡中有人质问，则房已处分，款已用罄，亦莫可如何。有时口角争殴，警署无从调解，甚至诉讼于法院，亦未能彻底判决执行，及至最后结果不过以不了了之"。① 他于1939年4月30日向伪北京市长余晋龢呈请专设保管机关以保公产而免后患。

---

① 北京市档案馆馆藏，J001-002-00117，第13—18页。

余晋龢将范尚公呈件交伪"北京特别市"警察局、财政局、社会局办理。7月5日,伪警察局、财政局、社会局向伪市长余晋龢报告称,范尚公所陈各节,不无理由,"拟先由警察局详查本市会馆共计若干处,开列财产清单,分交各局存查,如遇馆产转移并由财政局加以制止,似较组设保管机关轻而易举"。[1]

此时,伪"北京特别市"公署接到了伪"内政部"来咨,嘱即切实奉行会馆管理规则,以重公产。1939年6月28日,伪"内政部"总长王揖唐咨伪"北京特别市"公署。伪"内政部"针对北京各省会馆出现盗卖和侵占会产情形,提出将管理会馆规则,逐条切实奉行,严禁盗卖。该咨指出,"据报京市各省会馆管理废弛,时有不法情事,推原其故,大抵由于近十余年来,京市屡经事变,各省会馆所公举董事、委员不免因事离京,或虽有董事、委员而不克尽其保管之责任,以致被人盗卖、侵占之事不一而足,甚至甲省人士盗卖乙省会馆,若不亟申禁令,甚非所以保全各省公产之道也"。[2]

伪"内政部"来咨与范尚公所呈内容相关,于是伪"北京特别市"公署指令伪"北京特别市"警察局、财政局、社会局,并案办理。"关于详查财产、开列清单,存查并拟制止转移各节。核属可行,应即并案办理"。[3]

1939年7月8日,伪"北京特别市"公署向警察局、社会局发出"关于修正管理会馆规则的训令"。伪"北京特别市"公署认为,管理会馆规则仍然有修正必要,尤其要将"会馆公产登记"补充到

---

[1] 北京市档案馆馆藏,J001-002-00117,第20页。
[2] 同上书,第5—7页。
[3] 同上书,第22页。

新的规则之中。①对会馆公产进行登记,是伪"北京特别市"强化会馆管理的重要措施。伪"北京特别市"公署制定了各省省馆府馆县馆调查表令警察局,"遵照限于文到一个月报齐呈报备核"②。警察局抄录原表分令各区分局遵照详查,依限填报。有会馆各区分局先后查明填表陆续呈报。1940年5月24日,警察局汇总造册报请市长鉴核。③就在《修正管理会馆规则》的训令颁布不久,就发生了颍州会馆财产被盗卖的事件。1940年11月22日,伪市长余晋龢专门与伪财政、社会、警察三局局长联名发出布告,严禁盗卖会馆公产。④

为了保护公产,1941年10月14日,江朝宗发起组织"北京各省会馆调整会筹备处"。江朝宗指出:"近来以各省会馆负责管理之人往往回籍他适,以致馆务稍有废弛,或发生纠纷情事,同人等深以各省公产亟宜维护,古迹古物尤应保存,用特发起设立北京各省会馆调整会。唯事先应粗为筹备,方便推行,故特商借北海团城古学院房屋三间作为临时办公地点,即定名为'北京各省会馆调整会筹备处'。俟将来调整会成立,即行结束。"他除了分函伪"内务总署"及伪"北京特别市"公署及警察局外,将发起设立北京各省会馆调整会筹备处缘由,相应附具章程,请伪"北京特别市"社会局核准备案。⑤12月10日,社会局准予备案。

伪"内务总署"指出:"该项章程大致尚属妥实,惟调整会并

---

① 北京市档案馆馆藏,J001-002-00117,第8—11页。
② 北京市档案馆馆藏,J001-002-00117,第52—53页。
③ 北京市档案馆馆藏,J001-002-00117,第58—63页。
④ 北京市档案馆编:《北京会馆档案史料》,北京:北京出版社,1997年,第13页。
⑤ 北京市档案馆馆藏,J002-002-00129,第1—6页。

非常设机关，无设评议员之必要……原第六条甲项载明，各省有急待整理者，由本会拟定办法交由各省旅京人士组织整理会整理之。查各省会馆系财团法人，自不应将调整会馆之责界诸广泛之各省旅京人士，应将此条甲项修正为（甲）各省有急待整理者，由本会拟定办法交由北京各省会馆调整会整理。"①伪"内务总署"等部门收到江朝宗相关函件后，同意备案，并咨伪"北京特别市"公署。

1942年11月10日，伪市长余晋龢给社会局的训令指出："近年北京各省会馆，馆务废弛，及发生纠纷之事。本署前据调查报告，业已粗知梗概。兹准函称前由江绅朝宗等久在北京，均负乡望，且其中多有曾经管理会馆之人，见闻较确，自应亟予调整，以维护各省之公产文物。至江绅等拟组织北京各省会馆调整会，先行暂设筹备处，以为事前准备办法，亦属适当。"②

北京各省会馆调整会筹备处于1942年12月4日召开北京各省会馆调整会会议，公举伪"内务总长"王督办为会长。③在余晋龢等人的大力支持下，江朝宗、傅增湘、袁乃宽、周肇祥等成立了北京各省会馆调整会。此后公布的《北京各省会馆整理要纲》规定，由同乡会公举董事负责整理会馆，组织馆产管理委员会，负清理保管馆产之责任。④

（二）中华人民共和国对会馆财产的管理

中华人民共和国成立初期，政府对会馆的工作主要围绕会馆财产管理而展开。1950年9月12日，北京市人民政府公布了《北京

---

① 北京市档案馆馆藏，J002-002-00129，第9—18页。
② 北京市档案馆馆藏，J002-002-00115。
③ 北京市档案馆馆藏，J002-002-00129，第9—18页。
④ 《北京各省会馆整理要纲》，北京市档案馆编：《北京会馆档案史料》，北京：北京出版社，1997年，第16—18页。

市会馆财产管理暂行办法》。各种会馆财产,由各该地旅京同乡组织会馆财产管理委员会负责保管经理。管委会以省为单位,联合各该省之郡县等会馆组成。管委会之筹备及管委会成立时,须报经民政局核准备案。申请时,须将负责人姓名、经历、现在与各党派团体的关系,已登记同乡清册、组织章程、财产清单及收支概算书各二份,一并呈送备查。管委会负有清理保管所属会馆财产、修建房屋、举办公益事业及纳税之责,对会馆财产不得出卖、转赠、典当、抵押及其他变相的处分。管委会对该会馆财产之收支,每年应按期向旅京同乡公告,并呈报民政局备查。管委会改选或有更替时,应呈报民政局备查。管委会对该会馆财产有营私舞弊情事时,由旅京同乡检举报由民政局依法惩处。某会馆财产如已无人主持者,由政府代管。各省市县人民政府,如愿管理其在北京市而属于该省、市或县籍之会馆,与北京市主管机关洽商办理。①

1949年和1950年,北京市民政局从每个会馆的建馆时间、历史沿革、管理组织、财产状况、经营情况、经济收入以及机构、人员、财务等方面做了比较详细的调查。1951年,北京市民政局的会馆工作总结报告指出,北京市各区会馆共401处,房屋约计21000余间②,省、府、郡、县等地区性会馆,占98%以上。各地商人,为经商而集资筹建的行业性会馆,占1%强。管理权多操纵在少数失意军阀、反动官僚等手里,他们视会馆为私产,利用职权公开窃夺馆产,管理十几年从未公布过账目。北京解放后,这些会馆负责人有的南逃,有的隐避,形成无人管理的状态。房屋使用极不合理,

---

① 北京市档案馆编:《北京会馆档案史料》,北京:北京出版社,1997年,第46—47页。
② 1951年与1949统计的会馆数略有出入。

租赁关系不正常,房屋年久失修,会馆拖欠房地产税也极普遍。①北京市民政局认为,会馆工作应以保护会馆财产(主要是房产)为中心内容。

为了保护会馆财产,需要采取一些有效的措施。首先,整理会馆旧组织,变少数人的封建把持为多数人的民主管理,先解决谁去管理的基本问题,以达到保护会馆房屋的目的。其次,发动旅京同乡组织管委会,是最好的管理会馆办法。整理会馆的旧组织,是一场消灭少数人操纵、贪污、剥削的斗争,是一件细致的群众工作,必须发动广大同乡来做,才能彻底的肃清存在于会馆内部的封建残余,产生一个真正为大众办事,为群众所拥护的会馆财产管理委员会,加强每个同乡对会馆的关心,把营私舞弊的旧机构,改造成真正的社会公益团体。最后,以省为单位联合省、府、郡、县会馆,共同组织管委会统一管理,较为合适。这样可以使没有能力修缮房屋的会馆,在总的机构下,由于调剂使用租金,修好了房屋,达到以房养房的目的。同乡少的会馆,单独组织不起来管理机构,即使组织起来,仍多为旧人把持,而联合组织便可避免这一缺点,将分散的房屋统一经营后,才有力量设脱产的工作人员,既节省人力减少开支,又可实行正规化的管理,同时政府领导也比较方便。第四,会馆的租金收入委托人民银行办理,对杜绝贪污浪费起到了很大的作用。会馆中可逐渐实行企业化的管理办法,其正当利润是可以运用到公益事业中去。②

会馆也将重心转移到了保护馆产上。1950年10月制定的《湖南

---

① 北京市档案馆编:《北京会馆档案史料》,北京:北京出版社,1997年,第54—57页。
② 同上书,第54—57页。

省会馆财产管理委员会章程》（北京）遵照"北京市会馆财产管理暂行办法"草拟。其宗旨是"为响应政府号召，节省人力财力，实现省、郡、县馆合并管理，借以保护房产"①。1952年9月26日的《成潼叙夔泸会馆财产管理委员会为报组织章程草案致民政局呈》（北京）指出，成潼叙夔泸会馆财产管理委员会以响应政府保护城市房屋的号召，加强管理五属在北京之会馆财产，及办理社会福利事业为目的。②1951年6月12日制定的《河北省会馆财产管理委员会简章》（北京）规定，"本会响应政府之号召，管理、清查、整顿本省在京各会馆之财产、债务，以发展生产，并倡导公益、文教、福利、救济等社会事业为目的"③。1951年10月，广东省会馆财产管理委员会（北京）给自己定的任务是："管理北京市广东省各会馆之全部财产。执行代表会议之决议。传达并执行政府之法令及政策。计划并推进会务。编造并执行预决算。向代表会议报告工作及经费收支概况。发展生产事业与倡导社会福利事业。听取与搜集同乡意见，负责改进会务。"④

北京市民政局在调查的基础上，依据《北京市会馆财产管理暂行办法》等文件采取三种办法整理会馆组织。首先是领导旅京同乡，自愿地联合省、府、郡、县馆，建立以省为单位的财产管理委员会。一般通过登报、登记同乡，选举代表，召开代表会，选出委员组成管委会等步骤。1951年，已组织起来的有湖南、陕西、山东、吉林、河南、福建、江苏、浙江、江西、湖北等10个管委

---

① 北京市档案馆编：《北京会馆档案史料》，北京：北京出版社，1997年，第574—577页。
② 同上书，第644—646页。
③ 同上书，第644—646页。
④ 同上书，第609—613页。

会，包括247个会馆，占全市会馆总数的61%强。其次，旧有组织瓦解，确已无人主持或同乡不愿管理，经过同乡请求政府处理的会馆，均已由政府出面代管，共14个。第三，由各省、县人民政府申请自行管理了一部分会馆。以上已经整理组织的共300个会馆，占全市会馆总数的75%，尚待整理的有101个，占25%。

1952年6月29日，鉴于不少省份已经成立财产管理委员会，中国人民救济总会北京市分会召集十九省管委会，组织成立了"北京市各省会馆财产管委会、管委会筹备会筹备改选委员会"，推选常委七人，下设工作组，经常置工作员二人，由各省管委会轮流调用，办公地点原附于分会，很快根据上级指示，移设浙江管委会，专雇工作员一人办理日常事务，所需薪资连同其他必要费用，由各省管委会分担，事忙时得向省管委会轮调协助。[1]1953年，又开始筹设各省会馆管理委员会联合会。

各省会馆财产管理委员会经历了筹备处、筹备会、管委会几个阶段。1951年10月，《广东省会馆财产管理委员会筹备处工作概况报告》（北京）指出，广东省会馆财产管理委员会的设立，依照领导机关"北京市救济分会"的指示，是需要分作筹备处、筹备会、管委会三个阶段来办理的。[2]1954年1月，《湖广会馆管委会第二届委员会1953年工作总结报告》（北京）指出，湖广是湖南、湖北两省合管的财产，应当利用它作为湖北湖南两管委会的一个桥梁，将来在条件许可下，进一步联系三个机构合并管理，配合总路线，作

---

[1] 北京市档案馆编：《北京会馆档案史料》，北京：北京出版社，1997年，第58页。
[2] 《广东省会馆财产管理委员会筹备处工作概况报告》，北京市档案馆编：《北京会馆档案史料》，北京：北京出版社，1997年，第1247—1251页。

为会馆财产统一管理试验点。①

北京市的会馆财产管理委员会，基本完成了修房、纳税任务。不过也存在一些问题。各省的财产管理委员会在实际工作中出现了相互攻击、争夺管理权，委员与委员之间以及与工作人员之间搞小集团、闹派别。不服从政府领导，有的抱对立情绪，布置任务也不彻底执行，许多决议与政府政策有抵触，经政府批驳后，仍维持原议执行。如拖欠房租及同乡低租情况，相当严重，并有部分同乡尚未议租，使人民财产遭受严重损失。北京市民政局1954年3月9日发布了《关于改进会馆管理与修订会馆管理办法的报告》，提出了三条改进办法。

首先，根据中国人民救济总会全国城市救济工作会议所确定的关于调整旧社团的方针，以及北京市会馆具体情况，采取逐步接管的方针。对组织不健全、管理不善或不能完成管委会任务的会馆先行接收，其他办理有成绩的会馆仍由其自行管理。其次，会馆财产，本属于人民公产性质。由于封建地域性关系，便不能合理调整租金与大力催缴欠租，因而不能使人民财产起到更大的作用和得到应有的保护，是个不应该的损失，故对组织比较健全不准备接管的会馆，加以整顿。先令其在人事上予以调整，并健全其内部制度，使之做好纳税、催租、议租、修房的工作。最后，原会馆财产管理暂行办法是根据当时情况制定的，几年来已将长期为少数人所把持的会馆财产变成财产管理委员会来管理，对其封建地域性的观念已予以很大削弱，如同乡住房也缴纳租金。现在情况既已变化，因此

---

① 《湖广会馆管委会第二届委员会1953年工作总结报告》，北京市档案馆编：《北京会馆档案史料》，北京：北京出版社，1997年，第1243—1244页。

原管理办法中的许多条文,已不适合目前情况与需要,为了因时制宜,拟将原办法加以补充与修订。

1954年8月9日,民政局通知正式施行《修正北京市会馆财产管理暂行办法》。①从修正后的管理办法来看,北京市民政局加强了会馆财产管理委员会的领导和会馆财产的管理。明确规定市民政局为管委会的领导机关,并由民政局委托中国人民救济总会北京市分会,具体领导管委会的业务。管委会委员的变动,须报经民政局审查批准。管委会举办其他事业,须先报经民政局批准。管委会应建立各种必要的制度,并根据具体情况制订章程,报经民政局备查;民政局得随时检查管委会的工作和收支情况;无人管理或管理不善的会馆,得由政府代管或接管。②这些新的规定,不仅使民政局成为各省会馆财产管理委员会的领导机构,且为政府取得会馆的实际管理权奠定了基础。

四、接收会馆

会馆为民间所建,馆产本不属于官府。会馆代有兴衰,一些会馆无法摆脱破败湮没的命运,大量的会馆经历了重建而延续。20世纪50年代,政治经济形势发生变化,大量的会馆难以为继,政府接受了会馆馆产,会馆也终结了其历史。中华人民共和国成立后,一些会馆提出将馆产交政府接收,政府针对不同情况做出不同的应对。

中华人民共和国成立后,有的会馆存在无暇管理、不愿意管

---

① 北京市档案馆编:《北京会馆档案史料》,北京:北京出版社,1997年,第64页。
② 同上书,第64—65页。

理、无同乡、无力交纳地产税等问题，请求政府接收。1949年11月15日，《北京市人民政府民政局会馆调查工作报告》指出："本市会馆有391处之多，而能办理公益事业仅占5%。"①不少会馆难以继续办理各项公益事业，请求政府接收。1949年12月14日，《调查江苏吴县会馆拟将房产献给政府一案的报告》指出："该馆主要负责人王臻善，于去年十二月间因故急于回南，拟将馆务交由理监事王硕辅、王琴希、彭心如等代理，而这三个人均年已七十余，不愿负此责任，其他同乡又无联系，因此由他们四个议决，共同署名，将馆产献与政府，并登报声明，同乡亦无反应，于是将契纸、房折等存入西交民巷大陆银行保险箱内，准备政府接收。"②1950年3月27日，《福建延平郡馆调查报告》指出，请求代管的原因是无暇管理、无同乡、无力交纳地产税。调查意见认为："这种请求代管的情况，我们是可以接受的，因为不代管，就乏人管理，房屋自然日渐坍坏，对居民和市容都有影响。"③1953年1月8日，《中国人民救济总会北京市分会关于调查奉天会馆情况的报告》讲述了奉天会馆的王化一等请求接管的动机与目的。奉天会馆认为，自己组织管委会管理，只能做到小修小补，对房屋的保护，不可能到达理想的目的；这部分会馆财产是人民的，应该交给人民政府管理，交给政府后，政府能更好地利用，公产公用是应该的，同时感到市政建设没有适当的地址，奉天会馆地势很好，又是繁华区域，政府接

---

① 北京市档案馆编：《北京会馆档案史料》，北京：北京出版社，1997年，第1066—1076页。
② 《调查江苏吴县会馆拟将房产献给政府一案的报告》，北京市档案馆编：《北京会馆档案史料》，北京：北京出版社，1997年，第1133—1134页。
③ 《福建延平郡馆调查报告》，北京市档案馆编：《北京会馆档案史料》，北京：北京出版社，1997年，第1165—1166页。

管后,有力量扩展;大光明电影院戏楼建筑年限较久,已过保险期间,需要翻修没有力量,交给政府,由公家建筑,既有力量,将来可多给群众谋些幸福。①面对会馆的困境,政府同意接收、代管一些会馆。

一些会馆存在种种问题,政府不同意接收会馆,主张健全其管理组织。1950年1月16日,《调查吉林会馆概况报告》(北京)指出,会馆暂时负责人遇到两个问题:1.新中国成立后,主要负责人均已逃走,同乡会的组织无形解散,馆务无人管理,形成一种无政府的状态,以致房租无人负责征收,房屋塌漏无人负责修补。2.会馆原为便利同乡住宿而设,现在有很多的非同乡住着,既不肯增加房租,亦不搬出,且多有不给房租者。政府处理意见为,健全会馆的管理组织,确定会馆的房租,增加经济来源。②

第七区公所汇报内称:山西平介会馆无人修理,亦无人收租,馆方提出,如政府出资而修理该房,可无偿借给政府使用,或由政府接收。1950年2月24日,《山西平介会馆调查报告》(北京)认为这与事实颇有不符之处。事实上该馆除范光祖一人之外,他人并不知悉此事,且亦从无此意。该馆本来由张吉山与范光祖两人共同负责馆务。北平解放后,张吉山被送受训,责任即落于范光祖一人肩上。范光祖在1949年7月以后进入华北局医疗室工作,对于馆务已无力分心兼顾。在11月左右,三晋戏院负责人又来表示,因生意不振,亏累太多,要求退租。范光祖感到馆务管理棘手,请第七区

---

① 《中国人民救济总会北京市分会关于调查奉天会馆情况的报告》,北京市档案馆编:《北京会馆档案史料》,第1126—1127页。
② 《调查吉林会馆概况报告》,北京市档案馆编:《北京会馆档案史料》,北京:北京出版社,1997年,第1129—1132页。

中共区委会副书记沙晓楼征求政府意见是否可予接收（但仅限于戏院房产），或由政府租用，月给租金。沙晓楼遂将这个意见反映于第七区公所，要区公所转达。这时三晋戏院方面经重新改组整顿后，新掌柜复要求续租，范光祖见沙晓楼处无消息，也就答应了。《山西平介会馆调查报告》提出处理意见是："该馆现有既有委员会负责管理，并无献给政府之意，仅系范光祖个人意见，不足代表全体同乡，政府当然不应予以代管或接收，应将具体情况，备文报府。"①

也有部分会馆不愿意被接管，不愿意上交会馆财产给省会馆财产管理委员会和政府。

1951年7月27日，《江苏省会馆财产管理委员会筹备会组织情况报告》（北京）指出，全省所属会馆共有26个单位，除吴县和长吴会馆已由清管局接管外，现有24个馆。原有各馆负责人，很多是把持会馆多年，一旦组成管委会，统一管理，就直接影响了他们的不正当权益，因此他们对筹备管委会工作，有的表现为观望拖延，不肯积极推进。②

1952年，《湖北省会馆财产管理委员筹备会一年来的工作报告》（北京）指出，会馆新的组织出现了，但个别人的思想上存在着旧的观点，特别是一向靠会馆吃饭的人，还企图继续把持，不甘放手；有的则怕清算新中国成立前的旧账，思想有顾虑。他们造出一连串"集中管理不好""前经手人没有账怎么办？""经手修理

---

① 《山西平介会馆调查报告》，北京市档案馆编：《北京会馆档案史料》，北京：北京出版社，1997年，第1120—1121页。
② 《江苏省会馆财产管理委员会筹备会组织情况报告》，北京市档案馆编：《北京会馆档案史料》，北京：北京出版社，1997年，第1136—1139页。

房屋，欠债未清，谁负责？"以及"各馆的收益要用于各馆的修缮"等理由，引起同乡中思想上的紊乱，给接管工作增加了困难。针对这种情况，湖北省会馆财产管理委员筹备会采取突破一点的方针，决定：1. 移交什么接什么，不追旧账。2. 修理房屋欠债有据者，负责代为偿还。3. 移交可先可后，不限定时间。以耐心说服、协商和等待的精神来进行。有的经协商动员，首先就移交了，有的说服解释仍延宕不交，到"三反""五反"运动时，始行交出。也有因急需修缮，临到不能维持才交的。①

1953年初，《江苏省会馆财产管理委员会筹备会工作报告》（北京）指出，正如与其他各省管委会一样，在一开始做接管工作时，首先遇到了思想上的困难。会馆认为，过去在封建传统及反动统治下，虽然会馆曾或多或少做过若干为同乡谋福利的事业，但一般为少数人所把持，形同私产，怕清算新中国成立前的账目，或被人揭露假慈善的面目，思想上有顾虑，于是提出一系列"统一管理就是政府接收""前经手人没有账怎么办"等理由。②

1950年9月13日的《关于湖南会馆的调查报告》（北京）注意到，各个会馆的财产是很不平衡的，悬殊极大，多数会馆均已无法维持，但有少数会馆财产还相当多，能够维持。因此，不能维持者希望政府接管，或者合并于总馆，而能够维持者，则不太愿意，有些顾虑，或者认为合并技术上有困难。③政府对于湖南所属各会馆

---

① 《湖北省会馆财产管理委员筹备会一年来的工作报告》，北京市档案馆编：《北京会馆档案史料》，北京：北京出版社，1997年，第1216—1220页。
② 《江苏省会馆财产管理委员会筹备会工作报告》，北京市档案馆编：《北京会馆档案史料》，北京：北京出版社，1997年，第1140—1145页。
③ 《关于湖南会馆的调查报告》，北京市档案馆编：《北京会馆档案史料》，北京：北京出版社，1997年，第1225—1228页。

的处理意见是：1. 无实际负责人，同乡在此地的很少，或者是要想召集大会也召集不起来，即改选无法进行，而会馆经济困难，无法维持者，可以由市政府试行接管。2. 有负责人，会馆经济还不困难，能够维持者，将这些会馆合并到湖南省馆里去，组织成一个总的湖南会馆。其组织形式是：各分馆负责人加入到总馆内，组成一个会馆财产整理委员会。这种集中管理，不但可以节省许多开支，而且可以集中力量来解决一些困难问题，因为统一管理能够照顾全面，不致头痛医头，脚痛医脚，同时合并成一个总馆，政府也容易管理。此外，集中管理，可以合理调整租金，解决租佃纠纷，有重点地修理房屋，同时还可以集中力量举办一些有益于人民的生产事业（这些事业非单独一个会馆所能举办者），更可以避免一些贪污现象。集中管理时要注意两个原则，同乡与非同乡的待遇应有区别；贫苦户与非贫苦户应有区别。①

　　北京解放后，政府并没有打算接管所有会馆财产。随着社会主义改造的开展，改变会馆财产的性质也提上了议事日程。如1955年4月20日，《山东省会馆财产管理委员会四年来工作报告》（北京）指出："政府为了适应社会发展的趋势与需要，又于54年7月公布《修正北京市会馆财产管理暂行办法》，对会馆财产的管理，在各该省未进行处理前，须加强领导关系，健全组织，实行改选，明确任务，建立必要制度，规定纳税、修房、议租、收租等工作，使会馆的财产，在原有民主管理的基础上，更能够得到相应的发展，逐步地把会馆半社会主义的财产改变为社会主义性质即全民所

---

① 《关于湖南会馆的调查报告》，北京市档案馆编：《北京会馆档案史料》，北京：北京出版社，1997年，第1225—1228页。

有制的财产，明确了今后会馆财产发展的方向。"

1954年之后两三年，政府陆续接管大量会馆。各省管委会已开始把会馆移交政府接管，情形各有不同。山东省会馆财产管理委员会（北京）于1954年12月21日接到北京市人民政府民政局通知称："前接山东省人民政府鲁民字（54）第1502号函称：关于我省在京会馆，同意由你市处理，即希于文到5日内，将所管全部财产造具清册分交房地产管理局、财政局接管，登莱胶小学校由教育局接办。"山东省会馆财产管理委员会于同月22日举行全体委员会一致表示，"几年来我会在政府领导之下根据政策法令开展业务已为政府接收打下一定基础，创造有利的条件，现山东省府同意市府接收我会财产，自当竭诚拥护"。山东省会馆财产管理委员会除了报告省政府，于12月27日开始进行移交，由民政局派员进行监交，将全部房地产、修缮材料以及租金，有关房地产权文件卷宗与各处义地坟墓、账册、领穴证等移交房地产管理局接管。各种家具用品文物字画佛像五供祭品等动产部分全部移交财政局接收。所属登莱胶小学交由教育局接办。最后，山东省会馆财产管理委员会也委婉地请政府安排相关工作人员："工作人员在移交当中坚守岗位，发挥了高度的工作积极性，并能安心静待，听候政府指示，相信领导机关对于工作人员几年来的劳绩，必能照顾，安排适当工作，不致失业。"[①]

1954年5月19日，民政局接管了贵州会馆（北京）财产。贵州省会馆财产于5月19日宣布接管时，由该会召集全体委员及住馆同

[①] 《山东省会馆财产管理委员委员会四年来工作报告》，北京市档案馆编：《北京会馆档案史料》，北京：北京出版社，1997年，第1192—1204页。

乡开会，经主委杨季霄报告请交政府接管后，即由民政局的白坚副科长正式宣布接管。并说明接受该会的请求，主要是为了保护这部分人民财产和保障住户的安全，同时需要调整不合理的房租，以便进行修缮。[①]1954年，北京市安徽省会馆财产管理委员会筹备会[②]，四川省成潼叙夔泸会馆财产管理委员会筹备会等向北京市人民政府房地产管理局移交了房地产，监交机关为北京市人民政府民政局。[③]1955年5月5日，吉林省会馆财产管理委员会（北京）[④]，黑龙江固山会馆财产管理委员会（北京）等向北京市人民政府房地产管理局移交了房地产，监交机关为北京市人民政府民政局。[⑤]

由政府接管后，原规定其房屋由房管局管理，其工作人员能工作的也应由该局负责安置。到了1955年4月，房管局接管了十个省的会馆房屋之后，强调因编制所限，对会馆工作人员无法安置，接管工作无法继续进行。

在这个时候，各省会馆财产管理委员会纷纷要求政府接管会馆财产。同时，管委会内部也存在许多难以解决的问题，如争权夺利、互相攻击、贪污浪费，而且房租高低不一、入不敷出，有些危险房屋得不到修缮以致几次发生塌房伤人事件。为保护房屋，维护住户的生命安全，当即报请北京市副市长批准，继续接管会馆财产，房屋则由民政局暂时管理。从1955年5月至1956年5月，民政局共接管了十个省的会馆财产，房屋14430间（还有台湾会馆和玉行

---

① 北京市档案馆编：《北京会馆档案史料》，北京：北京出版社，1997年，第1294页。
② 同上书，第764页。
③ 同上书，第792—793页。
④ 同上书，第708页。
⑤ 同上书，第709页。

会馆尚未接管）。接管后，对工作人员分别做了处理，计留做工作者36人，资遣还乡者15人，对危险房屋都做了修缮，对于不合理的房租，按照公房租金标准做了调整。每月所收房租，不仅人员修缮开支足够，而且还有节余。

但是，民政局不是房产管理部门，管理这一部分房屋有许多困难。首先，不懂建筑技术，不能正确鉴别房屋破旧程度，以致有时发生该修未修，不该修而修的现象。其次，这部分房屋租金，虽然是按公产标准定立的，但是许多住户总怀疑比公产租金高，有部分住户并借故拖不交租。为此，常常闹纠纷，影响不好。为了解决以上问题，使这部分房屋得到更好的管理，拟将上述14430间房屋全部移交房管局统一管理。① 到1956年6月，北京市民政局将在北京的各省市县会馆房屋14430间，全部移交市房地产管理局，各会馆的工作人员也做了安置处理。于是，会馆完全转化为人民政府的公有财产。

上海与北京的接收会馆过程大体相似。

中华人民共和国成立不久，上海一些会馆面临着经济困难。1950年5月20日，歙县旅沪同乡会开会指出，现在"支出极感困难"，决议"职工薪资方面，追认七折照付，其他开支尽量节省"。又议决"本会经费困难已达极点，对于同乡救济一项，一律停止"。② 1952年3月8日，歙县旅沪同乡会认为会中经济非常困难，议决"在困难期间，每人每月照定数减半支给，以维职工生

---

① 北京市档案馆编：《北京会馆档案史料》，北京：北京出版社，1997年，第66—67页。
② 《歙县旅沪同乡会会议录》，上海市档案馆藏，《歙县旅沪同乡会档案》，Q117-27-6。

活"①。

会馆经济困难，政府介入讨论其去留。在1952年底，人民救济分会曾约歙县旅沪同乡会进行一次谈话，并指示三个今后的办法："一、同乡会应该继续集资办理人民福利事业。二、如同乡会本身无力继续办理人民福利事业，就应该会合其他慈善机构共同办理救福事业。三、如前两项办法都不能办到，就可以进行要求人救会代管。"1953年3月1日，歙县旅沪同乡会开会讨论今后的去留。该会职工小组组织员杜树模提议意见："根据目前情况，似以采用人救分会第三项指示进行办理为适宜。"决定一致通过。②

1953年4月，歙县旅沪同乡会致函人民救济分会称："我会因解放后会务停顿，经济困难，无法维持，经上月决议，遵区政府政策，宣告结束。呈请你会代管，并将房屋租给上海邮局使用，以预收租金为发给职工欠薪及欠地租之用，并由邮局汲取职工转业，解决职工工资问题。"③1953年5月4日，同乡会宣告结束。

歙县旅沪同乡会的命运与上海社团整顿接收的整体局面密切相关。

从1952年开始，上海市民政局与中国人民救济总会上海市分会配合，首先着手整顿旧有公益团体，"将对新社会起不良影响的，并拥有大量房地产而没有叶（业）务的单位，如会馆、公所、同乡会等地域性的封建组织，分别不同情况，结合社会需要，采取动员

---

① 《歙县旅沪同乡会会议录》，上海市档案馆藏，《歙县旅沪同乡会档案》，Q117–27–6。
② 同上书。
③ 《致人民救济分会》（1953年4月），上海市档案馆藏，《歙县旅沪同乡会档案》，Q117–27–1。

结束和联合开办业务的办法，陆续处理了233个单位"①。其中162个被要求结束，12个被取缔，另外49个单位联合举办了六个残老院（即救济福利界第一至第六残老院），三个医疗机构和一个殡葬服务站。在这一过程中，市政府共接收了土地3120亩，大楼8座，楼房4843幢，厂房261座，平房1398间。②另外一些社团迫于形势，申请停办。歙县旅沪同乡会正是在政府整顿旧有公益团体的过程中宣告结束的。

1954年，上海市民政局向市政法委员会提交了《上海市社会团体工作综合报告》，提出1955年工作计划大纲是开展社会团体的全面整理工作：对组织不健全的团体进行整顿，对作用不大的团体进行整理改造；对有反动实迹或对国家建设来说起着破坏性的团体进行取缔或清查、解散处理。③会馆等同乡团体面临全面整理，不过并没有被马上接收、取缔。

为适应社会主义改革、改造高潮的新形势，1956年上海市对旧社团的处理发生转折。1月16日，民政局向上海市人民委员会提出报告，拟对已经经过1952年改组、改造的旧有慈善团体进行接收、改造。④在社会局的安排下，各单位都在1月18日、19日两天分别提

---

① 《上海市社会团体登记工作方案（草案）》，上海市档案馆藏，B168-1-802，转引自阮清华、陈彬：《中共对城市社会的控制分析——以解放初期上海的社团工作为例》，《兰州学刊》2006年第12期。
② 《关于社会团体登记和旧社会团体处理工作的意见报告》，上海市档案馆藏，B168-1-817，转引自阮清华、陈彬：《中共对城市社会的控制分析——以解放初期上海的社团工作为例》，《兰州学刊》2006年第12期。
③ 《上海市社会团体工作综合报告》，上海市档案馆藏，B168-1-806，转引自阮清华、陈彬：《中共对城市社会的控制分析——以解放初期上海的社团工作为例》，《兰州学刊》2006年第12期。
④ 《民政局送人民委员会报告》，上海市档案馆藏，B168-1-959，转引自阮清华、陈彬：《中共对城市社会的控制分析——以解放初期上海的社团工作为例》，《兰州学刊》2006年第12期。

交申请政府接办的报告，1月21日，民政局高效完成了接收工作。①与此同时，其他许多社团也纷纷申请结束或由政府接办。②1956年，政府完成了对上海会馆的接收。

新中国成立初期武汉市整理会馆工作与北京、上海也比较相似。

1950—1952年间，武汉市人民政府对善堂会馆进行了初步清理和整顿。新中国成立前夕，据武汉市民政部门的不完全统计，仅汉口一地即有善堂64家，会馆（公所）198家。③1950年6月，在成立善堂联合会筹委会的同时，武汉市成立了会馆公所联合会筹备委员会（简称会联）。《武汉市会馆公所联合会筹备委员会组织章程》规定，会联成员由市政府民政局聘请社会民主人士及各会馆公所推选若干人组成，其主要任务为：1.组织武汉市会馆公所联合会；2.进行整理武汉市原有会馆公所所属之现有及漏报财产；3.举办社会救济及生产福利事业；4.整理各会馆公所附设学校与公益机构。④

善堂联合会的一份报道称，会馆的财产，在过去反动政权之下，历来为少数恶霸、流氓、会痞所操纵把持，狼狈为奸，有着成种

---

① 《关于接办的十一个儿童残老单位整顿工作计划》，上海市档案馆藏，B168-1-959，转引自阮清华、陈彬：《中共对城市社会的控制分析——以解放初期上海的社团工作为例》，《兰州学刊》2006年第12期。
② 《民政局送人民委员会报告》，上海市档案馆藏，B168-1-959，转引自阮清华、陈彬：《中共对城市社会的控制分析——以解放初期上海的社团工作为例》，《兰州学刊》2006年第12期。
③ 《关于处理武汉市善堂、会馆联合会现存问题的建议》，1953年，武汉市档案馆藏，134-1-87，转引自陈竹君、胡燕：《解放初期武汉市整理善堂会馆工作述略》，《兰台世界》2016年第11期。
④ 《武汉市会馆公所联合会筹备委员会组织章程》（1950年6月），武汉市档案馆藏，134-1-185，转引自陈竹君、胡燕：《解放初期武汉市整理善堂会馆工作述略》，《兰台世界》2016年第11期。

种不可告人的罪行。①新中国成立后,武汉市对善堂会馆进行了分阶段整理。

这次整理的会馆公所共101个,主要分为两类:一类系由各省市旅汉商人捐助成立,主要是为照顾过汉的困难同乡,这类会馆有56个;另一类会馆,因经营的商业不同,一个会馆又分出若干个帮口,另组同业公所,各不相顾,此类会馆(公所)约45个。整理工作的重点有两个,一是清查房屋地皮财产,二是合并学校。整理过程也分为三大步骤进行:第一步调查研究,整理人员深入会馆公所内部进行调查;第二步确定典型,选择较大的会馆做典型整理,总结经验;第三步全面登记审查、清查丈量、整理组织、统一人事机构、建立制度。②

对会馆的整理是在人民法院、税务局、房地产委员会、教育局、公安局等行政机构的紧密配合下进行的,各会馆的群众对整理工作起了很大的推动作用。如覃怀药商会馆的进步群众在接到政府整理会馆的命令后,当即组织筹委会并拟标语:"本会馆的财产是覃怀人民捐助的,不是私人所有的;此次整顿会馆要彻底废除封建组织的把持操纵;打破少数人的封建观念;选举好人不要选举坏人;我们要大胆发言大胆提意见等等。"③

---

① 《善堂联合会呈送给市救济分会的新闻报道稿》(1952年),武汉市档案馆藏,134-1-187,转引自陈竹君、胡燕:《解放初期武汉市整理善堂会馆工作述略》,《兰台世界》2016年第11期。
② 《民政局社团科会馆同乡会整理工作材料》(1953年),武汉市档案馆藏,134-1-184,转引自陈竹君、胡燕:《解放初期武汉市整理善堂会馆工作述略》,《兰台世界》2016年第11期。
③ 《武汉市会馆公所联合会筹备委员会工作概况》(1952年),武汉市档案馆藏,134-1-87,转引自陈竹君、胡燕:《解放初期武汉市整理善堂会馆工作述略》,《兰台世界》2016年第11期。

各会馆公所原有职员141人，调整后有的申请受训，有的自愿转业，有的申请返乡，有的自动离职，留用者45人。整理后的善堂会馆由过去的带有"封建性"的慈善组织转变成为人民政府领导下的救济福利性群众团体。

最迟在清代前期，官府已经将国家的权力渗透到会馆，对会馆住户采取了一些治安防范、维持秩序的措施，加强对会馆的馆所以及同乡群体的管理。会馆本身也通过馆规防止其住户发生赌博、嫖娼等妨碍治安、有违道德之行为。清代官府在维护秩序等方面采取了种种措施。这些措施在民国乃至中华人民共和国成立初期仍能见到其踪迹。民国各个时期政府颁布的管理会馆规则，以及会馆所制定的会馆章程等都禁止在会馆发生赌博、嫖娼等行为。民国与清代所列禁条的内在精神在延续。时代在变迁，政府对会馆采取治安防范、维护秩序措施的具体内容有差异，一些新的措施不断出现。如1915年，被举为董事者，应报明警察厅备案。20世纪30年代，公举人、被举人，均应呈报公安局核准备案。20世纪40年代，董事投票公选前须报由警、社两局派员监视，选定后呈报警社两局核准备案。中华人民共和国成立后，政府对会馆等同乡群体的管理不仅要求登记备案，而且在业务上、政治上都有更为直接、紧密的领导。

清代，通过会馆禀请与衙门给示使官府介入会馆的馆产保护。[①]民国时期政府颁布各种管理会馆规则的动因之一便是会馆的馆产保护与整理。中华人民共和国成立初期，政府对会馆的工作主

---

① 唐仕春：《清朝基层社会法秩序的建构：会馆禀请与衙门给示》，《中国社会科学院近代史所青年学术论坛2007年卷》（论文集），北京：社会科学文献出版社，2009年。

要围绕会馆财产管理而展开。会馆到政府主管机关备案是保护会馆馆产最基本的措施，这和清代会馆禀请与衙门给示一脉相承。由政府管理会馆财产并不是1950年才开始做出规定的。然而大量会馆被政府接收却是20世纪50年代的事。20世纪50年代政府接收会馆馆产并非一蹴而就，而是经历了一个复杂的过程。

政府逐渐加强了对会馆等同乡团体的管理，建立起越来越严密的管理制度。中华人民共和国成立之后，会馆等同乡团体应对政治活动的自主空间越来越小。从变的角度看，这个过程体现了国家政权建设中国家权力不断向社会渗透。国家政权建设和革命大体发生在20世纪上半叶。如果把20世纪之前国家治理会馆纳入观察范围，国家政权建设、革命等表面变化之下的潜流，却是馆产保护与治安防范等老问题。

需要注意的是，不同于西方近代民族国家产生过程中国家权力与市民社会的角逐，中国的国家权力很早就渗透到社会。无论是维持秩序还是管理社团，无论保护馆产还是接收会馆，会馆等同乡群体与政府配合都是主流，而反抗是支流。不仅如此，国家法规往往内化为会馆等同乡群体的简章，会馆等同乡群体不断模仿国家制度而改造自己的内部管理制度。

第四章 乡谊流动与政治的互动

乡谊流动不仅参与了京师和基层一些制度的建立和运作,还介入了其他多种多样的政治活动。乡谊流动与政治时而保持一致,时而冲突。保持一致主要是乡谊流动对政治的顺应与协作;冲突则表现为乡谊流动对政治的挑战与抗争。乡谊流动与租界当局既有协作,又有冲突。在乡谊流动与政治的合作、冲突中,一些社会问题得以解决,而同乡流动所起作用的限度也不断呈现。

第一节 乡谊流动对政治的顺应与挑战

一、乡谊流动对政治的顺应

长期以来,中国地方政府配备的正式行政人员较为简约,自由支配的经费少。在治理过程中,不得不依赖会馆等同乡群体。

会馆等同乡群体有时为地方政府提供经费。同治六年的《上海县为兴建大码头官厅等各业自愿捐款一年贴费告示碑》载,典当、钱庄、豆行、花糖行等各业联名禀称:"上海五方杂处、公务繁多,身等各业,每年向有津贴公费银两,按季呈缴,历年已久。"从这条资料记载中可以看出,至少在19世纪60年代中期前,上海各会馆公所每年都向上海县衙捐纳一定数量的银钱,以补充行政经费的不足,此乃延续多年之事。此项公费津贴被地方知县禁革之后,上海县衙为兴建黄浦滩大码头以及官厅等遇经费不敷时,又不得不需要各会馆公所的经费支持。会馆公所、各业董事联名禀称,"愿照向年津贴银数,报效一年,以资工费。此后不援为例,永远革禁"。费用无从出的知县接受了各会馆公所的捐纳,还特此勒石告示,"自兹以往,此项贴费名目,永远禁革,不必再行呈缴。倘有托名苛敛,肥己病商,许各业指名禀县,以凭提案讯明。从严惩处,不稍宽贷"。[1]各社会团体以前向政府缴纳"津贴公费银两",后有上述临时报效项目。重要的会馆常向本地官府提供捐助,如向道台衙门、知县衙门和会审公廨支付例行费用。[2]

这些款项以不同的形式一再出现,直至民国时期也未绝。1920年,上海县粮食歉收,米源日渐枯竭,米价高涨。上海县知事沈宝昌倡议设平粜局,调剂米价。他向各团体求助捐款。上海潮州会馆接到上海县知事沈宝昌公函后,复函:"今送上敝会馆各商号捐资大洋400元,捐册一本同附上。"沈宝昌收到捐款后十分高兴,1920年6月他特地派人到会馆递交他的亲笔信:"承贵会馆慷慨捐资

---

[1] 上海博物馆编:《上海碑刻资料选集》,上海:上海人民出版社,1980年,第78页。
[2] [美]顾德曼:《家乡、城市与国家——上海的地缘网络与认同(1853—1937)》,上海:上海古籍出版社,2004年,第92页。

平价局大洋400元，已交正和银行汇收。除登报鸣谢外，兹将收条一票函送，敬请察收。"①这里我们又看到了会馆给官府提供经费。

政府在维护地方治安等方面对同乡团体存在某些依赖。多数会馆与官府配合，参与同乡纠纷的调解。1921年，上海广肇公所对调解纠纷的程序进行了一次认真讨论，并做出规定。②该规定提出一个问题：有原被告随后因知理屈而不到者，应如何办理？会馆给出了三种答案。第一，被告不到，可另向司法衙门起诉。被告不愿意在会馆调解，会馆对这类被告没有强制力，但司法衙门有，因此原告可以到司法衙门起诉。第二，原告不满意会馆的公断，如果他再向司法衙门控告，被告可以出示会馆的公断证明。言下之意，司法衙门是重视公所的公断证明的。第三，被告不满意会馆的公断，不接受会馆的公断，如果原告再向司法衙门控告，原告可以出示会馆的公断证明。这三种答案包括了三个原则，一是纠纷双方在选择去公所还是去司法衙门解决纠纷是自由的。二是公所受理纠纷采取自愿原则，而司法衙门具有强制力。三是公所的公断或多或少会影响司法衙门的判断。

会馆等同乡群体常去县署保释同乡。1914年，汉口岭南会馆致

---

① 周昭京：《潮州会馆史话》，上海：上海古籍出版社，1995年，第29—30页。
② "本公所有为同乡排难纠纷之责，时有投词到所，请求调处，一经两造到所，自当秉公办理。惟其中情节未明真相，或因账目交葛等事，为审慎计或举员调查，或举员算账，原被告应于查明后第二次到所听候公判。但有原被告随后因知理屈而不到者，应如何办理？公议公所为公判性质，如原告投诉，被告到所愿受理处，自应判断。倘被告不到，可另向司法衙门起诉，如原告到过一次，下次不到，被告到是愿受理处，可由事实上查办，再通告原告到所，如不到，则照判，即知照原告再到，倘复不到，又不详明其一时不能到之充分理由，可给一据与被告，如原告向司法衙门控告时，被告可持据陈明此案经本公所公断。如被告到过公所一次，愿受理处，下次不到，其办法亦同。"《第2期会议记录》（1921年），上海市档案馆藏，《广肇公所议案部》，Q118-12-103。

函上海广肇公所称，同乡柯进、黄送崧、曾调现押上海县署，请查明保释。广肇公所开会公议："俟查明案情，如系无辜被累再当具保。"①汉口岭南会馆的信函和广肇公所的会议记录对汉口岭南会馆请广肇公所去县署保释同乡，以及广肇公所决定去县署具保同乡都没有表现出十分惊讶。潮惠会馆请上海潮州会馆救出在通州被拘留的同乡许锡之，汉口岭南会馆请北京的广东会馆保释邓吉符等事件都表明，会馆去县署保释同乡是常态。

会馆等同乡群体协助办理地方自治。早在20世纪30年代就有学者认为："清末上海地方自治的发端，事实上就赖此种广大雄厚的会馆公所。"②清末上海地方自治始于1905年，会馆公所对地方自治的参与最主要的是通过其领袖人物进入自治领导机构来实现。1905年9月，上海地方自治选举第一届领导机构，呈报上海道台的有76名总董、议董候选人。道台最后圈定1人为领袖总董，4人为办事总董，33人为议事总董。在这入选的38名自治机构领导成员中，半数以上都是具有会馆公所背景的工商界人士。在最重要的4名办事总董中，郁怀智、曾铸、朱葆三都与上海最重要的同乡组织福建籍商帮、浙江宁波籍商帮关系密切。正如蒋慎吾所指出的那样："看看该局（即上海城厢内外总工程局）职员名单，我们可以发现，不但大半都是商界领袖，并且很多是当时会馆公所的董事。"③同时，在上海城厢内外总工程局最初禀报的《上海城厢内外总工程局简明章程》以及以后的《总工程局议会章程》中也都规

---

① 《2月22日第4期会议》（1914年），上海市档案馆藏，《广肇公所议事部》，Q118-12-112。
② 蒋慎吾：《清季上海地方自治与基尔特》，《上海研究资料续集》，上海：中华书局，1939年，第153页。
③ 同上书，第155页。

定，自治机构领导成员均"由本地绅士及城厢内外各业商董秉公选举"；《总工程局赞助员章程》也规定，各区赞助员由"各该区地方绅董及各业商董中有相当之资格，堪充赞助员者得公举选任"。这里的所谓"各业商董"实际上也就是各业、各帮会馆公所领袖人物的代名词。清末上海地方自治从其开始之日起，会馆公所的领袖人物就进入了其领导机构，并成为其中的中坚力量，起着其他社会阶层不可替代的重要作用。

会馆有时支持政府镇压反叛者。光绪九年，上杭曾爱仁所撰《创修建汀会馆始末碑》载："咸丰癸丑，红巾难作。苏君航海旋故乡，先兄捐巨资团义勇于此，与官军相犄角，会馆得无恙……岁辛酉，'发逆'犯境，李爵相奉命统兵来沪，假会馆作帅府。"① 建汀会馆不仅捐巨资团义勇，而且把会馆作为清军将领李少荃的帅府，积极配合清政府镇压太平天国军。

会馆等同乡群体在慈善救济方面常协助官府。无论是明清时期，还是近代，会馆等同乡群体都支持或者亲自操办一些慈善救济事业，如育婴、掩埋、救生、济贫、管理善堂等。1925年元旦，闽人集于福建会馆（北京）讨论本省赈灾办法。福建沿海一带飓风为灾，船舶漂流，无数渔民生计断绝。北京设有华洋赈灾委员会，由海关附加税款，按各省灾情轻重，酌量分配。"闽省约可得二十万金，然须以灾情之照片为凭，而风灾一过，渺无踪迹，且被灾当时，虽有拔木翻船之惨，事隔数月，追摄何从？卒以同乡会议之请求及列席委员会同乡黄厚诚漪午之谅解，免提证明，如数助赈，最

---

① 上海博物馆编：《上海碑刻资料选集》，上海：上海人民出版社，1980年，第275—276页。

后赈款寄交民政厅长蔡凤机查收，酌量配给"①。借助乡谊，福建"免提证明"获得了赈款，帮助了民政厅开展救灾。1921年8月，浙江奉化等县遭遇洪水，同乡会组建了以朱葆三为首的宁波水灾集赈会，照管难民，掩埋死尸。该会募集了约74000元，大部分捐给了组织当地救济的宁波道尹。②1916年，安徽发大水，旅京安徽同乡于7月17日在安徽馆筹划赈捐，9月24日开筹赈之会，10月17日在湖广会馆演戏筹款赈灾，18日又请派曾任北京步军统领的江朝宗为筹赈督办。19日，下大总统令："派江朝宗督办安徽筹赈事宜。"③赈灾过程旅京安徽同乡与政府一起，运用会馆等同乡群体的社会资源筹划了赈捐事项，并开筹赈之会，演戏筹款赈灾，最后促使大总统下令派官员督办安徽筹赈事宜。会馆等同乡群体成了各个环节的连接点，起到组织者的作用。会馆等同乡群体在慈善救灾中扮演的角色通常都是受欢迎的，这种乡谊流动介入地方治理得到了地方政府的接纳。

二、乡谊流动对政治的挑战

乡谊流动对政治并不全都是顺应与协作，时有异议、冲突。

当对既有治国政策、措施有异议时，同乡组织采取的较为消极的应对方式之一是19世纪后期上海盂兰盆会游行那样的我行我素。1860年代后期，丁日昌在上海当政，他努力压制民众的宗教游行仪式的做法为以后数十年的道台和上海县知县效仿。官府发出布告，

---

① 《闽中会馆志·福建会馆》，中国社会科学院近代史研究所藏。
② [美]顾德曼：《家乡、城市与国家——上海的地缘网络与认同（1853—1937）》，上海：上海人民出版社，1980年，第176页。
③ 见《晨报》，1916年7月17日，9月24日，10月17、18、19日。

允许商人设坛祭鬼,但禁止他们组织盂兰盆会游行,以免"引起人群骚乱"。中国巡捕、地保得到通知,干预仪式游行,任何玩忽法律的人都将受到警告。中国官府也要求租界当局帮助取缔游行仪式,道台要求公共租界总领事发出布告劝告会馆和旅居团体。然而游行依然继续,甚至在丁日昌严厉的条规之下也没有停止。①当时政府制定禁止组织盂兰盆会游行的规定考虑到的主要是治安问题,在文化方面的考虑不是那么周全。盂兰盆会游行这个文化传统在时人的心目中占据着重要的地位,以至于会馆等同乡群体置既有制度于不顾。游行中没有出现治安问题时,官府也就听之任之。会馆对政府提出的维护社会秩序的做法并不全都遵守。

会馆等同乡群体对政府的筹款请求并不总是积极解囊相助。1920年,陈炯明致电上海潮州会馆,请同乡"解囊相助"。8月23日,上海潮州会馆召开大会。到会人数甚少②,可见旅沪同乡对陈炯明筹款的消极态度。1922年,陈炯明拒绝孙中山的北伐计划,并于该年夏天发动兵变,炮轰总统府。1923年初,陈炯明被滇、桂、粤联军击败。2月9日,孙中山致函上海潮州会馆诸董事,委任陈箇民等为驻沪筹饷局局长,办理筹饷事宜:"所有筹备善后,需用浩繁,不得不望我同乡父老兄弟顾念桑梓,鼎立赞助,以竣全功……顷已将此中情形分函告,并委陈君箇民、江君少峰、黄君少岩为驻沪筹饷局局长,办理筹饷事宜……是以敢请诸执事速就贵会馆召集潮属同乡开会,协同陈局长等衡情酌量,商榷妥善之方,则事半

---

① [美]顾德曼:《家乡、城市与国家——上海的地缘网络与认同(1853—1937)》,上海:上海古籍出版社,2004年,第69页。
② 《8月23日大会》(1920年),上海市档案馆藏,《潮州会馆议案备查(1916年)》,Q118-9-6。

功倍，早安粤局，幸何如之。"①

陈箇民以广东驻沪筹饷局局长名义，于2月22日、25日、26日，先后致上海潮州会馆三函，陈述了奉孙中山命令，向上海潮帮商号借款事宜。25日，上海潮州会馆召开大会，讨论孙中山向潮商各商号借款事宜。上海潮州会馆遵照孙中山指定的100余家商号名单通知其到会，然而实际到会者仅25家。不料会议召开不久，法捕房派来巡捕干预并称，按照新规定，凡开会，须在48小时前函告捕房，因这次集会事先未通知捕房，遂来干涉。又由于到会人数不多，遂散会，未及提议。②借款事宜以后是否落实，在潮州会馆会议记录中未见下文。

1923年，孙中山设上海同乡筹饷局引起了同乡组织的异议。潮州会馆中只有少部分人支持为孙中山筹款，大部分持消极态度。1923年孙中山设上海同乡筹饷局暴露了同乡组织内部意见的不统一。同乡的消极应对，化解了政治行动带给他们的压力，同时也使政治行动不尽如人意。

1919年，钦廉割棣桂省事件则可看到乡谊流动如何迫使政府的变革回到原来的轨道上去。

1919年4月20日，北京钦廉会馆通过阅报得知钦廉割棣广西省的消息，当即于4月22日集议，一致反对，誓不承认此变动。北京钦廉会馆一方面急电两粤当局暨省议会请顺民意，取消该案，同时分电上海、广州、漳州、廉州、钦州、云山、防城、北海、东兴、

---

① 郝盛潮主编：《孙中山集外集》，上海：上海人民出版社，1990年，第407—408页。
② 《1923年2月25日第一期大会》，上海市档案馆藏，《潮州会馆议案备查（1922—1923）》，Q118-9-8。

香港、澳门等处军政绅商报学各界团体，请协同力争。钦廉会馆又于5月在广东新馆开旅京全省同乡大会。到会者千人，一致反对钦廉割棣广西省。全粤旅京军政绅商学报各界代表叶公绰、王宠惠、江天铎、朱汝珍等列名电至两粤当局，请即撤销原议以顺舆情，并电广东省议会予以否决及分呈府院内务部。旋接广东省莫督军来电，否认有廉钦割棣桂省之议，同时接到上海广肇公所、潮州会馆各团体抄寄广东督军复电，均称钦廉并无割棣桂省之事，此事暂告一段落。5月27日北京《顺天时报》载，陆荣廷于18日至21日迭致4电于莫督军，称杨永泰已为广东省长，排桂风潮当可缓和，钦廉改棣应速履行。于是北京钦廉会馆寄给上海潮州会馆的快邮，称："敬希诸君就近严查，设法惩办。毋畏强御，勿受逼协。务须固结团体，协力同心维持桑梓。"①

北京钦廉会馆十分重视运用舆论武器。他们通过集议、在广东新馆开旅京全省同乡大会，通电全国请各地军政绅商报学各界团体，协同力争，抄送京津各报登载通电等方式，有效地达到组织舆论、形成舆论的目的。4月电两粤当局暨省议会请顺民意，取消该案，5月又由叶恭绰、王宠惠等同乡列名电至两粤当局，请即撤销原议。他们以通电的方式向当局反映舆论，施加舆论压力。

政府十分重视各地广东会馆的舆论压力。1919年钦廉割棣桂省事件中，5月全粤旅京军政绅商学报各界代表电至两粤当局后，很快接广东省莫督军来电，可见广东督军对舆论反应之快。陆荣廷于5月18日至21日电于莫督军，认为杨永泰已为省长，排桂风潮当可

---

① 《北京廉钦会馆来快邮》，上海市档案馆藏，《潮州会馆往来电报（1914年）》，Q118-9-9。

缓和，也说明陆荣廷对"排桂风潮"不得不做出让步。

该事件中，乡谊流动于全国，采取了各种各样的方式来阻止既有行政版图的改变。政府迫于乡谊流动形成的压力而做出一些调整，然而陆荣廷18日至21日重提"钦廉改棣应速履行"，又表明这些调整往往是暂时的。

1919年，乡谊流动解决广东米荒过程中，可以观察到乡谊流动如何影响中央政府和异地政府。

1919年，广东米荒，百年未见，"一般贫寒社会多借薯芋或薄粥度活，惨难言状"。"本届五谷奇荒，实为百年所未有，省垣大地已将数米而炊，僻壤穷乡，更有绝粮之厄"①。虽然南洋兄弟烟草公司简照南兄弟与陈廉伯集资创立有粮食救济会，但是，米源缺乏，广东政府多次电各部处，打算到安徽和江苏买米五十万石，江苏省没有允许，而安徽又只同意采办五万石。广东省回电财政部称，已经由驻芜湖采办员将五十万石如数采购好了。财政部电询安徽省，李省长回电称，电询芜湖关米厘局。该处回答称，广东派人购买五十万石米一事，并没有到关局具报，无从证实，应该仍指定芜湖一埠卖五万石米。于是广东政府继续推动乡谊流动来摆脱米荒困境。

在政府请求到外地买米的同时，广东民间社团如广东自治社也积极地活动，他们发电报给北京的中央政府各负责部门和广东会馆说明情况，请同乡梁燕孙、梁崧生、蔡耀堂、麦敬兴等同乡京官，转求国务院再准赴芜运米五十万石，仍免关税。

于是在粤省政府、商团、善堂、自治研究社和他们所请托的

---

① 《粤侨筹办梓乡平粜》，《申报》1919年3月3日。

广东会馆的敦促下，财政部提出处理方案请求国务会议决议，国务院同意了财政部提出粤省采米平粜拟仍由苏皖两省接济请付公决一案，决定江苏运出米二十万石，安徽连同以前批准的五万石共运出三十万石，除前准五万石外，一律暂免关税，仍令完苏皖厘捐。

最后，由财政部电江苏督军、省长说明在两省运米接济广东的原委，"查粤省请在镇江芜湖一带采米五十万石运粤平粜一事，上月有日曾准电称，米禁未驰，碍难通融。皖省来电亦以收成歉薄，只认接济五万石。经部转知去后，旋接粤省复电，以哀鸿三千余万，杯水车薪无裨于事，恳请仍按五十万石迅赐核准，并迭接粤中善堂商会来电及旅京粤绅来部声称，粤省向来产米有限……"财政部下达了从江苏省运米接济广东省的决定："务祈按照院议二十万石之数准予采运以示救恤"；同时给安徽省长、督军内容相似的电报。财政部还一并回复广东翟代省长、九善堂、商会、旅京粤绅、告知国务院的决议。①

从财政部给江苏、安徽两省督军、省长的电文可知，在京的广东会馆，接到来自他们家乡的请托后，即派人去财政部据理力争，正是由于粤省复电和粤中善堂商会多次来电及旅京粤绅去部直接请求，才促使财政部、国务院作出决议从苏皖运米五十万石接济广东省。

上海的广东会馆在家乡米荒发生后，组织筹款、购买、运输等事宜。上海粤帮米号穗生源决定做出平粜米无利可图的牺牲，令其在芜湖的联号利源长承担购办米粮任务。

经过努力，得知平粜米即将运至广州，广东粮食救济会向外界

---

① 北京市档案馆藏，《会馆档案》，J19-1-264。

宣布："图南米石2月17日到省,并声明沪上粤侨筹有现款四十余万,联同运米源源接济。风声所播,人心大安,影响所及,米市日跌。"2月17日,招商局图南轮装运的第一批平粜米二万包运抵广州,"大局更定,19、20、21等日米价大跌"。第一批平粜米运抵广州后,广东粮食救济会迅速组织发售,每天发出约二千担,"足敷十日应付"。销售中亏损二万余元,但其产生的抑制米价效能十分可观,"无形已受数百万元平价之利益"①。上海粤侨联合会先后组织了十四批平粜米运粤,总计在三十四万担以上。广东粮食救济会凭借雄厚的借款和捐款,也从越南、泰国等地输入数十万担大米。

解决广东米荒行动显示,对广东地方政府而言,它正是借助乡谊流动之力才保证了广东米荒时政府行动的顺利运作。对中央政府和安徽、江苏政府而言,广东的乡谊流动迫使他们改变了既有方案。

20世纪30年代,成都湖广会馆馆产纠纷中可以看到会馆等同乡群体与旅居地多方政治势力冲突、角逐的复杂面相。②

刘文辉1928年担任四川省长一职,不久便侵占了成都湖广会馆。两湖旅蓉人士义愤填膺,立即采取了一些保护措施。一是将湖广会馆呈请华阳县公产清理处备案,并请求华阳县公产清理处"出示保护"。于是华阳县公产清理处据此张贴告示,明确宣布湖广会馆乃两湖人士所有,如有觊觎会馆并企图出卖者,一经发现,严惩

---

① 《粤侨筹办梓乡平粜之近巡》,民国八年4月11日,《申报》复印本(157)第679页。
② 该事件经过参见汪海清:《1930年代成都湖广会馆之争》,《求索》2008年第10期。

不贷。①二是将两湖人士置办湖广会馆产业之艰难过程以及刘氏侵占湖广会馆之经过刊登报端，予以公布，并郑重声明湖广会馆"系两湖旅川人士所共有，无论何人不得私相授受"。②三是以成都慈善救济会之名义致函二十四军军部，严正声明湖广会馆首事中并无王鼎成、张之继、黄远峰三人，并声称湖广会馆早已归并慈善救济会，根本不存在会馆负责人变卖会馆之事。希望二十四军军部撤回驻守湖广会馆的部队。

为达到霸占会馆的目的，刘文辉等人将湖广会馆出卖给了刘文成及张新源。后来，随着四川政治格局的变化，两湖人士才获得了追回成都湖广会馆的契机。1933年，刘文辉战败，退驻雅安。后来，蒋介石派国民政府军事委员长行营参谋团来川。1935年1月，鄂人贺国光率领行营参谋团进驻重庆。1935年11月，行营参谋团改组成为国民政府军事委员长重庆行营，贺国光任行营参谋长，1937年，又升任行营副主任兼代理主任。1939年1月，贺国光被任命为军事委员长成都行辕主任兼四川省政府秘书长，同年5月，贺国光奉蒋介石之命赴渝，兼任重庆特别市市长、重庆防空司令及卫戍副总司令等职。贺国光不仅自己久驻四川，而且参谋团中两湖职员颇多。③贺国光刚一入川即被选为两湖旅蓉同乡会监事长，而国民政

---

① 《照抄华阳县公产清理处出示保护本会房屋地址一案》，成都市档案馆藏：《各种旅蓉同乡会》，3全宗-目录1-69卷，转引自汪海清：《1930年代成都湖广会馆之争》，《求索》2008年第10期。
② 《两湖旅蓉同乡会致"委员长行营委员长蒋"之快邮代电》，成都市档案馆藏：《各种旅蓉同乡会》，3-1-69，转引自汪海清：《1930年代成都湖广会馆之争》，《求索》2008年第10期。
③ 《照抄胡扬犹等报告调查会产经过》，成都市档案馆藏：《各种旅蓉同乡会》，3-1-69，转引自汪海清：《1930年代成都湖广会馆之争》，《求索》2008年第10期。

府军事委员长重庆行营中将参议、行营驻蓉办事处处长湖南人雷飚，则担任了两湖旅蓉同乡会理事长。贺国光和雷飚力谋收回湖广会馆。两湖旅蓉同乡会即刻选派同乡人士胡扬犹等4人组成调查组，着手调查湖广会馆被强占一事。根据调查报告，两湖旅蓉同乡会着手函告刘文成及刘文辉，协商解决湖广会馆被侵占一事，请他们将改造的湖广馆各房屋退还给两湖旅蓉同乡会。但是，刘文成、刘文辉却虚与委蛇。两湖旅蓉同乡会向成都地方法院、行营驻川军法处呈送状文，详细说明了刘氏侵占湖广会馆的前后经过，要求成都地方法院和军法处宣判刘文成退还所占房屋，并赔偿一切损失。又呈请国民政府军事委员会委员长蒋介石，请求他主持正义。同时电请湖北绥靖公署主任何成浚（湖北籍）、湖南省政府主席何键（湖南籍）、成都剿匪督办公署督办刘湘等人，请求他们出面主持公道，以推动当局采取果断措施，勒令刘氏兄弟交还湖广会馆。四川督办公署将此案推给四川省政府办理，后来没有下文。两湖旅蓉同乡会再次采取行动，一面将收回湖广会馆之决议呈送国民政府军事委员会委员长行营立案备查，一面请四川省政府及督办公署出示公告，予以保护。①

刘氏兄弟向地方法院起诉两湖旅蓉同乡会，而地方法院以两湖旅蓉同乡会侵犯刘氏兄弟的合法权益为由，拘传同乡会理事长雷飚。两湖旅蓉同乡会起而向地方法院反诉，地方法院屈于事实，放弃了对此案的受理。贺国光出于种种考虑力主退让，两湖同乡人士只好做出让步，遂将湖广会馆的10个独院与刘氏平均分配，得以收

---

① 《两湖旅蓉同乡会函》，成都市档案馆藏：《各种旅蓉同乡会》，3-1-69，转引自汪海清：《1930年代成都湖广会馆之争》，《求索》2008年第10期。

回湖广会馆部分财产。①

会馆等同乡群体有时完全站在官府的对立面,双方激烈冲突。会馆等同乡群体不总是能确保社会秩序,会馆等同乡群体董事也并非总是站在社会秩序一边。当他们无法控制冲突时,就会置身事外,而不是空耗精力。有时,他们甚至为牟取私利,煽风点火,唯恐不乱。

19世纪中后期上海小刀会事件中,会馆与地方政府冲突的一面暴露无遗。面对秘密结社力量的暴露和叛乱逼近的传言,上海地方当局开始加紧筹建防勇。上海道台吴健彰求助李少卿。身为嘉应公所董事的李少卿便招募了一批广东乡勇。福建兴化会馆董事李仙云如法炮制,组建了一群福建乡勇。8月中旬,迅速壮大的秘密会党引起上海知县袁祖德的警觉,他出示指责贼党,并指明李仙云为贼党之魁。一星期后,知县的差役把李及其他14个人抓了起来。然而,知县在受到恐吓后,不仅马上放人,而且还付给李一大笔赔偿金,作为对"误捕"的补偿。听到有秘密抢劫自己的消息,吴道台也害怕局势失去控制。吴道台与会馆董事们商议驱散秘密会党。会馆董事们与本帮讨论局势后,提出了相反的建议,即化秘密会党为乡勇,导之以维持治安。其间,吴也贿赂过李仙云,以平息事态。

会馆董事们郑重其事地用禀帖提出了他们的要求,道台和知县正式批准。为护卫城市而建立新武装的禀帖原文见于1853年8月31日上海知县的告示,"现奉谕:着广安会馆董事,传集各帮董事,筹设更练,以资保卫等因,具见除暴安良至意。遵即传集闽、广、

---

① 《两湖旅蓉同乡会概况》,成都市档案馆藏:《各种旅蓉同乡会》,3-1-24,转引自汪海清:《1930年代成都湖广会馆之争》,《求索》2008年第10期。

宁、上各帮绅董筹设，皆欣然乐从"①。在同意这项计划之后，知县责成会馆董事从当地绅士募集经费以支付勇饷。除了估计每年支出的3万元经费外，知县还同意募集经费，以开支会馆董事的薪水、7个会馆合用的总局经费和6个分局的经费。②告示贴出不久，会馆所组织的团勇却集合到小刀会的旗帜下，他们一起攻进了上海县县城。会馆的负责人如李少卿、李仙云等成了造反者的领导人。城里至少有两个会馆成了造反者的指挥机构。

在外国军队的帮助下，清军收复了上海县城。清朝巡抚颁布了防止小刀会的10条善后措施。虽然宁波人、本地人也参加了造反，但受到严惩的是广东人和福建人（及其会馆）。善后措施要求对闽广会馆董事的选举进行监督；禁止在县城内重建闽广会馆；禁止重建任何"贼巢"；驱逐并监督安置闽广游民；对外国人雇用的中国人（主要是广东人）进行稽查和登记；禁止闽广船只；船上游民不得离船上岸。

乡谊流动能为政治活动提供一定的经费用以补充行政经费的不足，改善地方市政建设，实施慈善救济等。它也可以协助地方政府的司法，维护地方治安，办理地方自治，支持政府镇压反叛者。

乡谊流动对政治活动中的筹款请求常持消极态度，反对政府及其行政人员霸占馆产、敲诈勒索、收取苛捐杂税、出卖国家利益，有时对政府机构设置及人员配备、市政建设、司法、行政、经济与教育措施等提出各种反对意见，偶尔也如小刀会事件那样与官府激

---

① ［美］顾德曼：《家乡、城市与国家——上海的地缘网络与认同（1853—1937）》，上海：上海古籍出版社，2004年，第49页。
② 同上书。

烈冲突。

第二节　乡谊流动与租界当局的协作与冲突

一、乡谊流动与租界当局的协作

乡谊流动对中国政府的顺应与挑战，反映了中国社会的特征。中国境内的租界当局貌似具有较多西方社会的特征，那么中国特色的乡谊流动如何面对租界当局呢？上海的租界中，1845年英租界正式形成，1849年法租界开辟。美租界于1863年与英租界合并，形成公共租界。本节即以上海为例，讨论乡谊流动与租界治理。

会馆等同乡群体与租界当局在司法领域关系密切。最初，租界内的华人犯罪，交给中国官员审讯。1864年设立会审公廨，由上海县知事派员主持。违警事件，由该员独自审讯，刑事案件，华人为被告者由领事派员会审；民事案件纯属华人间者，由该员独自审讯，其华人为被告，外人为原告者，领事也派人会审。上诉案件由道台审判，领事为会审员。后来，西人以种种借口，一切案件都由领事派员会审。1911年辛亥革命时，法院人员逃走，领事出面维持，并派华人充当审判官，费用由工部局出。司法权全部落入外人之手。1927年将会廨收回，设临时法院。1930年设特区法院，司法权开始逐渐收回。①

19世纪晚期以来，会馆等同乡群体与会审公廨广泛地合作。当

---

① 徐公肃、丘瑾璋：《上海公共租界制度》，上海：上海人民出版社，1980年，第37页。

案卷递交会审公廨时，会审公廨有时把案件退给会馆等同乡群体处理，而会馆等同乡群体则将处理结果向会审公廨汇报。

会审公廨根据案情或者纠纷当事人的请求，将一些案件请会馆等同乡群体理处。清末，严焕之与卢达卿互控，会审公堂"经讯，发广肇公所理处"。光绪二十八年，广肇公所公议，商讨将此案禀复会审公堂。①王姚氏控上海广肇公所董事谭幹臣。王姚氏以案悬数载，急求了结，请求会审公廨照会上海广肇公所值年领袖公董出为和平理处。会审公廨据情致函广肇公所称："即祈贵公所邀集两造，速为和平理结。案悬已久，幸勿任听各执缠讼。"②

会馆等同乡群体接到会审公廨函件，出面邀集纠纷双方或多方进行理劝，有的能平息纠纷，如果不能平息纠纷，案件就会继续回到会审公廨继续审理。方汉臣、方达材等与邓显臣诉讼。1911年12月23日，会审署致函上海广肇公所，恳请邀集双方理处。12月24日，广肇公所开会称："兹经邀到理劝，两造情词各执。"③此案理劝似乎不易解决纠纷。另外的案件则看到上海广肇公所成功解决了同乡纠纷，并到会审公廨销案。1917年，广纶祥绸缎庄股东陆蔚荪诉股东兼经理黄梓藩经营不善，积欠各号往来货银二千余两，要求广肇公所断处。广肇公所通知黄梓藩将全部账簿交出，由公所账房稽查后，再作裁决。陆蔚荪与黄梓藩都承认广肇公所的核查结果。经公所调解，双方订立协议，其中第六条协议规定，此案解决

---

① 《光绪二十八年三月二十二日》，上海市档案馆藏，《广肇公所集议簿》，Q118-12-137。
② 《十一月五日》（1911年），上海市档案馆藏，《广肇公所议事簿》，Q118-12-138。
③ 《十二月二十四日》（1911年），上海市档案馆藏，《广肇公所议事簿》，Q118-12-138。

后，由双方律师呈请会审公廨将案注销。原来双方此前曾向会审公廨提出受理请求，会审公廨无暇厘清头绪繁多、纠缠不清的账目，拖延了很长时间，万般无奈，当事人才要求广肇公所充当调解人，使此案得到解决。①

会馆等同乡群体有时将调处结果报告会审公廨，以期对审判产生影响。广东人郑洽记号主郑正卿声称，其弟郑干卿忽来郑洽记纠缠以致涉讼。法公廨传讯审断。1915年1月12日，郑正卿以所断未尽平允，遍邀同乡开会请求上海潮州会馆秉公调处。潮州会馆致函法公廨称："郑洽记在南市因华界禁烟歇业。所遗账目兄弟四房均已分拨清楚。正卿乃用洽记牌号由华界移设法界，确正卿一人出资独立经营，同乡皆知。既奉示翌日复讯，敝会未便擅分曲直，应请秉公判决，以期和平了结。"②潮州会馆的函件为法公廨的审判提供了证据。马如龙等人纠纷，上海潮州会馆将理劝双方经过致函会审公廨则试图改变开庭时间。广东人马如龙因其妹马克佑独占马盈昌号营业盈余事控告于英会审公廨，英会审公廨饬传在案。后来，双方邀请乡亲秉公理劝。1915年12月29日，潮州会馆为此特致函会审公廨称："请展限一星期到庭。俾公正人得以从容排解。如届限理劝不明，再行函复。尚祈俯念事起家庭，纯属民事范围，准予展缓之处。"③

会馆等同乡群体协助会审公廨查纠纷双方的账目。1916年，

---

① 《2月4日第二期会议》，上海市档案馆藏，《广肇公所议事草册（1917年）》，Q118-12-93。
② 《致法公廨聂函》，上海市档案馆藏，《潮州会馆往来函件（1914—1923年）》，Q118-9-15。
③ 《致英公廨》（1915年？），上海市档案馆藏，《潮州会馆往来函件（1914—1923年）》，Q118-9-15。

广东商人林亦秋等控告袁炳文、林芸秋不分余利一案，经双方请求，将该店账目送上海潮州会馆核算明确再行呈请法租界会审公廨核讯。12月，法租界会审公廨函送原被告账目纠葛案至上海潮州会馆。①1917年2月11日，上海潮州会馆第1期会议议决："法公堂送到林姓账目多本，一时尚难核算。而公堂来信已久，应先将两造到会情形函复法公廨。"3月12日，潮州会馆第2期会议上，公推卓建候等4人，星期三起每日两点钟至四点会同查账。②5月20日，潮州会馆第9期会议上，"公同决定三条，双方均愿签字和平了结"③。

会馆等同乡群体的一些条规往往成为法官断案的依据。一个推事回忆道："中国的行会（会馆和公所）不是在得到政府准许后成立的，但政府早已认识到他们的力量，通常尽可能避免与之发生公开冲突。就我们看到的双方冲突，往往是政府方面受到挫折。""行会……有自己的法庭和审判员，通常，他们避免上官方法庭，尽管有时不得不这样做。如果行会外当事人控告行会成员，在过去，政府法庭做出的裁决，也与行会的相关条规相一致。""寓居上海时，我是会审公廨的美方推事……法庭审理各种各样的民事诉讼时，照例也要先查寻与行会有关的条规。"④

审判过程，会馆等同乡群体常出面保释同乡。光绪年间，发

---

① 《2月11日第一期开会》，上海市档案馆藏，《潮州会馆议案备考（1917年）》，Q118-9-18。
② 《3月12日第二期开会》，上海市档案馆藏，《潮州会馆议案备考（1917年）》，Q118-9-18。
③ 《5月20日第九期》，上海市档案馆藏，《潮州会馆议案备考（1917年）》，Q118-9-18。
④ 卫理：《中国的昨天和今天》，1923年，第203—204页，转引自顾德曼：《家乡、城市与国家——上海的地缘网络与认同（1853—1937）》，上海：上海古籍出版社，2004年，第112页。

生了木匠停工纠纷。光绪二十八年四月八日,上海广肇公所就木匠停工纠纷一案复会审公堂。①光绪二十八年四月二十三日,广肇公所公议,由木行匠头卢文记等出具保结投交公所,由公所代赴会审公堂具保。会审公廨发交广肇公所当堂保释。②如果适合保释条件,会审公廨通常同意会馆等同乡群体的保释请求。会馆等同乡群体的保释同乡通常根据纠纷当事人的请求而开会讨论做出决定。杨俊基的妻子次球因纠纷被关押两年,请上海广肇公所函致公廨准其觅保出外。宣统三年四月初二日,广肇公所公议:"原告朱氏屡邀不到,次球久押两年余,实在无力偿还,应函致公廨,准其觅保出外,自向原告理处。"③1902年,耶松船厂木匠罢工事件中会馆与会审公廨保持一致,协调解决纠纷。1902年耶松船厂木匠举行了罢工,四名广东木工因恐吓一名宁波包工头被租界当局逮捕。广东木工认为包工头对广东木工罢工期间厂方雇用宁波人负有责任。为解决罢工风潮,在调查过程中,会审公廨与上海广肇公所进行接触,董事传木工首领说服他们复工,公所董事答应就四位被捕木工的释放进行斡旋,同时为罢工工人的损失提供补偿。调查这些情况后,会馆董事与外国船厂老板接触,要求对方确保释放被捕木工。当最初的调解失败以后,会馆向道台寻求帮助,同时挑选公所成员作为担保人,到法庭为木匠的利益进行活动,最终确保了他们的释放。④

---

① 《光绪二十八年四月八日》,上海市档案馆藏,《广肇公所集议簿》,Q118-12-137。
② 《光绪二十八年四月八日》,上海市档案馆藏,《广肇公所集议簿》,Q118-12-137。
③ 《宣统三年四月初二日》,上海市档案馆藏,《广肇公所议事簿》,Q118-12-138。
④ [美]顾德曼:《家乡、城市与国家——上海的地缘网络与认同(1853—1937)》,上海:上海古籍出版社,2004年,第65页。

在涉及同乡人和非同乡人的案件中，会馆等同乡群体则充当法定的顾问和代表。1873年，杨月楼案中，上海广肇公所便代表同乡充当了原告。

广东旅沪商人韦某是个茶商和买办。其妾王氏酷爱京剧，经常观看杨月楼的演出。趁韦某在福州处理商务时，王氏将继女阿宝许配给了杨月楼。韦某的兄弟到上海听说这事后，就求助在上海的广东会馆。会馆董事讨论了此事，议定废除这一婚约。他们把这个决定通知了杨月楼。杨月楼得到同乡的支持，坚持履行婚约，与阿宝秘密商议后完婚。韦某的朋友对这种秘密结婚极为愤怒，在广肇公所召集会议。会馆向会审公廨请愿，要求逮捕这两名女子和杨月楼，指控杨涉嫌绑架、强奸和盗窃。据此，知县迅速委派捕快，冲进杨月楼的屋子，逮捕了韦氏及韦阿宝。由于韦家财物在杨家院子中被发现，会审公廨法官断定这案子超出了会审公廨司法权的范围，他向上海县知县发出了广肇公所的指控书。上海知县叶廷眷是广肇公所的董事，叶廷眷给杨月楼施重刑，判决其流放。

尽管上海广肇公所的行为引起了争论，批评者对会馆所扮演的上诉者的角色是接受的，也承认由会馆向法庭起诉杨月楼的有效性。①

会馆等同乡群体为同乡到租界法院备案。1929年，上海潮州会馆发生德安轮汇票遗失案，会馆一再开会议决登报存案，以免纠纷。②4月11日，上海潮州会馆给租界法院的报告称："本会馆

---

① ［美］顾德曼：《家乡、城市与国家——上海的地缘网络与认同（1853—1937）》，上海：上海古籍出版社，2004年，第76—79页。
② 《己巳年3月17号第3期》，上海市档案馆藏，《潮州会馆议案备考（1917年）》，Q118-9-18。

入会商号春记新等报告，本年夏历正月十二日德安轮船到申，有由汕头各号寄申之汇票被益兴信局遗失无着，委托代表分登中外各报并赴各法院呈案声明作废无效，以免发生纠葛等情。除登报外为特开具各票号码银数票价日期清单，并检呈中外报纸各一份请求钧廨（院）准予照章备立案。"①

在司法过程中会馆等同乡群体协助租界法院调处同乡纠纷，清查账目，保释同乡，做同乡的代理人。会馆等同乡群体与会审公廨的协作关系从19世纪后期一直延续到20世纪上半叶。会馆等同乡群体除了在司法领域协作租界法院外，还与租界当局在许多方面合作。

会馆等同乡群体在资金方面给予了租界各项事业一定支持。19世纪70—80年代，会馆等同乡群体为公共租界救火联合会提供资金。工部局1875年报告中登载了主要捐助者的名单。公共租界2500两，法租界1000两，会馆和公所1120两，中国政府400两。这些捐助者中，会馆在数量上排在第二位。1873—1874年上海广肇公所的账簿列出了向租界巡捕房资助的两类款项，一年在250两以上。②这仅仅是一个会馆资助的数目，上海会馆等同乡群体林立，他们对租界巡捕房资助的款项总数相当可观。

会馆等同乡群体协助租界当局维持秩序。中法战争期间（1883—1885），上海知县黎光旦和道台邵友濂号召商人招募武

---

① 《4月11号第5期》，上海市档案馆藏，《潮州会馆议案备考（1917年）》Q118-9-18。
② 《广肇公所征信录》，1873、1874年，转引自顾德曼：《家乡、城市与国家——上海的地缘网络与认同（1853—1937）》，上海：上海古籍出版社，2004年，第112页。

装。①1884年，工部局收到的请愿书显示了中国商人组织武装的办法："我们虹口粤商代表联名……要求市政当局授权……在危机结束前，商民人等可自保安全，不致因恐慌而迁离上海。虹口铺户拟每户出二至三人为义勇，合总千人……义勇兵械则由广东会馆供给。"②该请愿书要求市政当局授权给广东会馆，组织义勇维持租界的秩序。

1900年义和团运动时期，大量中国居民因恐慌而迁出公共租界。工部局对决意要走的人，签发印有两种文字的通行证以控制人口流动。他们写道："上海租界保卫事宜业经工部局和各会馆董事妥筹，告示公布。本会知悉该中国居民亟需迁居，为免阻止，特颁此证，巡捕妥予保护。"③这里指出了通行证的办理实际是工部局和各会馆董事协商的结果。工部局承认，重要会馆和外国当局之间的咨询和协作已成为惯例："过去只有涉及华人群体的重大问题，工部局就要向本地行会机构或领导人咨询，以便采取有益于相关团体的措施，这已经成为一种惯例。"④

1910年上海的瘟疫更加强了租界与会馆等同乡群体的合作。1910年秋，上海出现了淋巴鼠疫，这为工部局制定特殊的公共卫生条例细则、扩大外国殖民当局对中国居民的管辖范围提供了借口。

---

① 《上海县续志》卷一三，第13页。
② 《上海工部局年报》，1884年，第58—59页，转引自顾德曼：《家乡、城市与国家——上海的地缘网络与认同（1853—1937）》，第93页。
③ 《工部局年报》，1900年，第81—82页，转引自顾德曼：《家乡、城市与国家——上海的地缘网络与认同（1853—1937）》，上海：上海古籍出版社，2004年，第112—113页。
④ 《工部局年报》，1904年，第25页，转引自顾德曼：《家乡、城市与国家——上海的地缘网络与认同（1853—1937）》，上海：上海古籍出版社，2004年，第113页。

10月底，公共租界出现一例因染鼠疫而死亡的报告后，工部局立即制定了紧急防疫措施。这些措施在华人群体中引起了严重不安。11月12日，听说租界当局为了不可告人的目的而捕杀妇女和儿童后，一伙中国人用石块攻击外国人，用竹竿猛击卫生检查员，捣毁消毒车辆和装备。此时，工部局发出布告，宣布将于11月14日实施新的卫生细则。11月13日，上海商会总理、副总理会同会馆、公所董事的头面人物致函工部局总董戴维·兰代尔，表示愿意帮助当局阻止鼠疫，但以采取温和的防疫措施为前提。工部局试图在11月16日的公众大会上直接向中国居民解释，以使他们相信卫生措施的必要性，但宣告失败。11月17日，工部局总董戴维·兰代尔通知上海商会总理周晋镳和重要会馆、公所的董事，条例细则仅针对鼠疫暴发的特殊情况。为争取他们的同意，他转交一份修订的法规，表达了工部局希望得到帮助的愿望。11月18日，工部局与华人群体代表讨论了防疫方案，出席的有重要会馆、公所的董事。讨论持续了六个小时，其间中国代表争取到了对防疫程序做出重大修改：除了限制瘟疫的规章制度外，就华人病例的检查应由独立的中国瘟疫防疫医院的中国医生操作达成了一致意见；检疫仅限于虹口（鼠疫区域）；最后，病人如果因染疫而死亡，所有安放、埋葬的事宜均按照中国的风俗习惯办理。在处理这一危机事件中，尽管中国官府提出了各种各样反对意见，但会馆等同乡群体比中国政府更有效地代表华人出面调解。①

---

① ［美］顾德曼：《家乡、城市与国家——上海的地缘网络与认同（1853—1937）》，上海：上海古籍出版社，2004年，第114—115页。

二、乡谊流动与租界当局的冲突

会馆等同乡群体与租界当局除了协作，还时有冲突。会馆等同乡群体与租界冲突的一个焦点是会馆地产。上海最重要的几个会馆与租界当局都为此而冲突。

早在1851年7月，福建兴安会馆强烈反对英国人购买一块葬有同乡尸身的土地。他们被英国人计划在上面建一个公园的想法所激怒，一大批福建人带着棍棒、石头攻击了前来交易的英方人士，还抓了安排这宗买卖的华人巡捕。①

上海潮州会馆与法租界围绕会馆馆产发生了数次冲突。广东潮州海、澄、饶等商人于乾隆四十八年买地修造了会馆。同治元年4月间，法国火轮公司忽然声称，洋行街为奉准租买地界。广东商人等因该地为公产，不准备卖给法国公司，于是呈请上海道照会制止。到同治二年，法国公司迫卖日甚。会馆将备价赎回海、澄、饶万世丰会馆地基亩数银两，呈请"申详抚宪达部存案，并乞出示严禁。日后无论中外人等，不得再生枝节，借词侵占"。同治二年七月十日，苏松太兵备道黄批示："除饬上海县将租地原案勘明详办，并将潮州会馆赎回缘由，随案详咨总理衙门立案外，合行给示遵守。为此示仰潮州会馆董事及号商人等知悉：此次赎回并巷路地基一亩七分一厘，永为海、澄、饶万世丰会馆之业。中外人等不得再有强占硬买，以垂久远，而安商旅。"潮州会馆为此事而立碑《苏松太兵备道为赎回法人强占之地永为潮州会馆产业告示

---

① [美]顾德曼：《家乡、城市与国家——上海的地缘网络与认同（1853—1937）》，上海：上海古籍出版社，2004年，第44页。

碑》。①

1917年，法租界越界筑路扩展租界范围，拟将上海潮州八邑山庄所在的八仙桥墓地开辟马路。1917年5月30日，上海潮州会馆开会商讨对策，决定要求法租界赔偿迁坟费用。在洋律师古沃的辩护下，法租界同意采取赎买方式，答应了潮州会馆索赔要求。潮州会馆因为旧墓地八仙桥地价随着城市的发展而高涨，于是准备出卖旧坟地，而到远郊购买新坟地，并将旧坟地的遗骨迁入新坟地。如此一来，不仅获得了可观的地价差额，而且取得了法租界公董局的迁坟赔偿费。

较之福建兴安会馆与英国人，潮州会馆与法国人的地界冲突，四明公所与法租界几次地界冲突更为激烈，声势更为浩大。

19世纪60年代，法租界谋求第一次扩展，两次准备买下四明公所地皮，平去坟冢后辟为马路。四明公所与之力争暂停。1874年，法租界当局决定强行动工筑路。四明公所致函反对，希望法租界改变路线，并表示愿意分担改变路线所需费用。面对法租界的一意孤行，4月26日，四明公所董事开会讨论此事。号召举行罢工罢市，向法国领事请愿。会馆董事派出6名成员与法国领事谈判。他们还说服沈秉成为四明公所向公董局说情。5月4日，总领事宣布：根据会馆董事的要求及道台和上海知县的请求，已指示公董局改变计划，保存四明公所建筑和墓地。1878年，北京总理衙门与法国公使达成协议，中国赔偿法国37650两，法国给被杀的7名华人家属恤银7000两；法租界放弃原筑路计划；四明公所仍维持原状。

---

① 上海博物馆编：《上海碑刻资料选集》，上海：上海人民出版社，1980年，第425—426页。

1897年，公共租界和法租界禁止租界内存放棺柩。法国禁止的主要目标是四明公所。1898年1月，法国总领事白藻泰指示巡捕6个月后执行条例。当时英法两国正与中国当局进行谈判以扩展租界边界。1898年春，道台拒绝了他们的要求。5月底，法国领事通知宁波会馆董事，法国打算征用四明公所坟地和存放棺柩的土地建造一所中国医院、学校、屠宰场以及1874年耽搁的马路。会馆尽管将2500副棺材运回宁波，但在中国官府的支持下，拒绝承认法方有此权力。7月16日，法国发出最后通牒的第二天，水手从法国炮舰登陆，监督劳工捣毁三处坟地围墙。四明公所领导人号召宁波商人停止营业，约定第二天早晨集会。当围墙被法国水兵推倒时，大批人群围困并袭击了进犯者。随着夜幕降临，手持砖块和竹竿的人群充斥了街道，他们砸碎路灯，推倒灯杆，指责外国人。骚乱持续到第二天上午，期间一小群广东人袭击了法国巡捕房。法国军队开枪打死了20—25名中国人，重伤40人。第二天，所有的宁波人都罢工了，并开始抵制法货。下午，宁波帮的主要领导人与法国总领事进行谈判。法国总领事向宁波群体代表允诺延长三个月，以便会馆搬迁墓穴，激烈的敌对行动得以停止。沈洪赉和虞洽卿一起组织了罢工。4天后，华洋当局通过谈判与沈洪赉达成了协议。两江总督刘坤一得知此事，任命一个中国官方班子（包括上海道台和江苏布政使）进行调查，并与法国总领事谈判。1898年9月，法国驻华公使与清政府达成协议，在承认法租界扩张的条件下，维持四明公所土地权，规定公所坟地不得停放新棺，公所的地面也可以开筑交通所需的道路。

会馆等同乡群体与租界冲突的另一焦点是租界司法权。其中以1904年周生有事件和1905年12月大闹会审公廨事件最为著名。

周生友事件源于宁波人周生友被俄国水兵砍死。1904年12月15日，两个醉醺醺的俄国水兵在江边雇了两辆人力车回船。下车后他们拒绝付钱，其中一个人力车夫坚决索要车费，便发生了争执。名叫亚其夫的水手大怒，从附近一位正在修缮堤岸的木工手中夺了一把斧头，砍向人力车夫，斧头没有砍到人力车夫，却把一位行人周生友砍倒在地，砍碎了他的头颅。俄国水手回船途中被闻讯而来的巡捕逮捕，随后把他们交给俄国领事。

周生友是宁波人。第二天，大约3万名宁波手工业者、人力车夫、渔民集会抗议，四明公所及时出面抚慰抗议者，会馆董事当即宣布，坚决要求将亚其夫交给中国官方审讯。在谈判中，会馆不断散发传单。12月18日，会馆领导人向清廷请愿，外务部和总督周馥抗议俄国领事没有与上海道台协商就处置了拘留者。1905年1月14日，俄国军事指挥官以亚其夫因疏忽杀人，做了轻判，处以8年劳役。但特别法庭认为这起案子"非常意外"而把判决改为4年。宁波领导人召集全市所有行业和同乡团体的领导人，在沪北商业公所商讨对俄国当局施加压力的办法。首先，由各省商界领袖发电呼吁外务部、商部和政府官员的支持。其次，向道台施加压力，与外国当局在上海进行谈判，使外国当局了解公众对判决不满的程度。最后，各帮董事决定抵制俄国商品和卢布。在各方的压力下，俄国领事将亚其夫的判决延长为8年。周生友事件到此告一段落。

1905年12月的大闹会审公廨直接源于中外对领事裁判权争议。设外国陪审员并不意味着他可以干预纯属华人的案件。西方当局在20世纪初的干预不断加大。派巡捕监督会审公廨的运作。1905年间，中方谳员关絅之一再抗议外国对中国主权的侵犯和对中国人案件由中国司法裁判原则的践踏，但作用不大。最后，在处理一个案件时引发了激烈的冲突。

一位广东寡妇黎王氏携带15名婢女及丈夫灵柩从四川回老家,租界巡捕怀疑其诱拐并转卖女童而将其逮捕。案子调查期间,围绕黎王氏的看押问题,中方谳员关絅之与英国陪审员德为门之间发生尖锐对立。关絅之下令差役把黎王氏关进会审公廨的牢房,陪审员德为门则下令工部局巡捕房巡捕把她看押在新的西牢。英国巡捕和中国差役之间发生了冲突。巡捕占了上风,几名中国差役受了伤,中方助理员金绍成在混战中挨了打。为了防止巡捕带走黎王氏,差役关闭了院子。法官关絅之退到院内,声言巡捕如想开门,最好先把他干掉。但巡捕还是强行打开了门锁,带走了黎王氏。接下来的两天(12月9、10日)上海广肇公所等组织了抗议。广肇公所召集同乡举行大会,与外务部和商部接洽,要求帮助。他们发出电报为黎王氏辩护,并指控租界当局非礼中国官方,干扰中国司法审判的行使权。

徐润是上海广肇公所的董事,他领导了在商会的抗议集会,抵货运动领导人曾少卿和四明公所董事虞洽卿也加入了这次抗议。集会中,1000多名上海名流致电外交部、商部、两江总督,列数英国陪审员和巡捕的无礼行径,要求中国政府予以干涉,以及维持在公共租界工部局设立中国代表的权利。

12月10日,在上海知县和上海商人的压力下,道台袁树勋向工部局和英国领事提出抗议,随后召集旅居者绅士举行会议讨论西方巡捕对中国官方的侮辱。并以官商联名的形式致电外务部,要求中国政府干预。过了几天,学生或学商团体以及同乡团体加入抗议行列。

接到上海商人发来的电报,外务部、商部和两江总督要求外务部与驻京外交使节在北京开会，以阻止外国对中国司法主权的侵犯。在上海，道台与总领事克莱曼纽会晤，转达了商人提出的解决紧急状态的条件：1. 释放黎王氏及其随行人员。2. 解除陪审员德为门的职务，惩戒巡捕。3. 只能由会审公廨关押女犯。

总领事拒绝了这些条件，导致群情激昂，并增加了在工部局设华人代表的要求。数千宁波同乡于12月12日在四明公所重新集会，发誓用团体的力量发动同乡。最终迫于中国外务部的压力，北京外交使团下令上海领事团释放黎王氏。12月15日，英国领事放出黎王氏，直接把她交给了广肇公所。黎王氏释放后，民众依然激愤异常，激进的公忠演说会号召罢工，拒绝向租界当局纳税。12月18日早晨，租界墙上贴满了煽动性告示。租界不同地方的人群同时袭击了最早开门营业的市场和粮店。接着，约有数千人放火焚烧巡捕房和市政厅。租界当局出动巡捕、水手和海军以恢复秩序。罢市第二天结束。会馆领导人介入随后进行的租界当局与道台的谈判。谈判过程中，工部局与会馆领导人讨论成立一个顾问委员会的可能性。该委员会将与工部局成员定期会面，以便工部局了解中国公众的观点。

纳税外人会为公共租界里的议决机关。工部局为公共租界里的市政机关，又称公董局、公局。1864年，北京公使团所定上海租界原则之一为工部局须加入华人。1866年纳税外人会通过，列入修改章程中。1869年北京公使团批准时将这条删去。1905年12月，大闹会审公廨，华人对工部局之设施，反对甚烈，提出了上述设立顾问委员会的议题。1906年2月，工部局同意由7名成员组成华人顾问委员会，该委员会反映了上海最有影响力的三个同乡团体的力量，在这个计划中，代表上海社团的5名商界领袖有3名是浙江人，另外2名是广东人和江苏人。3月13日,这个方案最终被纳税外人会否决。直到1914年4月8日,法租界才同意两名中国代表以顾问身份进入法租界。1915年3月,领袖领事就公共租界增设华人顾问委员会一事向工部局递交了一份协议草案,提出华人顾问会,由两名宁波行会、两名广东行会被提名者及一名涉外事务特使组成。[①]纳税外人会一致接受了这些条件,但是这个新部门的建立陷入了列强外交部和中国政府之间的僵局。1919年巴黎和会时,中国政府提议上海租界未收回之前,应加入华董,报纸鼓吹甚烈,组成"各马路联合会",其目的为修改章程,加入华董。针对华人在租界内无参政权,1920年8月,宁波旅沪同乡会致函上海总商会,进一步呼吁华人各界联合组织"纳税华人会",公举华人担任顾问参加工部局。在总商会、广肇公所、宁波旅沪同乡会等团体的共同努力下,"纳税华人会"最终成立。[②]新的纳税华人会选举了顾问委员会,委员会于1921年成立。1925年五卅惨案发生,大家都认为只有加入华董,才能消除隔阂。1926年,马路商界总联合会为要求华洋平等选举权,函请纳税华人会开委员大会,修改洋泾浜章程及纳税华人会章程,以为争取华董之根据。[③]1926年4月15日纳税外人会通过议案令工部局向中国建议早日加入三华董。华人方面嫌董事人员太少,经过两年后才接受。1928年就职。另加入6名华人为委员会委员。

在同乡群体等各方的努力下,成立了华人顾问委员会、纳税华

---

① [美]顾德曼:《家乡、城市与国家——上海的地缘网络与认同(1853—1937)》,上海:上海古籍出版社,2004年,第140页。
② 郭绪印:《老上海的同乡团体》,上海:文汇出版社,2003年,第548页。
③ 同上书,第462页。

人会,华董进入工部局,正是乡谊流动推动了租界制度的改革。

市政建设、司法、救灾、经济等活动中,乡谊流动与租界当局有相当默契的配合。即便是具有一定西方色彩的租界对乡谊流动也是包容的。中国政府与租界当局性质有很大的不同,但与乡谊流动的关系上却有许多相似性。

第三节 政府对乡谊流动的响应及限度

近代以来的通讯设施、舆论环境、桑梓之情等因素为乡谊流动的实现提供了有利的条件。人们的大量请托信息得以及时传递,并为会馆等同乡群体所受理,最后不少请托者的愿望在一定程度上变成了现实。

当会馆等同乡群体有求于政府时,政府有时也愿意为会馆等同乡群体排忧解难。上海广肇公所正是在处理纠纷中具有一定的影响力,因此同乡往往请它出面解决纠纷。1925年,上海广肇公所特别会议记载,渔船主冯成贵11月10日驾船在汕尾海界遮朗海面灯塔附近,被法国邮船安得来朋号撞沉。船主估计损失总价值为6700元。请求广肇公所代其向法国邮船交涉,索取赔偿。广肇公所以事关外交,十分慎重,函告总商会,请求它向交涉使磋商,然后致函法国驻沪总领事,转饬邮船公司如数赔偿。还派员赴交涉公署,会商索赔对策。最后,该案由法国邮船赔偿1000两了结。[①] 乡谊流动将交

---

① 《11月18日特别会议》,上海市档案馆藏,《广肇公所议事部(1925年)》,Q118-12-128。

涉公署卷入其中，交涉公署的介入促使纠纷得到解决。

乡谊流动促使政府和军队维护地方治安。1929年，徽州发生匪祸。3月31日，东流人朱富润（朱老五）率部众百余人进入徽州，先后占领祁门、休宁、屯溪，焚烧县署、警署，释放囚犯，4月8日进入婺源界。4月7日，婺源同乡会（上海）开紧急会议，到会百余人，议决一致电省政府，火速派兵痛剿，一致电县政府设法防御。①徽宁同乡会的反应极其迅速，他们分别向浙江省政府，南京国民政府提出请愿，并请求驻皖军队派兵进剿。一些驻皖军队同意派兵进剿。②

歙县旅沪同乡会会员汪发达1948年6月18日给同乡会信。在信函中，汪发达详细介绍了歙县安定乡乡长韩荣辉殴打其父的凶横劣迹，请求同乡会发快邮代电转请本县县政府赶紧遏止，或派员前往彻查。③在接信次日，歙县旅沪同乡会理事长方炜平便给歙县王县长、地检处发去信函，依法严惩。④王县长得信后于7月解除了乡长韩荣辉的职务，令他"静待司法裁判"。安定乡乡长一职另派人接替。在县长的干预下，事情朝着有利于同乡群体的方向发展。⑤

同乡团体在与家乡政府交涉过程中遇到阻碍后，便向上级部门

---

① 《皖人援救梓乡匪祸》，《申报》1929年4月8日，第14版。
② 同上书，第14版。
③ 《（会员汪发达来函）为父遭受该乡乡长韩荣辉殴打致伤已状诉地方法院并请分别函请县府及地院申援以维法纪而安民命由》（1948年6月19日），上海市档案馆藏，《歙县旅沪同乡会档案》，Q117-27-10。
④ 《（致歙县县政府王县长地检处首席代电）为安定乡乡长韩荣辉非法虐民，据情特请严惩以维法纪而安民命由》（1948年6月20日），上海市档案馆藏，《歙县旅沪同乡会档案》，Q117-27-10。
⑤ 《（歙县县政府来电）为准电以汪志浩控诉安定乡乡长韩荣辉一案复请查照由》（1948年7月），上海市档案馆藏，《歙县旅沪同乡会档案》，Q117-27-10。

反映，有时能得到解决。

军队的骚扰往往是家乡的一个负担。上海潮帮人士郭德顺接到家人报告。1921年，旧历九月二十一日，潮阳县知事奉筹饷局训令，派梁孟熊率兵一队并由县派兵32名，随到郭惟一家劝饷2万元。限5日交足。事实上，此前郭早已向粤军捐款。会馆等同乡群体致电潮阳县长和陈炯明省长，要求他们管束汕头军需局。①会馆董事黄少岩和江少峰于10月12日将此案提交给了孙中山、伍廷芳、唐绍仪等南方政府的领导人。孙中山接见了他们，听取了他们的意见和要求。此后由重新组织的广东护法军政府指令粤军总司令陈炯明负责解决驻军向郭宅逼饷事件。12月初，上海潮州会馆接到了陈炯明的电报："郭宅事已电汕筹饷局查复核办矣。"不久，郭德顺得知驻军"索饷如故"，致函上海潮州会馆董事会"乞同乡诸先生鼎立主持"。上海潮州会馆董事会再次决议，"再分电省各总裁、陈省长及汕头筹饷局"，并公举范芝生为会馆代表赴潮汕，向当局面陈一切。②12月6日，再致电孙中山、伍廷芳、唐绍仪等，请他们对此予以关注。

1922年底至1923年底，陈炯明在潮汕一带设立殷商捐。上海潮州会馆的电文称，当地的殷商捐随意性极大，即便是巨富，只要肯贿赂政府派员下乡抽勒的人员（付运动费），即刻减轻从半。如属中富，交了运动费，则立予取消。上海潮州会馆于1923年1月6日的第15期董事会上讨论决定："电请汕头筹饷局，将殷商捐名目取

---

① 1920年11月11日，上海市档案馆藏，《潮州会馆议案备查（1916年）》，Q118-9-6。
② 1920年12月4日，上海市档案馆藏，《潮州会馆议案备查（1916年）》，Q118-9-6。

消。"为此坚持与当局交涉,采取和平的持续斗争措施,达一年之久,终于达到了取消殷商捐的目的。①

1923年,歙县旅沪同乡会收到会员萧道之来函,诉说歙县琳村遭到土匪洗劫,县府追缉月余毫无踪影,请求援助。该同乡会将此情况致函县政府,并代电省政府民政厅。后接县府函复,将渔梁公安分所所长游观撤职,并拘获客民王春应等,正在研讯中。9月4日,致县府函中指出了有关公安公所所长的失职行为。9月20日,致省政府民政厅函中,揭发了县长周某的失职行为。而该同乡会在"呈电交驰,县长概置不理"的情况下,致电省政府和民政厅,尖锐地指出了县长不负责任,要求"彻查""详查"。②歙县乡谊流动通过影响省一级政府运作解决县里的问题。

1913年,江海关监督及税务司改订关栈新章的过程,我们将看到乡谊流动影响政府的限度。1913年,江海关监督及税务司改订关栈新章,将原来货物存放关栈的期限2个月改为15天,超过期限者即受到罚款。上海潮州会馆联络广肇公所致函上海总商会,请其转达海关监督、税务司援照旧章办理,准将新章取消。③总商会复函称:"已分函海关监督、税务司,请其体恤商艰取消新章以顺舆情。"④上海潮州会馆致函各轮船公司:"贵公司独操胜算,良忻加贝,又何必绚栈租之小利以致牵动全局,使两方面受此无穷之亏

---

① 郭绪印:《老上海的同乡团体》,上海:文汇出版社,2003年,第160页。
② 《歙县旅沪同乡会为琳村盗窃事与政府交涉》,上海市档案馆藏,《歙县旅沪同乡会档案》,Q117-27-3。
③ 《广肇、潮州会馆全体商会致上海总商会函稿》,上海市档案馆藏,Q118-9-32。
④ 上海市档案馆藏,《潮州会馆》,Q118-9-32。

耗也。"①上海潮州会馆致函汕头六邑会馆和潮州六邑会馆呼吁维护华商共同利益。潮州会馆还联络泉漳、汉口、烟台等商帮一致请愿要求改订新章。

6月22日,北京税务处复上海总商会电称:"新章如果不便商情,本处决不意存袒护,惟并非实有不便,断难朝令夕改,贵商会固应维持商务,亦宜顾全国课,当望切实开导,令其遵照新章办理,以维大局。"②此后潮州会馆等继续反对新章,使海关监督和税务司表示了一定的让步。江海关墨税务司表示:"已届15天之限,该货主不来完税者,则应令该进口之船公司代为报完关税并须遵限于48点钟内将该土货一并提清,现在本税务司为格外通融起见,设或商家遇有一切为难缘故譬如连日天雨等情,则亦不妨于原限48点钟外再予宽展数日,以便商家。"③北海关施监督来函称:"惟将来各帮商家如有于墨前税务司任内单列粗货之外尚有价贱笨重粗货不便其入专栈者,仍应准其通融来关声明情形,以凭核办。"④经过会馆等同乡群体的努力,改订关栈新章中多少争取到一些通融。

会馆等同乡群体与相关部门在改订关栈新章交涉时,乡谊流动的范围在扩展,上海潮州会馆先后致函汕头六邑会馆和潮州六邑会馆、泉漳、汉口、烟台等商帮一致请愿要求改订新章;他们交涉的对象涉及上海总商会、各轮船公司、北京税务处、北海关监督、江海关税务司等多个部门;乡谊流动由上海扩展北京、汉口、烟台等

---

① 上海市档案馆藏,《潮州会馆》,Q118-9-23。
② 同上书。
③ 同上书。
④ 同上书。

地。从结果看,会馆等同乡群体参与了改订关栈新章,此项制度的改革融合了会馆等同乡群体的些许意见。

除此之外,还有无数事例显示,请托者得到了实质性的帮助,或是取得了阶段性的胜利。当然,乡谊流动在人们的社会生活中的作用也有一定的限度,不可过高地估计它。

1923年,歙县旅沪同乡会援助汪胡氏事件显示,地方政府并非一味迁就同乡会的意见。1923年7月,歙县旅沪同乡会接到歙县陈家荫等10位乡绅来函,附送有歙县琶村民妇汪胡氏3月间失窃事件的冤状。3月间,汪胡氏发生失窃事件。次日,汪胡氏在路上遇到曾经在她家做过工的汪月明,恰巧汪月明腰间缠有汪胡氏所失窃的面袋。在汪胡氏的追问下,汪月明承认赃物藏在董小洪(红)家。汪胡氏由汪月明带路到董小洪家查询。董小洪恼羞成怒,痛打汪月明,并将汪月明拉去。过了两天,张得才等忽向汪胡氏敲诈,说汪月明被打死,要汪胡氏出钱私了。汪胡氏被逮捕到县,严刑逼供,掌颊八百。歙县旅沪同乡会开评议会讨论此案,认为"词出一面,难资征信,议决函请本县绅耆查复"。不久接到该县士绅方在民复函称:此案是由于贪污的官吏希望得到汪胡氏的亲戚吴守坤的私产而鼓动起来的。另外,汪筱溪、许恒仁回信语意略同。此时,歙县知事陈炳经,因其他案件被撤职,歙县旅沪同乡会即致函请安徽省长、高等检察长查究前知事陈炳经违法责任;并请令行新任知事秉公彻究。同时函请新任知事将汪氏停止刑讯,交保释放。8月,汪知事复函称,汪月明无论被何人所殴,汪胡氏家被窃究为其致死之由,该氏实为重要嫌疑犯,未便保释。歙县旅沪同乡会一面去函驳斥汪知事,一面函请徽宁旅沪同乡会协同呼吁,还函请县绅吴瀚云等向县方声请保释。在致县署函中称:"应请县长垂悯孤孀,勉为渖雪,先将汪氏停止刑讯,交保释放,一面严缉负有伤人致死重大嫌疑之董小洪,程佛才等到案,秉公讯办,期成信谳。"①

1923年,歙县旅沪同乡会援助汪胡氏事件显示,同乡团体面对两届地方政府,试图介入一起司法案件,影响政府,但都无功而返。由此看来,政府偏移了原有的轨道,乡谊流动也有抑制不住政府出轨的无奈。

20世纪20年代,潮州商号之间的纠纷,乡谊流动至军政府总裁也没有很好解决。1923年9月,汕头的杂粮商源来号托上海聚成和林成记两号向上海潮帮长泰号代办面粉。长泰发货后,聚成、林成记按例向汕头源来号收款,但对方迟迟不予理睬,屡催不应,实际上是拒绝兑付,聚成、林成记代付的42000元打了水漂。后据上海潮州会馆调查,源来号拒兑上海潮帮的应付款达十余万元。源来号的东家林少梅在潮汕独立后,趁乱当上了军政府的军饷筹饷员。他通过向政府报效军饷,获得地方军阀的信任和支持,遂大肆鲸吞旅外商家的汇款。长泰号店主周松舟亲往汕头索债,林少梅恃强呈蛮,围殴债主,还把周松舟扭送进当地警局。上海潮州会馆派董事黄少岩前往汕头处理,林少梅有恃无恐,避而不见。潮州会馆联合广肇公所逐级上告,最后向军政府总裁都司令岑春煊求助,要求严惩林少梅。岑下令逮捕林少梅。由周松舟与林少梅当面对质,证实潮州会馆对林的控告情节和数额完全属实。岑将此案转给广东省政府处理,但在押往广州途中,林被押送人释放。潮州会馆的档案

---

① 《援助歙县冤妇汪胡氏事件》,《歙县旅沪同乡会第一届报告书》,上海市档案馆藏,《歙县旅沪同乡会档案》,Q117-27-3。

中，没有发现聚成、林成记以及长泰索回欠款。①

具备条件的一部分个人和团体能够请托于北京、上海等地同乡群体，会馆等同乡群体从请托中选择一部分内容予以受托，并有可能使受托按照请托者的愿望方向发展，说明人们利用会馆等同乡群体的资源可以解决一些问题，满足一些需求。

但是，能够发出请托信息的个人和团体毕竟只是社会中的一小部分个人和团体；会馆等同乡群体受理的请托多是那些与会馆等同乡群体关系密切、符合会馆等同乡群体利益的请托；会馆等同乡群体受托之后，在处理请托的过程中，会馆等同乡群体仅仅是推动事件发展的合力中的一种，它在合力中的大小是相对的，有时显得很大，甚至起决定性作用，有时则显得微不足道。于是，事情有时朝着会馆等同乡群体的愿望发展，有时也可能不为会馆等同乡群体所左右，脱出会馆等同乡群体的控制，甚至与会馆等同乡群体的愿望相左。

---

① 多封往来函件涉及该案，上海市档案馆藏，《潮州会馆往来函件》，Q118-9-4。

结　论

　　从无数京官、地方官、出仕人员、商人、学生、教员、会馆、同乡会等团体匆忙奔走的身影，从同乡京官印结、禀请、给示、立碑、法律规章、通电、信函、报刊、集会，从办理出仕手续、政治事件、诉讼纠纷、市政建设、教育政策、慈善救济、经济措施、军事行动与军队骚扰、维护国家主权等行动可以看到乡谊流动如何创建、激活同乡网络并参与政治。明清时期的同乡京官印结，会馆禀请和衙门给示晓谕等可以看到乡谊流动"名正言顺""正大光明"介入官府制度的构建与运作。近代中国，乡谊流动越来越多地"名正言顺""正大光明"参与政治活动，政治亦深刻地影响乡谊流动，二者纠缠在一起难分难解。[①]明清时期乡谊流动的网络虽然也遍布全国，不过其流动并不如近代那样频繁，像近代这样的城际，

---

① 晚清湘军、淮军的各种活动使乡谊"名正言顺""正大光明"地流动于军事、财政、政治等诸多领域。通过湘军、淮军等观察乡谊流动与治国无疑是个很好的视角，不过此等问题过于复杂，留待将来深入探讨。

乃至全国乡谊联动更少。近代乡谊流动的参与者中各种公团越来越多。明清时期乡谊流动与政府间的互动主要限于旅居地,而近代除了旅居地,家乡、城际的政府都卷入乡谊流动。相比明清,近代乡谊流动参与政治的领域更为广泛,不过,民国之后同乡京官印结已经不存在,会馆禀请和衙门给示晓谕之类也在改换新形式,甚至被新的法律所代替。这种变动深受交通通讯设施、舆论环境、政治制度与政治思想、社会结构与社会意识变迁的影响。

乡谊流动为何可以"名正言顺""正大光明"的介入政治?乡谊流动参与政治的正当性与以下问题相关。

第一,乡谊流动对政治是必需的吗?推动乡谊流动的主体很多,政府即为其一。明清时期围绕同乡京官印结的乡谊流动持续了数百年,官府需要同乡京官印结以保持官僚人事制度运作的灵活性及增强担保系数。会馆禀请,衙门给示晓谕是官府需要构建地方法秩序。清末民国时期,国家政权常常借助乡谊流动解决司法、军事、政治等领域遇到的问题。1921年,上海广肇公所对调解纠纷的程序规定,19世纪晚期以来,会馆与会审公廨广泛地合作等则可以看到乡谊流动与司法制度运作配合相当默契。乡谊流动还在救灾、市政建设、经济、教育等方面给予了政府较大支持,在全国性事件中给政府以声援,支持政府镇压反叛者。乡谊流动对政治的顺应与协作在某些方面是经常性的,但更多如1900年义和团运动时期,乡谊流动与工部局管理制度协作等是为了应付临时性的事件。这些经常性和临时性协作非乡谊流动参与不可吗?乡谊流动是否具有不可替代性,我们不得而知。然而,政府选择了乡谊流动却是事实,至少说明它在一定程度上是需要乡谊流动的。

第二,乡谊流动妨碍政治活动的正当性吗?乡谊流动对政治的挑战和抗争中，我们看到了二者的不协调之处，如小刀会事件中，会馆与地方政府冲突的一面暴露无遗。还有不少的事例能显示这种挑战和抗争的非正当性。然而从乡谊流动对政治的挑战和抗争中，却也可以看到挑战和抗争在当时并未完全失去正当性。如1919年政府做出钦廉割棣桂省的决定很难说有多大的正当性，而乡谊流动的抗争可以促使政府重新考虑其政策。1904年周生友事件和1905年12月大闹会审公廨事件中，乡谊流动挑战了不合理的审判。在政治行动不合理、不完善的情况下，这些挑战和抗争遏制政治朝不正确的方向行进，恰恰从另一个侧面维护了政治的正当性。

第三，乡谊流动改善政治吗？在乡谊流动对政治的挑战和抗争中，政治行动往往发生变化。这种变化因为有了乡谊流动参与其中，使制度变迁考虑了更多的纬度，吸纳了更多的意见，从而更加完善。有时乡谊流动对政治的抗争却可以从正面加以理解。乡谊流动推动华人参与租界管理符合中外双方的利益，乡谊流动迫使其他地方的政府改变政策从而解决米荒造福一方，乡谊流动促成撤销不称职地方官员是保证地方制度的顺利运作，乡谊流动导致取消殷商捐是舒民困……

且不论公民、社团是否有权借助乡谊流动参与政治，即便从政府的立场观察，政治本身需要乡谊流动来协作，乡谊流动不仅维护政治，而且还改善政治。因此，只要政府允许，乡谊流动介入政治便可以"名正言顺""正大光明"。

政治并不总是受乡谊流动的影响，乡谊流动与政治互动有一定的限度。

第一，政府掌控着乡谊流动与政治互动的命运。会馆等同乡群体面对强势的政府常常无能为力。明清时期的同乡京官印结，在民国建立后政府即废除了该制度。民国时期政府加强了对会馆的管理，中华人民共和国成立后对会馆进行改造与接收，在此过程中，会馆等同乡群体基本比较顺从地接受了政府的安排。乡谊流动与政治抗争的每一步都迈得十分沉重，取得的成果有限。1923年，歙县旅沪同乡会援助汪胡氏等事件显示，同乡会并不能改变地方政府的决定，乡谊流动对中国政府及租界的抗争并不经常有效。近代社会里，政府仍居主导地位，基本上左右着乡谊流动对其影响，这在乡谊流动对政治的挑战与冲突中表现尤其明显。

第二，乡谊流动的扩展与分化。清末民国时期，乡谊流动的扩展与分化过程加剧。许多政治事件的台前幕后都闪动着乡谊流动的痕迹。乡谊流动的活跃期，其衰落迹象也隐约可见。有的会馆、同乡会等由专人在负责馆务、会务，但多数情况下是人们在从事本职工作的同时参与其事。同乡资源频繁地流动无疑增加了其负荷，他们不堪重负之时也就是乡谊流动衰退之期。会馆等同乡群体越来越多地显示出参政议政的社团性质。近代以来，众多的民间社会精英介入了乡谊流动，以社会公团名义推动乡谊流动。上海的会馆以商人为主体，但在近代也逐渐转向关注社会政治问题，其功能发生了与北京会馆趋同的转变。围绕北京、上海等地同乡群体进行的乡谊流动具有浓厚的政治性。近代社会状况使乡谊流动不可避免要打上政治性的烙印。随着其他关注政治的团体的涌现，会馆等同乡群体逐渐淹没在有类似关怀的团体里，成为千千万万的社团之一。乡谊流动的分化使其要么化入其他组织的活动之内，要么与其他组织一起活动。久而久之，乡谊流动亦将被其他组织的活动所掩盖。那些本身以关注政治为目的的团体、党派逐渐走向前台，会馆等同乡群体则终究要隐退幕后。

第三，乡谊流动与政治互动难以形成有效机制。空间距离和捐纳中银号包揽代人取结上兑等因素不断瓦解同乡京官印结担保的真实性。会馆禀请和衙门给示晓谕难以克服其地域性。近代中国，乡谊流动并不像专职参政议政机构那样与政治发生经常性的关系。乡谊流动的长期作用会促使一些政治行动与之保持相对固定的关系，比如乡谊流动与政治在某些领域的协作，但这些协作并没有有效的机制保障，它十分脆弱，双方随时可能使之终止。乡谊流动与政治在协作与冲突中扣合在一起。纵观近代以来二者扣合的历程，无论是冲突还是协作，多是临时性的，还没有形成一个经常性的作用机制。

近代社会的大舞台上，乡谊流动与政治上演了一幕幕多姿多彩的悲喜剧，热烈之余，幕后的种种限制也飘浮于眼前。

乡谊流动既影响了治国方式，也改变了同乡观念和同乡群体，更让同乡观念、同乡群体与政治连为一体，实现了多方联动。同乡观念在社会生活、政治生活中传承、流转，从而改变了社会生活和政治生活。同乡观念促使同乡群体之间逐渐形成同乡网络，也是影响乡谊流动启动的重要因素之一。同乡观念推动了各种同乡活动的展开，其中一些活动参与了政治。明清时期，官府引入同乡京官印结解决京师官僚人事制度的信任危机，在出仕诸多环节需要同乡京官印结担保，同乡观念介入京师政治制度的运作。清朝会馆禀请和衙门给示晓谕建立起一些基层社会法秩序，同乡观念又向基层制度创制和运作渗透。无论乡谊流动与政治是合作还是冲突，近代诸多政治活动之中均能看到会馆等同乡群体的身影，同乡观念的流淌，它们推动着政治活动前行。

社会生活、政治行动又推动了同乡观念的嬗变。同乡观念随着乡谊流动而延展到同乡网络的各个角落，乡谊流动扩展与分化也造成了同乡观念发生相应的变迁。而频繁地办理同乡京官印结，同乡加强了交往，凝结、扩散了同乡观念。会馆禀请和衙门给示晓谕维护了同乡利益，加深了同乡情感。参与诸多政治行动使同乡观念有了新的内涵，乡谊流动关注的问题日益宽泛，同乡观念加入了越来越多的社会性、政治性因素。

同乡观念与同乡群体、同乡群体与政治之间不仅仅是静态的，而且时常处于动态过程中，不仅仅存在双向互动，而且还发生多方联动。乡谊流动使观念、社会、政治的因素交织在一起，频繁互动，彼此渗透、交融。由此，在观念史、社会史、政治史之间似应架起一座座桥梁，不再壁垒森严。

参考文献要目

一、资料部分

1. 档案性资料

第一历史档案馆馆藏档案案卷号：
02-02-028-002032-0020。
02-01-03-05703-023。
02-01-03-07572-005。
02-01-03-10167-017。
02-01-03-11112-011。
02-01-03-11320-048。
02-01-03-11828-003。
02-01-03-11914-063。
02-01-03-12535-040。
03-1567-001。
03-1640-018。
03-2459-031。
03-2783-033。
03-3669-049。
03-3788-023。
03-4431-084。
03-4524-004。
03-4524-005。
03-4524-006。
03-4524-020。
03-4524-073。
03-7195-007。
04-01-12-0004-072。

北京市档案馆馆藏档案案卷号：
J19-1-125, 257, 259, 260, 262, 264, 265, 268, 269, 271, 272, 273, 274, 275, 276, 279, 280, 282, 283, 284, 323, 325, 326, 327, 330, 331, 332, 333, 334, 339, 387, 446。
J002-002-00115, 00117, 00129, 00136, 00191, 00261, 00266,

00268。

J184-002-00142，01531。

J002-003-00589。

J004-001-00254。

上海市档案馆馆藏档案案卷号：

Q118-12-93，102，103，104，109，112。

Q118-9-4，7，11，14，15，16，23，25，26，32，37，62，63。

Q117-27-1，3，5，9，10，12，13，20。

Q117-9-37。

Q6-5-1039。

Q113-5-9。

Y4-1-304。

武汉市档案馆馆藏档案案卷号：

134-1-87，184，185，187。

成都市档案馆馆藏档案案卷号：

3-1-69，24。

广州市档案馆馆藏档案：

全宗号4-01，目录号1，案卷号263-1，2。

2. 汇编资料

［日］仁井田陞等：《北京工商ギルド资料集》（1—6），东京：东京大学东洋文化研究所，1975—1989年。

李文治：《中国近代农业史资料》，北京：生活·读书·新知三联书店，1957年。

江苏省博物馆编：《江苏省明清以来碑刻资料选集》，北京：生活·读书·新知三联书店，1959年。

彭泽益：《中国近代手工业史资料》，北京：中华书局，1962年。

李华：《明清以来北京工商会馆碑刻选编》，北京：文物出版社，1980年。

苏州历史博物馆等合编：《明清苏州工商业碑刻集》，南京：江苏人民出版社，1981年。

上海博物馆编：《上海碑刻资料选集》，上海：上海人民出版社，1981年。

广东社科院历史研究所中国古代史研究室等编纂：《明清佛山碑刻文献经济资料》，广州：广东人民出版社，1987年。

北京市对外文化交流协会、北京市宣武区地方志编纂委员会编：《北京湖广会馆志稿》，北京：北京燕山出版社，1994年。

彭泽益：《中国工商行会史料集》，北京：中华书局，1995年。

彭泽益：《清代工商行业碑文集萃》，郑州：中州古籍出版社，1997年。

北京市档案馆编：《北京会馆档案史料》，北京：北京出版社，1997年。

王国平：《明清以来苏州社会史碑刻集》，苏州：苏州大学出版社，1998年。

王灿炽纂，北京市宣武区档案馆编：《北京安徽会馆志稿》，北京：北京燕山出版社，2001年。

李金龙、孙兴亚主编：《北京会馆资料集成》，北京：学苑出版社，2007年。

宁波市政府文史委员会编：《〈申报〉宁波旅沪同乡社团史料》，宁波：宁波出版社，2009年。

王日根、薛鹏志：《中国会馆志资料集成》，厦门：厦门大学出版社，2013年。

周向华、张翔点校：《北平泾县会馆录汇辑》，芜湖：安徽师范大学出版社，2014年。

李𬭬：《社会变迁、城乡流动与组织转型：宁波旅沪同乡会会刊文论选》，上海：上海大学出版社，2016年。

李家瑞：《北平风俗类征》，上海：商务印书馆，1937年。

荣孟源、章伯锋、顾亚主编：《近代稗海》，成都：四川人民出版社，1985—1988年。

《宣武文史》《文史资料选编》《广东文史资料》《广州文史资料》《广东辛亥革命史料》。

刘同钧主编：《辛亥革命前莱海招抗捐运动》，北京：社会科学文献出版社，1989年。

钱实甫：《北洋政府时期的政治制度》，北京：中华书局，1984年。

钱实甫编著，黄清根整理：《北洋政府职官年表》，上海：华东师范大学出版社，1991年。

于彤、袁凤华：《北洋政府时期北京社团一览》，《北京档案史料》1991年第2期。

吴江市档案馆：《江苏吴江市盛泽镇碑拓档案中会馆史料选刊》，《历史档案》1996年第2期。

吉林省档案馆：《王希天档案史料选编》，长春：长春出版社，1996年。

诸葛立准、卢礼阳：《温州旅沪同乡会史料》，温州：温州市政协文史资料委员会，2007年。

3. 会馆志、地方志、古籍

李景铭：《闽中会馆志》（1943年）。

石荣暲：《北平湖广会馆志略》（1945年）。

许其田：《北平福建泉郡会馆志》（1937年）。

李景铭：《安徽会馆志》（1943年）。

《越祠纪备》（1920年）。

《江西会馆议事草录》（1925年）。

《湖南长沙郡同乡委员会记事簿》（1923年）。

《上湖南会馆传书》（近代史所藏）。

《北平泾县会馆录》（近代史所藏）。

《汉口山陕会馆志》。

《广肇公所征信录》（1873、1874年）。

《上海工部局年报》（1884、1900年）。

光绪《漳郡会馆录》。

张爵：《京师五城坊巷胡同集》，北京：北京古籍出版社，1982年。

朱一新：《京师坊巷志稿》，北京：北京古籍出版社，1982年。

马芷祥：《北平街巷志》，北京：北平经济新闻社，1936年。

《最新北平全市详图》（1930），《北京市宣武区地名志》，《北京市崇文区地名志》。

余荣昌：《故都变迁记略》，北京：北京燕山出版社，2000年。

叶恭绰、张次溪编：《北京岭南文物志》，1954年。

民国《芜湖县志》。

乾隆《浮梁县志》。

《上海县续志》。

民国《歙县志》。

阮元等纂：《广东通志》，道光二年。

李宗黄：《新广东观察记》，上海：商务印书馆，1922年。

《大明会典》《大明实录》。

（明）李默：《吏部职掌》，明万历刻本。

（明）陈有年：《陈恭介公文集》，明万历陈启孙刻本。

（明）俞汝楫：《礼部志稿》，清

文渊阁四库全书本。

（明）严嵩：《南宫奏议》，明嘉靖二十四年刻本。

（明）施沛：《南京都察院志》，明天启刻本。

（明）葛昕：《集玉山房稿》，清文津阁四库全书本。

（康熙）《大清会典》。

（雍正）《大清会典》。

（乾隆）《大清会典》。

（嘉庆）《大清会典》。

（光绪）《大清会典》。

《大清世宗宪皇帝实录》。

《大清高宗纯皇帝实录》。

《大清仁宗睿皇帝实录》。

《大清宣宗成皇帝实录》。

《大清德宗景皇帝实录》。

《重订浙江印结章程》，国家图书馆北海分馆藏，光绪十一年重订。

《结局现行章程》，京师京华印书局，宣统元年编订，中国社会科学院近代史研究所图书馆藏。

《各省印结》，清光绪年间抄本。

唐烜：《留庵日抄》，近代史所图书馆藏。

李慈铭：《越缦堂日记》，扬州：广陵书社，2004年。

刘光第集编辑组：《刘光第集》，北京：中华书局，1986年。

何刚德：《话梦集》，北京：北京古籍出版社，1995年。

徐世昌等编纂：《清儒学案》。

梁国治：《钦定国子监志》。

赵映奎辑：《文庙备考》，德聚堂藏版，道光丁未年重刻。

《北大广东同乡会年刊》（1922—1923年）

《广东旅京同乡录》（1918年）。

《永新旅京同乡会会刊》（1916年）。

《旅京福建同乡录》（1915年）。

《旅京云间同乡恳亲录》（1923年）。

《旅京安徽池属六邑同乡录》（1923年）。

《吉州十属旅京学生会概略》（1920年）。

《浙江旅京同乡录》（1914、1915、1922、1935年）。

《嘉兴六邑旅京同乡齿录》（1927年）。

4. 报刊、毕业论文、年谱、传记

《申报》，1872—1949年。

《晨钟》（北京），1916—1918年。

《晨报》（北京），1918—1927年。

《群强报》（北京），1912年。

《政治官报》。

《时报》。

《民国日报》。

张孝欣：《北平会馆调查》，学士学位论文，燕京大学法学院社会学系，1936年，藏北京大学图书馆。

赵令瑜：《中国会馆之社会学分析》，学士学位论文，燕京大学法学院社会学系，1937年，北京大学图书馆藏。

孙益国：《中国邮政发展史》，本科学位论文，清华大学经济学系，1937年，清华大学图书馆藏。

《三水梁燕孙先生年谱》。

《叶遐菴先生年谱》（1946年再版印行）。

杨万秀主编：《广州名人传》，广州：暨南大学出版社，1991年。

二、研究文献

1. 著作

马士：《中国行会考》，1909年。

长野朗著，朱家清译：《中国社会组织》，上海：上海光明书局，1931年。

根岸佶：《中国ギルドの研究》，东京：斯文书院，1932年。

全汉升：《中国行会制度史》，上海：新生命书局，1934年。

窦季良：《同乡组织之研究》，台北：正中书局，1945年初版，1946年二版。

吴晗、费孝通等：《皇权与绅权》，天津：天津人民出版社，1948年。

许大龄：《清代捐纳制度》，《燕京学报》专刊之22，1950年。

根岸佶：《上海のギルド》，东京：日本评论社，1951年。

仁井田陞：《中国の社会とギルド》，东京：岩波书店，1951年。

加藤繁著：《中国经济史考证》，吴杰译，北京：商务印书馆，1959年。

何炳棣：《中国会馆史论》，台北：台湾学生书局，1966年。

张德昌：《清季一个京官的生

活》，香港：香港中文大学出版社，1970年。

徐公肃、丘瑾璋：《上海公共租界制度》，原版于1933年，上海：上海人民出版社，1980年。

胡如雷：《中国封建社会形态研究》，北京：生活·读书·新知三联书店，1982年。

周宗贤：《血浓于水的会馆》，台湾文化建设委员会印行，1985年。

吴承明：《中国资本主义与国内市场》，北京：中国社会科学出版社，1985年。

社旗县文化局编著：《社旗山陕会馆》，北京：文物出版社，1988年。

章伯锋、顾亚主编：《近代稗海》第9辑，成都：四川人民出版社，1988年。

陈运栋：《台湾的客家人》，台北：台原出版社，1989年。

朱勇：《清代宗族法研究》，长沙：湖南教育出版社，1987年。

黄光国：《中国人的权力游戏》，高雄：巨流图书公司，1988年。

段本洛、张福圻：《苏州手工业史》，南京：江苏古籍出版社，1989年。

施坚雅著：《中国封建晚期城市研究》，王旭译，长春：吉林教育出版社，1989年。

邱澎生：《十八、十九世纪苏州城的新兴工商业团体》，台北：台湾大学出版委员会，1990年。

石锦：《近代中国社会研充》，台北：李敖出版社，1990年。

郝盛潮主编：《孙中山集外集》，上海：上海人民出版社，1990年出。

韩大成：《明代城市研究》，北京：中国人民大学出版社，1991年。

朱英：《辛亥革命时期新式商人社团研究》，北京：中国人民大学出版社，1991年。

虞和平：《商会与中国早期现代化》，上海：上海人民出版社，1993年。

马敏、朱英：《传统与近代的二重变奏》，成都：巴蜀书社，1993年。

蒋兆成：《明清杭嘉湖社会经济史研究》，杭州：杭州大学出版社，1994年。

李泽厚：《中国近代思想史论》，合肥：安徽文艺出版社，1994年。

胡春焕、白鹤群：《北京的会馆》，北京：中国经济出版社，1994年。

汤锦程：《北京的会馆》，北京：中国轻工业出版社，1994年。

方汉奇主编：《新闻事业简史》，北京：中国人民大学出版社，1995年第2版。

史明正：《走向近代化的北京城——城市建设与社会变革》，北京：北京大学出版社，1995年。

马敏：《官商之间：社会剧变中的近代绅商》，天津：天津人民出版社，1995年。

周昭京：《潮州会馆史话》，上海：上海古籍出版社，1995年。

张正明：《晋商兴衰史》，太原：山西古籍出版社，1995年。

韩光辉：《北京历史人口地理》，北京：北京大学出版社，1996年。

王日根：《乡土之链——明清会馆与社会变迁》，天津：天津人民出版社，1996年。

朱英：《转型时期的社会与国家——以近代中国商会为主体的透视》，武汉：华中师范大学出版社，1997年。

曹树基：《中国移民史》第6卷，福州：福建人民出版社，1997年。

杨国桢、郑甫弘、孙谦：《明清中国沿海社会与海外移民》，北京：高等教育出版社，1997年。

王先明：《近代绅士——一个封建阶层的历史命运》，天津：天津人民出版社，1997年。

彭晓丰、舒建华：《"s会馆"与五四新文学的起源》，长沙：湖南教育出版社，1997年。

吴建雍：《北京城市生活史》，北京：开明出版社，1997年。

范金民：《明清江南商业的发展》，南京：南京大学出版社，1998年。

滋贺秀三等：《明清时期的民事审判与民间契约》，北京：法律出版社，1998年。

刘志琴主编，罗检秋著：《近代中国社会文化变迁录》（三），杭州：浙江人民出版社，1998年。

刘志琴主编，李长莉著：《近代中国社会文化变迁录》（一），杭州：浙江人民出版社，1998年。

河南省古代建筑保护研究所，社旗县文化局编著：《社旗山陕会馆》，北京：文物出版社，1999年。

梁景和：《清末国民意识与参政意识研究》，长沙：湖南教育出版社，1999年。

陈清义：《中国会馆》，香港：华

夏文化出版社，1999年。

河南省古代建筑保护研究所与社旗县文化局编著：《社旗山陕会馆》，北京：文物出版社，1999年。

郭绪印：《老上海潮州商帮》，香港：香港艺苑出版社，2001年。

周均美：《中国会馆志》，北京：方志出版社，2002年。

王日根：《明清民间社会的秩序》，长沙：岳麓书社，2003年。

中国建筑艺术全集编辑委员会编，巫纪光等主编，柳肃等摄影：《中国建筑艺术全集·会馆建筑·祠堂建筑》，北京：中国建筑工业出版社，2003年。

冯骥才主编，王贵祥册主编，王贵祥、贺从容著文，卞志武等摄影：《古风——中国古代建筑艺术：老会馆》，北京：人民美术出版社，2003年。

韩顺发：《关帝神工：开封山陕甘会馆》，开封：河南大学出版社，2003年。

郭绪印：《老上海的同乡团体》，上海：文汇出版社，2003年。

［美］顾德曼：《家乡、城市与国家——上海的地缘网络与认同（1853—1937）》，上海：上海古籍出版社，2004年。

朱英主编：《中国近代同业公会与当代行业协会》，北京：中国人民大学出版社，2004年。

陈亚平：《清代法律视野中的商人社会角色》，北京：中国社会科学出版社，2004年。

茅海建：《戊戌变法史事考》，北京：生活·读书·新知三联书店，2005年。

罗威廉著：《汉口：一个中国城市的商业和社会（1796—1889）》，江溶、鲁西奇译，北京：中国人民大学出版社，2005年。

郭广岚、宋良曦：《西秦会馆》，重庆：重庆出版社，2006年。

王熹、杨帆：《会馆》，北京：北京出版社，2006年。

刘正刚：《广东会馆论稿》，上海：上海古籍出版社，2006年。

王日根：《中国会馆史》，上海：东方出版中心，2007年。

李芳菊：《走马飞舟赊旗镇》，郑州：郑州大学出版社，2007年。

山西省政协《晋商史料全览》编辑委员会编：《晋商史料全览·会馆卷》，太原：山西人民出版社，

2007年。

梁连起主编：《保定会馆志》，保定：河北大学出版社，2009年。

王雪梅、彭若木：《四川会馆》，成都：巴蜀书社，2009年。

张明亮主编：《晋商会馆》，太原：山西教育出版社，2009年。

姚洪峰、杨蔚青：《洛阳山陕会馆保护与修复图说》，北京：文物出版社，2009年。

宋钻友：《同乡组织与上海都市生活的适应》，上海：上海辞书出版社，2009年。

于珍：《近代上海同乡组织与移民教育》，北京：社会科学文献出版社，2009年。

河南省古代建筑保护研究所、社旗县文化局：《中国古代建筑·社旗山陕会馆》，北京：文物出版社，2010年。

潘君祥：《上海会馆史研究论丛》第1辑，上海：上海社会科学院出版社，2011年。

白继增：《北京宣南会馆拾遗》，北京：中国档案出版社，2011年。

骆平安、李芳菊、王洪瑞：《商业会馆建筑装饰艺术研究》，开封：河南大学出版社，2011年。

卞伯泽：《会泽文化之旅：会馆文化》（上、下），昆明：云南人民出版社，2011年。

袁德宣编纂：《湖南会馆史料九种》，长沙：岳麓书社，2012年。

北京市台湾同胞联谊会编著：《台湾会馆与同乡会》，北京：北京大学出版社，2012年。

唐凌、侯宜杰等：《广西商业会馆研究》，桂林：广西师范大学出版社，2012年。

赵逵：《"湖广填四川"：移民通道上的会馆研究》，南京：东南大学出版社，2012年。

伍跃：《中国的捐纳制度与社会》，南京：江苏人民出版社，2013年。

孙向群：《近代旅京山东人研究》，济南：齐鲁书社，2013年。

重庆湖广会馆管理处编：《重庆会馆志》，武汉：长江出版社，2014年。

王日根主编：《中国老会馆的故事》，济南：山东画报出版社，2014年。

白继增、白杰：《北京会馆基础信息研究》，北京：中国商业出版社，2014年。

叶宗宝：《同乡、赈灾与权势网

络：旅平河南赈灾会研究》，北京：中国社会科学出版社，2014年。

赵世学：《传统会馆建筑形态比较研究——以重庆湖广会馆与河南山陕会馆为例》，长春：吉林人民出版社，2014年。

赵世学：《传统会馆雕刻艺术研究——以山陕会馆为例》，长春：吉林人民出版社，2014年。

刘成虎、韩芸编：《会馆浮沉》，太原：山西教育出版社，2014年。

薛理勇：《老上海会馆公所》，上海：上海书店出版社，2015年。

张宏杰：《给曾国藩算算账——一个高官的收与支》，北京：中华书局，2015年。

白思奇：《地方在中央：晚期帝都内的同乡会馆、空间和权力》，秦兰珺、李新德译，北京：中国社会科学出版社，2018年。

2. 研究论文

白山反正：《中国行会和它的独占政策》，《北海道学艺大学〈学艺〉》1951年第2卷第2期。

薄井由：《清末以来会馆的地理分布——以东亚同文书院调查资料为依据》，《中国历史地理论丛》2003年第18卷第3辑。

蔡鸿生：《清代苏州的潮州商人：苏州清碑，〈潮州会馆记〉释证及推论》，《潮汕文化论丛》（初集），广州：广东教育出版社，1992年。

陈连营：《客商与清代河南农村经济》，《中州学刊》1992年第4期。

陈尚胜：《清代的天后宫与会馆》，《清史研究》1997年第3期。

陈伟、栾洋：《晚清的会馆与地方政府——咸同年间新会葵扇会馆的个案研究》，《重庆社会科学》2007年第11期。

陈忠平：《宋元明清时期江南市镇社会组织述论》，《中国社会经济史研究》1993年第1期。

陈竹君、胡燕：《解放初期武汉市整理善堂会馆工作述略》，《兰台世界》2016年第11期。

川胜守：《明清时期的北京、苏州、上海之广东会馆》，叶显恩主编：《清代区域经济史研究》，北京：中华书局，1992年。

大谷孝太郎：《上海的同乡团体及同业团体》，《中国研究》1929年第19期。

丁进军：《宣统年间北京邮政概略》，

《北京档案史料》1991年第1期。

丁长清:《试析商人会馆、公所与商会的联系与区别》,《近代史研究》1996年第3期。

杜春和:《李鸿章与安徽会馆》,《安徽史学》1995年第1期。

范金民:《清代江南会馆公所的功能性质》,《清史研究》1999年第2期。

方贤:《日本关东大地震期间温州旅沪同乡会的作为》,《温州职业技术学院学报》2012年第3期。

冯筱才:《中国大陆最近之会馆史研究》,《中国近代史研究通讯》第30期。

付海晏、李国涛:《团体认同——民初商人组织与纠纷的解决》,《城市史研究》第22辑,天津:天津社会科学院出版社,2004年。

高洪兴:《近代上海的同乡组织》,《上海研究论丛》第5辑,上海:上海社会科学院出版社,1990年。

宫宝利:《清代会馆、公所祭神内容考》,《天津师范大学学报》1998年第3期。

宫崎市定:《明清时代的苏州和轻工业的发展》,《东方学》1951年第2辑。

顾德曼:《新文化、旧风俗、同乡组织和五四运动》,《上海研究论丛》第4辑。

韩晓莉:《新旧之间:近代山西的商会与行会》,《山西大学学报(哲学社会科学版)》2005年第1期。

和田清:《会館公所の起源に就いて》,《史学杂志》1922年第33卷第10期。

贺海:《北京的工商业会馆》,《学习与研究》1981年第5期。

贺跃夫:《晚清广州的社团及其近代变迁》,《近代史研究》1998年第2期。

横山英:《中国商工业劳动者的发展和作用》,《历史学研究》1952年第160号。

洪焕椿:《论明清苏州地区会馆的性质和作用——苏州工商业碑刻资料剖析之一》,《中国史研究》1980年第2期。

黄福才、李永乐:《论清末商会与行会并存的原因》,《中国社会经济史研究》1999年第3期。

加藤繁:《论唐宋时代的商业组织"行"并及清代的会馆》,《中国经济史考证》第1卷,吴杰译,北京：商务印书馆，1962年版，原文发表于昭和10年（1935年）4月《史学》第14卷第1期。

加藤繁：《清代北京的商人会馆》，《中国经济史考证》第3卷，吴杰译，北京：商务印书馆，1959年。

加藤繁：《唐宋时代の商人組合"行"》，《白鸟博士还历纪念东洋史论丛》，1927年。《中国经济史考证》，吴杰译，北京：商务印书馆，1959年。

姜晓萍：《明清商人会馆建筑的特色与文化意蕴》，《北方论丛》1998年第1期。

孙红梅、邓学青：《河南明清时期会馆及其建筑特征》，《中原文物》2007年第5期。

蒋慎吾：《清季上海地方自治与基尔特》，《上海研究资料续集》，上海：中华书局，1939年。

今堀诚二：《行会史》，《现代中国辞典》，1950年。

今堀诚二：《河东盐业同业公会的研究》，《史学杂志》第55卷第9、10期，第56卷第1期。

今堀诚二：《中国行会商人的构造》，《近代中国的社会与经济》，1951年。

今堀诚二：《近代开封的商业公会——崩溃过程中的封建社会形势》，《东洋的社会》，1948年。

今堀诚二：《中国的自耕农基尔特的构造——小商品生产阶段的历史作用》，《社会经济史学》第18卷第1、2期。

今堀诚二：《中国商工行会的素描——以内蒙古农村机构向行会过渡为中心》，《史学研究纪念论丛》，1950年。

金耀基：《关系和网络的建构：一个社会学的诠释》，《二十一世纪》（香港），1992年。

蓝勇：《明清时期云贵汉族移民的时间和地理特征》，《西南师范大学学报》（哲学社会科学版）1996年第2期。

李大钊：《新的！旧的！》，《新青年》第4卷第5号。

李刚、宋伦：《论明清工商会馆在整合市场秩序中的作用——以山陕会馆为例》，《西北大学学报（哲学社会科学版）》2002年第4期。

李刚、宋伦：《明清工商会馆"馆市合一"模式初论——以山陕会馆为例》，《中国社会经济史研究》2004年第1期。

李刚、曹宇明：《明清工商会馆神灵

崇拜多样化与世俗性透析——以山陕会馆为例》，《西安文理学院学报（社会科学版）》2011年第1期。

李华：《明清以来北京的工商业行会》，《历史研究》1978年第4期。

李廷发：《北京的广东会馆》，中国人民政治协商会议北京市委员会文史资料研究委员会编：《文史资料选编》第25辑，北京：北京出版社，1985年。

林国平：《福建科举会馆的兴衰嬗变及其原因》，《福建论坛》1992年第1期。

刘凤云：《从清代京官的资历、能力和俸禄看官场中的潜规则》，《中国人民大学学报》2008年第6期。

刘宏：《新加坡中华总商会与亚洲华商网络的制度化》，《历史研究》2000年第1期。

刘伟：《晚清"省"意识的变化与社会变迁》，《史学月刊》1999年第5期。

刘增合：《媒介形态与晚清公共领域研究的拓展》，《近代史研究》2000年第2期。

刘正刚：《清代四川的广东移民会馆》，《清史研究》1991年第4期。

刘正刚：《清代四川的广东移民经济活动》，《中国社会经济史研究》1992年第4期。

刘正刚：《试论清代四川南华宫的社会活动》，《暨南学报》1997年第4期。

罗群：《从会馆、行帮到商会——近代云南商人组织的发展与嬗变》，《思想战线》2007年第6期。

吕作燮：《明清时期苏州的会馆和公所》，《中国经济史研究》1984年第2期。

吕作燮：《明清时期的会馆并非工商业行会》，《中国史研究》1982年第2期。

吕作燮：《南京会馆小志》，《南京史志》1984年第5期。

马斌、陈晓明：《明清苏州会馆的兴起——明清苏州会馆研究之一》，《学海》1997年第3期。

马敏、朱英：《浅谈晚清苏州商会与行会的区别及其联系》，《中国经济史研究》1988年第3期。

玛高温：《中国的行会》，《亚洲文会杂志》（上海），1886年。

彭南生：《1921年上海公共租界乔杨案抗争的多重驱动——兼论近代上海马路商界联合会与同乡会的关系》，《浙江社会科学》2010年第3期。

彭南生：《近代中国行会到同业公会的制度变迁历程及其方式》，《华中师范大学学报（人文社会科学版）》2004年第3期。

彭泽益：《中国工商此行会研究的几个问题》，《中国工商行会史料集》上册，北京：中华书局，1995年。

邱澎生：《公产与法人：综论会馆、公所与商会的制度变迁》，《商会与近代中国》，武汉：华中师范大学出版社，2005年。

阮清华、陈彬：《中共对城市社会的控制分析——以解放初期上海的社团工作为例》，《兰州学刊》2006年第12期。

寺田隆信：《关于北京歙县会馆》，《中国社会经济史研究》1991年第1期。

寺田隆信：《清代北京的山西商人——附天津估衣街的山西会馆》，吴廷璆主编：《郑天挺纪念文集》，北京：中华书局，1990年。

宋伦、李刚：《明清工商会馆"会底银两"资本运作方式探析——以山陕会馆为例》，《江苏社会科学》2007年2期。

宋钻友：《从会馆、公所到同业公会的制度变迁——兼论政府与同业组织现代化的关系》，《档案与史学》2001年第3期。

宋钻友：《民国时期上海同乡组织与移民社会关系初探》，《上海社会科学研究季刊》1996年第3期。

宋钻友：《南北对峙与上海广东社会内的政见纷扰（1917—1927）》，《史林》2007年第5期。

唐力行：《徽州旅沪同乡会与社会变迁（1923—1953）》，《历史研究》2011年第3期。

田仲一成：《清代会馆戏剧考——其组织·功能·变迁》，《文化艺术研究》2012年第3期。

汪士信：《明清商人会馆》，《平准学刊》1986年第3期。

汪士信：《我国手工业行会的产生、性质及其作用》，《中国社会科学院经济研究所集刊》（2），北京：中国社会科学出版社，1981年。

王笛：《清代重庆移民社会与社会发展》，天津社会科学院主办：《城市史研究》第5辑，天津：天津社会科学院出版社，1993年。

王东杰：《"乡神"的建构与重构：方志所见清代四川地区移民会馆崇祀中的地域认同》，《历史研究》2008年第2期。

王民、林国平：《明清两代北京闽中会馆的教育职能及其演变》，《教育评论》1991年第2期。

王日根、张宗魁：《1915—1956北京会馆的整顿历程略论》，《中国社会经济史研究》2010年第2期。

王日根：《近代工商性会馆的作用及其与商会的关系》，《厦门大学学报（哲学社会科学版）》1997年第4期。

王日根：《论明清会馆神灵文化》，《社会科学辑刊》1994年第4期。

王日根：《论明清时期的商业发展与文化发展》，《厦门大学学报（哲学社会科学版）》1993年第1期。

王日根：《论明清文化的世俗化》，《社会科学辑刊》1993年第3期。

王日根：《明清基层社会管理组织系统论纲》，《清史研究》1997年第2期。

王卫平：《清代江南市镇慈善事业》，《史林》1999年第1期。

王翔：《从云锦公所到铁机公会》，《近代史研究》2001年第3期。

王续添：《民国时期的地方心理观念论析》，《史学月刊》1999年第4期。

王雁：《晚清直隶印结局管理机构研究——以唐烜〈留庵日抄〉为中心》，《历史教学》2014年第22期。

吴惠：《会馆、公所、行会：清代商人组织演变述要》，《中国经济史研究》1999年第3期。

肖鸿：《试析当代社会网络研究的若干进展》，《社会学研究》1999年第3期。

肖云玲：《论明清会馆的宗族性、地缘性、官府性及其》，《江西师大学报》1989年第4期。

谢俊美：《清代上海会馆公所述略》，《华东师范大学学报》2000年第2期。

徐鼎新：《旧上海工商会馆、公所、同业公会的历史考察》，《上海研究论丛》第5辑，上海：上海社会科学出版社，1990年。

许檀：《清代河南北舞渡镇——以山陕会馆碑刻资料为中心的考察》，《清史研究》2004年第1期。

许檀：《清代河南赊旗镇的商业——基于山陕会馆碑刻资料的考察》，《历史研究》2004年第2期。

许檀：《清代河南朱仙镇的商业——以山陕会馆碑刻资料为中心的考察》，《中国社会科学》2000

年第3期。

许檀：《清代中叶洛阳的商业——以山陕会馆碑刻资料为中心的考察》，《天津师范大学学报（社会科学版）》2003年第4期。

杨联陞：《科举时代的赴考旅费问题》，《杨联陞论文集》，北京：中国社会科学出版社，1992年。

杨庆堃：《中国近代空间距离之缩短》，《岭南学报》第10卷第1期，香港：岭南大学中国文化研究室出版，1949年。

幼方直吉：《帮、同乡会、同业公会和他们的转化》，《近代中国的社会与经济》，1951年。

虞和平：《清末以后城市同乡组织形态的现代化——以宁波旅沪同乡组织为中心》，《中国经济史研究》1998年第3期。

虞和平：《鸦片战争后通商口岸行会的近代化》，《历史研究》1991年第6期。

泽峙坚造：《北京市商会的同乡性》，《经济论丛》1941年第52卷第5期。

增井经夫：《会馆录数种》，《东亚问题》终刊号，1944年版。

张琳德：《上海的英国会馆（1843—1854）》，《国外中国近代史研究》（24），北京：中国社会科学出版社，1994年。

张明富：《试论明清商人会馆出现的原因》，《东北师大学报》1997年第1期。

张平乐、李秀桦：《樊城山陕会馆碑刻及史料价值》，《湖北文理学院学报》2012年第12期。

张忠民：《清代上海会馆公所及其在地方事务中的作用》，《史林》1999年第2期。

章志诚：《日本在关东大地震期间惨杀浙籍旅日华工与北洋政府对日本当局的交涉》，《浙江学刊》1990年第6期。

郑鸿笙：《中国工商行业工会及会馆、公所制度概论》，《国文周报》1925年第2卷第19期。

庄泽宣、陈学洵：《中国职业团体的研究》，《岭南学报》1947年第7卷第1期。

邹怡：《善欲何为：明清时期北京歙县会馆研究（1560—1834）》，《史林》2015年第5期。

后　记

　　步入学术之路第一个研究题目是关于会馆的。此后，由于研究有所转向及各种拖延症影响，直到如今，《近代中国的乡谊与政治》才成小书，弹指间，春去秋来已二十载。

　　硕士论文选题时曾和导师李长莉先生讨论了好几个题目。在社科院、中华书局、北师大等机构的图书馆查询、翻阅了一些劝善书、教科书……最后停留在北京市档案馆所藏会馆档案。20世纪80年代中后期，对外开放影响到中国学界，各种理论蜂拥而至。世纪之交的中国史，学界仍有不少人热衷理论，那个年代的我对各种理论也充满了好奇之心。华中师范大学本科四年，耳濡目染，略知中国大陆史学界方兴未艾的现代化理论。工作两年后北上求学，始接触社会学、人类学等，其时市民社会、公共领域等理论在中国大陆史学界已崭露头角。彼时，会馆研究引入现代化理论，市民社会、公共领域理论似亦不算落伍。不过，如果陷入"传统-现代"的二元框架之中，常常预设前提，忽视会馆等同乡群体形成、发展过程中的复杂性；套用"公共领域"理论时容易忽视中国本土的具体情境与西方世界的迥异。20世纪80年代后期，刘志琴、李长莉等老师倡导社会文化史研究。1998年，我入近代史研究所攻读硕士学位即获赠出版不久的《近代中国社会文化变迁录》。我体会到老师们倡导的社会文化史强调历史上人们的社会生活方式与思想观念之间的相互关系，特别注意揭示隐藏在人们社会行为背后的精神因素。当时以此理念为指导的专题论著尚不多见，作为初入这个团队的年轻人，我希望以自己的研究为探索社会文化史贡献力量。

请托与受托作为一种社会生活方式，中国人耳熟能详。北京广东会馆档案中恰巧保存了很多请托与受托的电报。以会馆为载体，分析请托与受托，探究生活方式与同乡意识的互动，岂不正是实践了社会文化史的理念？于是，我的硕士论文试图把北洋时期北京同乡会馆纳入请托与受托的框架中进行研究。彼时，我刚刚接触互联网，会馆档案中的往来函电呈现了一个个同乡网络。现实与档案的交汇，同乡网络、同乡资源便成了论文的关键词。为此，我开始查阅社会学中的网络、社会资源等文献。黄光国等从资源利用的角度研究了请托与受托，这种研究视角引起了我的兴趣。

近年，我欲修改书稿，抬眼望去，中国大陆史学研究中各种社会文化"网络"已经目不暇接，甚至有点泛滥。苦于难以超越社会网络的论述，几次动手又停顿。不过，目力所及，中国近代社会史领域内讨论网络与资源流动的专著仍有一席之地，二十年前硕士论文的一些想法似未完全失去价值。现在我们正在经历人人都是自媒体的时代，因此对同乡网络及乡谊流动有了一些新理解，越来越多地意识到请托与受托过程存在多主体，应该多向度观察乡谊流动，而不仅仅是单向或双向。如果说请托与受托是将视角从同乡组织内部转向外部，可以更多讨论同乡会馆与个人、其他团体、政府的互动关系，而乡谊流动则是在请托与受托的基础上实现从双向互动转为多向联动，可以分析同乡网络中的多主体同时参与乡谊流动。以会馆为视点到请托与受托，再到乡谊流动，实现了研究视角从个体、双边到网络，从单向流动、双向互动到多向联动的转换。乡谊流动唤醒了同乡意识，激活了同乡网络，可以展现历史更为丰富，更为"活"的面相。

国家与社会理论几乎主导了近一二十年来的社会史研究。以社团切入讨论国家与社会关系的论著比比皆是。社会治理、中国政权建设视野下的社团研究也取得不少成果。具体研究和理论视野可以碰撞出火花，从而丰富、深化具体研究与理论。不过，过度醉心理论，具体研究易沦为理论的注脚，如此，则有违初心。我们关注理论，更关注褪去理论的外衣之后，历史学能呈现什么。史学在社会科学化之路愈行愈远，历史终归还是材料的、史实的、说明的。

我的硕士论文注意到，浓厚的政治性是在京同乡会馆请托与受托的重要特点。数年前，与茅海建老师讨论书稿时，他提示京师的会馆研究要注意政治性。何止京师的会馆，各商业繁盛之地会馆与政治亦有千丝万缕的联系。绝大多数会馆史研究以会馆本身为视点来探讨其起源、分布、发展变化的过程及会馆的性质与事功等。本书力图跳出会馆本身，侧重分析乡谊流动与政治的关系，特别是同乡因素介入制度的构建与运作。如果说我最初接触的社会文化史强调社会与文化的互动，那么本书则将同乡观念、同乡群体、乡谊流动与治国理政纳入同一框架中予以探讨，凸显了观念史与社会史的结合，亦在社会史与政治史之间架起一座桥梁。所谓的观念史、社会史、政治史……不过是研究中人为划分的领域,历史本身常常没有泾渭分明的条条框框。明晰学科、研究领域界线有助于我们认识历史,历史研究还应回归本真,而不是画地为牢。

一位老师和我说,如果他来写会馆史,会写成一部比较有趣的著作。至今,我还没想明白,如何才能把这本书写得有趣。成千上万有名的、无名的主角与配角,演绎了无数个或平凡或惊心的大大小小的故事,试图将这些人、这些事镶嵌进一本中规中矩的学术专著之中,勾勒出一幅形形色色的同乡奔走于政治之间的画面,展现中国人的生活方式,反思政治对同乡的容纳与排拒。有趣的、清晰的画卷似乎并没有很好地在书中展现。虽不能至,心向往之。

正是在家人、亲朋好友、老师、同学、同事、编辑的关心、支持和帮助下,本书才得以出版,冰天雪地里特别感怀你们的温暖。

黄兴涛老师是我硕士论文的评阅人。黄老师非常关心我的会馆史研究,多次和我聊起如何修改我的硕士论文。他甚至还在《文化史研究的省思》一文中提及了我的硕士论文,并提示了很好的修改方向。主题和精力所限,这次修改并没有完全吸纳黄老师的建议,希望以后能有机会弥补。

写硕士论文时初识唐立宗兄。至今犹记他回信告诉我,他和几位台湾学者讨论了我的论文并提出一些修改建议。最近,我就书稿的部分内容向他请教,他一如既往的热心。每念及此,感动不已。

师弟谭君徐锋素重乡谊和同学之谊。我们同为川人,又先后同学于华中师大和社科院研究生院。多亏了他的不断敦促,以至约稿、催稿,我才有了修改的动力。

2018年,受国家留学基金委的派遣和资助,再次踏上俄罗斯这片热土。俄罗斯老师和朋友们的友谊、热情和帮助让我感觉特别温暖。玉树琼花，故友新交，学习之余修改书稿倍觉神清气爽，身心舒畅。

1998年，我成为李长莉老师的第一个研究生，我的论文《北洋时期在京同乡会馆的请托与受托——以广东会馆为中心之考察》是她指导的第一篇硕士论文。本书以硕士论文为基础，扩展、修改而成，在她荣休之际，谨以此书献给她。虽不能报二十年培育之恩，但这是我能想到的最好方式。

感谢所有给予我帮助的人！

唐仕春
2018年岁末
莫斯科